Monika Pavetic

Familiengründung und -erweiterung in Partnerschaften

AF154568

Monika Pavetic

Familiengründung und -erweiterung in Partnerschaften

Statistische Modellierung
von Entscheidungsprozessen

VS VERLAG FÜR SOZIALWISSENSCHAFTEN

Bibliografische Information der Deutschen Nationalbibliothek
Die Deutsche Nationalbibliothek verzeichnet diese Publikation in der
Deutschen Nationalbibliografie; detaillierte bibliografische Daten sind im Internet über
<http://dnb.d-nb.de> abrufbar.

Zugl.: Duisburg-Essen, Univ., Diss., 16.12.2008, Originaltitel:
Statistische Modellierung von Entscheidungsprozessen zur Familiengründung
und -erweiterung in Partnerschaften

1. Auflage 2009

Alle Rechte vorbehalten
© VS Verlag für Sozialwissenschaften | GWV Fachverlage GmbH, Wiesbaden 2009

Lektorat: Katrin Emmerich / Sabine Schöller

VS Verlag für Sozialwissenschaften ist Teil der Fachverlagsgruppe
Springer Science+Business Media.
www.vs-verlag.de

Umschlaggestaltung: KünkelLopka Medienentwicklung, Heidelberg
Druck und buchbinderische Verarbeitung: Rosch-Buch, Scheßlitz
Gedruckt auf säurefreiem und chlorfrei gebleichtem Papier
Printed in Germany

ISBN 978-3-531-16880-7

Danksagung

Die vorliegende Arbeit entstand während meiner Tätigkeit als wissenschaftliche Mitarbeiterin am Lehrstuhl Methoden der empirischen Sozialforschung und Statistik des Instituts für Soziologie und wurde im August 2008 vom Fachbereich Gesellschaftswissenschaften der Universität Duisburg-Essen als Dissertation angenommen.

Zuallererst möchte ich mich bei meiner Doktormutter Prof. Dr. Petra Stein bedanken, die mir zentrale Impulse sowie wertvolle fachliche Anregungen und Hinweise gab. Darüber hinaus stellte sie mir während meiner Tätigkeit am Lehrstuhl den nötigen Freiraum zur Verfügung, der es mir ermöglichte, die vorliegende Arbeit in einer adäquaten Zeit zu realisieren. Prof. Dr. Frank Faulbaum danke ich für seine Bereitschaft, das Zweitgutachten zu dieser Arbeit zu erstellen, Prof. Dr. Hans J. Hummell für die Übernahme des Vorsitzes der Prüfungskommission.

Auch bei meinen (ehemaligen) Kollegen am Institut für Soziologie, allen voran Dr. Iris Leim und den Teilnehmern des Doktorandenkolloquiums, möchte ich mich an dieser Stelle nicht nur für den fachlichen Austausch, sondern auch für die sehr kollegiale Arbeitsatmosphäre, bedanken. Ferner danke ich Katrin Prinzen, die meine Arbeit als studentische Hilfskraft unterstützt hat.

Schließlich möchte ich mich bei meinen Eltern Miroslava und Dragutin und meinen Geschwistern Brigitte und Miro sowie meinen langjährigen Freunden, insbesondere Sonja Becker, Catrin Knobloch, Dieter Schenk und Sabine Siemes, für das stete Verständnis und den Rückhalt bedanken. Meinem Freund und Partner Alexander Kocks gebührt besonderer Dank für seine mannigfaltigen Unterstützungen und immerwährenden Ermutigungen.

Dank gilt auch allen anderen, die meine Promotionsphase begleitet haben, hier jedoch nicht namentlich genannt wurden.

Inhaltsverzeichnis

1   Einleitung...9
 1.1 Thema und Fragestellung...9
 1.2 Theoretischer und methodischer Ansatz.............................. 10
 1.3 Aufbau der Arbeit 15
2   Theoretische Grundlagen..17
 2.1 Kinderwunsch und generatives Verhalten............................ 17
   2.1.1 Kinderwunsch und generatives Verhalten auf Individualebene.. 18
   2.1.2 Kinderwunsch und generatives Verhalten auf Paarebene.......... 22
   2.1.3 Erklärungsansätze zur Paarinterdependenz............................. 24
 2.2 Determinanten des Kinderwunsches und generativen Verhaltens........ 31
   2.2.1 Sozioökonomische Determinanten.. 35
   2.2.2 Soziologische Determinanten 45
   2.2.3 Sozialpsychologische Determinanten 46
   2.2.4 Resümee 51
3   Statistische Modellierungsstrategien und Datenbasen............53
 3.1 Statistische Modellierung von generativen Entscheidungen............... 53
 3.2 Forschungsmethodische Vorgehensweise der Arbeit...................... 60
 3.3 Die Datengrundlage 61
4   Modellierung des Familiengründungsprozesses......................67
 4.1 Auswahl und Beschreibung der Modellvariablen 69
   4.1.1 Messung der endogenen latenten Variablen.......................... 69
   4.1.2 Die exogenen manifesten Variablen 73
     4.1.2.1 Auswahl der exogenen manifesten Variablen............... 73
     4.1.2.2 Vermutete Einschlussnahme der exogenen manifesten
             Variablen 75
     4.1.2.3 Messung der exogenen manifesten Variablen 77

4.2 Spezifikation des inhaltlichen Modells 86

4.3 Das simultane Strukturgleichungssystem 87

    4.3.1 Identifikationsproblematik 91

    4.3.2 Schätzung der Parameter 98

    4.3.3 Restriktionen in den Strukturparametern 100

4.4 Überprüfung der Modellanpassung 108

4.5 Interpretation der Ergebnisse 113

4.6 Resümee 128

5 Multi-Decision-Modellierung des Familiengründungsprozesses und des Erwerbsverhaltens der Frau 131

    5.1 Messung der endogenen latenten Variable Erwerbsverhalten der Frau 133

    5.2 Überprüfung der Modellanpassung zum Erwerbsverhalten der Frau .. 136

    5.3 Interpretation der Ergebnisse 139

    5.4 Resümee 143

    5.5 Das simultane Strukturgleichungssystem 144

        5.5.1 Restriktionen in den Strukturparametern 147

    5.6 Überprüfung der Modellanpassung zum Familiengründungsprozess und Erwerbsverhalten der Frau 150

    5.7 Interpretation der Ergebnisse 152

    5.8 Resümee 156

6 Multi-Wave-Modellierung des Familienerweiterungsprozesses 159

    6.1 Messung der endogenen latenten Variablen 162

    6.2 Das simultane Strukturgleichungssystem 168

        6.2.1 Restriktionen in den Strukturparametern 175

    6.3 Überprüfung der Modellanpassung 182

    6.4 Interpretation der Ergebnisse 185

    6.5 Resümee 197

7 Schlussbetrachtung 201

Literaturverzeichnis 207

1 Einleitung

1.1 Thema und Fragestellung

Die vorliegende Untersuchung ist durch die Frage angeleitet, welche Faktoren die Entscheidung für oder gegen ein (weiteres) Kind determinieren. Damit greift die Arbeit ein Thema auf, das im Zuge der Diskussion um den demographischen Wandel erheblich an Relevanz gewonnen hat. Denn seit Mitte der 1960er Jahre ist ein deutlicher Rückgang der durchschnittlichen endgültigen Kinderzahl in vielen Industrienationen zu beobachten. Dabei gehört Deutschland zu den Ländern, die im europäischen Vergleich eine konstant sehr niedrige Geburtenrate aufweisen. Um das Forschungsfeld Familiengründung und Familienerweiterung als Teil familialer Strukturveränderungen kumulieren verschiedene gesellschaftliche Problemstellungen, wobei der beobachteten Zunahme dauerhafter Kinderlosigkeit und der Abnahme höherer Kinderzahlen ein hoher Stellenwert in der Auseinandersetzung zukommt.

Entsprechend existiert eine Vielzahl von Forschungsarbeiten, die sich neben den gesamtgesellschaftlichen Konsequenzen, die aus dem veränderten Geburtenverhalten resultieren, mit den Ursachen für den Geburtenrückgang beschäftigt. Dabei zeigt sich zunächst, dass die niedrige Geburtenrate Deutschlands im Wesentlichen auf die Unterrepräsentanz von Familien mit mindestens drei Kindern zurückzuführen ist und weniger auf das Phänomen Kinderlosigkeit, der trotz ihres zu beobachtenden Anstiegs nur eine marginale Bedeutung für das Absinken der Geburtenrate zukommt (vgl. Allmendinger et al. 2006: 19). Für beide Entwicklungen stellt sich dessen ungeachtet die Frage nach ihren Bedingungen.

Die Realisierung niedrigerer Kinderzahlen sowie die Nicht-Realisierung von Elternschaft im Lebenslauf werden insbesondere mit Aufschubprozessen in Verbindung gebracht, die sich durch eine Vielzahl von in der Forschung herangezogenen Faktoren erklären lassen. Dabei zeigen sich auch auf Ebene des Kinderwunsches als Substitut für die generative Verhaltensintention bzw. -motivation Veränderungsprozesse, die ebenfalls als Begründung für den Geburtenrückgang herangezogen werden (vgl. von Rosenstiel et al. 1984: 31). Mitunter wird darüber ein Bedeutungsverlust der Familie diagnostiziert, der einen zukünftigen Anstieg der Geburtenrate unwahrscheinlich erscheinen lässt. Gleichsam zeigen sich hinsichtlich der gewünschten Kinderzahl sowie gewollter Kinderlosigkeit deutliche geschlechtsspezifische Unterschiede (vgl. Langness et al. 2006: 52ff.), die eine differenzierte Auseinandersetzung mit dem intendierten sowie faktischen Geburtenverhalten von Frau und Mann erfordern. Da allerdings die Entscheidung zur Geburt eines (weiteren) Kindes zumeist nicht individuell sondern im Kontext einer Partnerschaft getroffen wird, greift eine ausschließlich individualzentrierte Betrachtungsweise des Kinderwunsches und des generativen Verhaltens zu kurz. Denn auf Ebene der (ehelichen) Paarbeziehung lassen sich keine rückläufige Familiengründungsbereitschaft und ebenso keine Zunahme dauerhafter Kinderlosigkeit feststellen. Gleichwohl ist aber ein Anstieg in der Nicht-Realisierung höherer Kinderzahlen zu konstatieren, der die Frage aufwirft, welcher Stellenwert den Kinderwünschen beider Partner zukommt. Dabei ist insbesondere von Bedeutung, inwieweit die mit dem generativen Verhalten in Zusammenhang stehenden Aufschubprozesse bereits in der generativen Verhaltensintention angelegt sind.

So ist der Ausgangspunkt dieser Arbeit die Annahme, dass der Zeitpunkt der Entscheidung für oder gegen ein (weiteres) Kind nicht ohne Betrachtung des gewünschten Zeitpunktes einer Familiengründung und -erweiterung von Frau und Mann im Kontext einer Partnerschaft erklärt werden kann. Die Arbeit folgt damit explizit einer dyadischen Betrachtungsweise generativer Entscheidungen bei gleichzeitiger Differenzierung danach, ob der Übergang in die Erst- oder weitere Elternschaft vollzogen wird. Entlang der simultanen Betrachtung der individuellen Verhaltensintentionen beider Partner und des generativen Verhaltens des Paares ist das Ziel der Arbeit, den innerpartnerschaftlichen Entscheidungsprozess, dessen Ergebnis die (Nicht-)Realisierung des intendierten Zeitpunkts von Elternschaft darstellt, in seiner Komplexität abzubilden. Dabei sind zugleich jene Faktoren zu identifizieren, die sowohl für den individuellen Kinderwunsch als auch für die Entscheidung des Paares relevant sind. Das in dieser Arbeit zur Anwendung kommende Entscheidungsmodell integriert zentrale Erkenntnisse der Fertilitätsforschung und versucht bisherige Forschungsdesiderate zu überwinden, indem die verschiedenen, für den Entscheidungsprozess zur Familiengründung und -erweiterung in Partnerschaften relevanten, Ebenen simultan betrachtet werden.

1.2 Theoretischer und methodischer Ansatz

Die meisten Untersuchungen zum generativen Verhalten bzw. zur Familiengründung und -erweiterung stellen Lebenslaufanalysen dar, die vornehmlich das Geburtenverhalten der Frau fokussieren. So ist die Erkenntnislage zum Geburtenverhalten der Frau einschließlich dem Verzicht sowie Aufschub von Elternschaft wesentlich fundierter als zum generativen Verhalten des Mannes. Diese einseitig individualzentrierte Betrachtungsweise wird insbesondere damit begründet, dass die mit der Bildungsexpansion gestiegene Erwerbsbeteiligung der Frau mit Vereinbarkeitsproblematiken bezüglich Familie und Beruf einhergehe, die den Abwägungsprozess von Elternschaft komplexer gestalte als für den Mann. Daraus abgeleitet wird angenommen, dass sich das reduzierte Geburtenverhalten auf der Grundlage relevanter Merkmale der Frau hinreichend erklären ließe. Allerdings verdeutlichen die wenigen Studien zum Übergang in die Vaterschaft, dass die individuellen Rahmenbedingungen des Mannes wie etwa verlängerte Ausbildungsphasen, erwerbsbiographische Diskontinuitäten und Unsicherheiten sein generatives Verhalten mitbestimmen und damit ebenfalls einen Erklärungsbeitrag zum beobachteten Wandel im Geburtenverhalten leisten (z.B. Schmitt 2004a; Tölke 2004; Tölke/Diewald 2002, 2003).

Darüber hinaus existieren nur wenige Untersuchungen auf der Paarebene, d.h. Studien, die die Merkmale von Frau und Mann im Kontext einer Partnerschaft simultan betrachten (vgl. z.B. Andersson et al. 2005; Klein 2003; Kurz 2005; Schmitt 2004b; Sørenson 1989; Yang 1993). Die Forschungsergebnisse verdeutlichen, dass die individuellen Rahmenbedingungen bzw. Lebenssituationen beider Partner zur Erklärung von Elternschaft beitragen und daher nicht vernachlässigbar sind. Zudem bestätigt sich im Rahmen dieser Forschungsperspektive die Bedeutsamkeit der Berücksichtigung von partnerschaftsbezogenen Merkmalen bzw. Kontextmerkmalen des Paares wie etwa die Partnerschaftsdauer. Die aus der Lebenslaufanalyse gewonnenen Erkenntnisse sind daher nur eingeschränkt aussagekräftig.

Auch liegen bisher nur wenige Forschungsarbeiten vor, die sich mit der intentionalen Ebene des generativen Verhaltens sowie den möglichen Bedingungszusammenhängen für seine Ausprägung beschäftigen (vgl. z.B. Eckhard/Klein 2006; Klein 2006; Ruckdeschel 2004; Stöbel-Richter 2000). Gleichsam untererforscht wie das Thema Vaterschaft gestaltet sich dabei die Befundlage zum Kinderwunsch des Mannes (vgl. Coleman 2000; Kühler 1989). Ebenso dominiert im Rahmen von Studien zum Zusammenhang zwischen Kinderwunsch und generativem Verhalten eine ausschließliche Betrachtung der Frau. Hier besteht weiterhin Forschungsbedarf hinsichtlich der Relevanz des männlichen Kinderwunsches für die generative Entscheidung im Kontext einer Partnerschaft (vgl. Kühn 2005). Dies schließt entsprechend ein, dass kaum gesicherte Forschungsergebnisse zur relativen Bedeutsamkeit der Kinderwünsche beider Partner existieren.

Der simultanen Betrachtung der Kinderwünsche beider Partner kommt außerdem ein großes Gewicht zu, als diese einen Hinweis darauf liefern, wie sich Paare in ihrer Haltung zur Elternschaft wechselseitig beeinflussen und welche Auswirkungen die Paarinterdependenz bzw. soziale Interaktion auf die generative Entscheidung hat. Die diesbezügliche theoretische sowie empirische Auseinandersetzung bleibt bislang fragmentarisch, da auf beiden Ebenen eine individualzentrierte Betrachtung dominiert. Das Vorliegen einer Paarinterdependenz wird dabei zwar nicht negiert, gleichwohl wird ausschließlich ein innerpartnerschaftlicher Konsens unterstellt. So bleiben mögliche innerpartnerschaftliche Unstimmigkeiten unberücksichtigt.

Die vorliegende Arbeit verbindet die verschiedenen für den generativen Entscheidungsprozess relevanten Aspekte. Dies betrifft erstens die relative Bedeutsamkeit der Kinderwünsche beider Partner für die generative Entscheidung, zweitens die wechselseitige Beeinflussung beider Partner im Rahmen des Interaktions- bzw. Annäherungsprozesses und drittens die biographischen Kontexte beider Partner, die die Einflussnahme der Individualmerkmale beider Partner sowie partnerschaftsbezogenen Merkmalen auf den individuellen Kinderwunsch sowie auf die des Partners subsumiert. Dieser Gesamtansatz bietet den Vorteil, dass der Einfluss exogener Merkmale beider Partner simultan sowohl in Bezug auf die individuelle Verhaltensintention als auch auf das faktische Verhalten untersucht werden kann. Darüber hinaus erhält man Aufschluss über die Relevanz des Partners für den individuellen Kinderwunsch einerseits und für die generative Entscheidung andererseits.

Die in die Analysen einbezogenen Merkmale lassen sich entlang verschiedener - insbesondere sozioökonomischer, soziologischer und sozialpsychologischer - Theorieansätze strukturieren. Diese der Arbeit zugrunde liegende Forschungsstrategie, sowohl ökonomische Faktoren, d.h. Informationen zur individuellen Ressourcenausstattung, als auch soziologische Variablen wie Normen bzw. Erwartungen des sozialen Umfeldes und psychologische Merkmale wie Wertorientierungen simultan zu untersuchen, resultiert aus der Erkenntnis, dass der generative Entscheidungsprozess durch verschiedene Faktoren beeinflusst wird. Damit wird eine theorieübergreifende Perspektive eingenommen, die Variablen aus verschiedenen Theorietraditionen im Rahmen eines integrativen Erklärungsansatzes berücksichtigt.

Die statistische Modellierung von generativen Entscheidungen in Partnerschaften gestaltet sich problematisch. Dies betrifft insbesondere die Abbildung des generativen Verhaltens als dyadischen Entscheidungsprozess, der sowohl Konsens als auch Dissens beider Partner auf Ebene der Verhaltensintention umfasst. Dazu ist es erforderlich, neben den Kinderwünschen beider Partner die individuellen Rahmenbedingungen von Frau und Mann in die Betrachtung mit einzubeziehen und in eine direkte Beziehung zueinander zu stellen. Ferner schließt dies die Berücksichtigung der wechselseitigen Beeinflussung von Frau und Mann sowie der Einflussnahme beider Partner auf die Entscheidung ein. Die analytische Verknüpfung dieser komplexen Einflussstruktur ist diffizil und kann mit einer Vielzahl statistischer Verfahren nicht hinreichend abgebildet werden. Zwar existiert eine Reihe von Modellierungsstrategien zur Untersuchung des generativen Verhaltens. So finden sich etwa verschiedene Erweiterungen sowie Verallgemeinerungen von Zähldatenmodellen, die zur Spezifikation der realisierten Kinderzahl eingesetzt werden. Um allerdings eine sequentielle Betrachtung des generativen Entscheidungsprozesses dergestalt vornehmen zu können, dass der Übergang zur Familiengründung sowie Familienerweiterung als jeweils eigenständige Entscheidung modelliert wird, greifen eine Vielzahl von Studien auf Wahrscheinlichkeitsmodelle wie Logit-, Tobit-, Probit- sowie logistische Regressionsmodelle zurück. Auch finden sich diesbezüglich vermehrt Verlaufsmodelle bzw. ereignisanalytische Modellierungen, die u.a. die Untersuchung von Interdependenzen verschiedener biographischer Entscheidungen ermöglichen.

Dennoch sind diese Entscheidungsmodelle nur bedingt geeignet, den Familienbildungsprozess auf Basis einer dyadischen Betrachtungsweise abzubilden. Zwar lassen sich unter Rückgriff auf diese Verfahren relevante Faktoren beider Partner sowohl für die realisierte Kinderzahl als auch für die Geburt eines (weiteren) Kindes lokalisieren. Jedoch können mit diesen Modellen - bei gleichzeitiger Berücksichtigung der biographischen Kontexte von Frau und Mann - nicht die simultanen Einflüsse beider Partner auf die Entscheidung sowie die wechselseitige Beeinflussung beider Partner abgebildet werden. Denn dazu ist es erforderlich, die individuellen Kinderwünsche bzw. Verhaltensintentionen von Frau und Mann als weitere Kriteriumsvariablen zu spezifizieren, die einerseits als Funktion bestimmter Individualmerkmale beider Partner und andererseits als Prädiktoren für das generative Verhalten des Paares angesehen werden. Folglich resultiert ein simultanes Strukturgleichungssystem, das auch die wechselseitige Beziehung der endogenen Regressoren beinhaltet. Jedoch ist die Untersuchung des Einflusses sowohl des intentionalen Verhaltens beider Partner aufeinander als auch des intentionalen Verhaltens auf das faktische Verhalten mit erheblichen Identifikationsproblemen verbunden, da die endogenen Variablen im Rahmen der paritätenspezifischen Betrachtung lediglich binär qualitative Merkmale darstellen. Im Rahmen einer solchen Modellstruktur resultieren unbekannte Schwellenwerte sowie undefinierte Fehlervarianzen, die zur Folge haben, dass die analogen Effektparameter nicht eindeutig schätzbar sind und sich folglich einer direkten Vergleichbarkeit entziehen.

Ein Vorschlag zur Lösung dieser Problematik lässt sich bei Sobel und Arminger (1992) finden, die ein nicht-lineares simultanes Probit-Modell zur Analyse von Entscheidungsprozessen entwickelt haben. Dieses Modell bietet die Möglichkeit, durch Einbettung simultaner Beziehungsstrukturen in ein Probit-Modell, die mit Hilfe nicht-linearer Parameterrestriktionen modelliert werden, die Einflussnahme beider Partner aufeinander sowie die geschlechtsspezifischen relativen Effekte auf die Entscheidung zu bestimmen. Zudem können gleichsam die individuellen Rahmenbedingungen, innerhalb dessen die Entscheidung getroffen wird, berücksichtigt werden. Zwar konnte die Identifikationsproblematik des von ihnen spezifizierten Entscheidungsmodells im Rahmen der Anwendung gelöst werden. Gleichwohl steht die eindeutige Schätzung komplexerer Daten- sowie Modellstrukturen, die eine differenziertere Betrachtung von Entscheidungsprozessen ermöglichen würde, bisher aus.

Im Folgenden wird der von Sobel und Arminger (1992) entwickelte Modellierungsansatz zur Betrachtung generativer Entscheidungsprozesse in Partnerschaften eingesetzt. In einem ersten Schritt erfolgt die Ausarbeitung eines Basismodells, das die Grundlage zur Untersuchung generativer Entscheidungsprozesse in Partnerschaften bildet und zur Betrachtung des Familiengründungsprozesses eingesetzt wird. Dieses Modell wird zudem im Rahmen dieser Arbeit in verschiedener Weise verallgemeinert, so dass es auf komplexere Datenstrukturen angewendet werden kann. Eine Modellerweiterung erfolgt dahingehend, dass nun multiple Entscheidungsprozesse analysiert werden können (Multi-Decision-Design). Mithilfe dieser Modellerweiterung soll die enge Verknüpfung und gleichzeitige Diskrepanz zwischen der Entscheidung zur Familiengründung und der Entscheidung zum Erwerbsverhalten der Frau respektive die Vereinbarkeitsproblematik von Familie und Beruf simultan untersucht werden. Zudem wird das Modell um die zeitliche Komponente erweitert, so dass nun mehr als zwei Messzeitpunkte der Betrachtung des Entscheidungsprozesses zugrunde gelegt werden können (Multi-Wave-Design). Durch diese Modellerweiterung, die hier auf Ebene der Paarinterdependenz im Rahmen der Untersuchung des Familienerweiterungsprozesses vorgenommen wird, ist es möglich, den Prozess der Entscheidung auf noch differenziertere Weise abzubilden. Dabei sind die aus der komplexeren Modellierung resultierenden Identifikationsprobleme zu lösen, so dass die analogen Effektparameter als relative Anteilswerte interpretiert werden können. Zur Schätzung der Parameter wird ein dreistufiges Schätzverfahren, bestehend aus Maximum-Likelihood-Schätzung, Schätzung der asymptotischen Kovarianzmatrix und Minimum-Distanz-Schätzung, verwendet. Eine Lösung des Identifikationsproblems wird entwickelt und in die dritte Stufe des Schätzverfahrens implementiert. Als Datengrundlage zur Betrachtung generativer Entscheidungsprozesse in Partnerschaften wird das Bamberger-Ehepaar-Panel verwendet.

1.3 Aufbau der Arbeit

Im folgenden Kapitel 2 wird der Modellierungsansatz zur Untersuchung von Entscheidungsprozessen zur Familiengründung und -erweiterung theoretisch hergeleitet. Anhand bisheriger Forschungsbefunde zum Kinderwunsch und zum generativen Verhalten wird der Zusammenhang zwischen Intention und Verhalten sowohl auf der Individualebene als auch auf der Paarebene expliziert. Sodann erfolgt die Auseinandersetzung mit theoretischen Konzeptionalisierungen der Paarinterdependenz und ihrer Bedeutung für die generative Entscheidung. Entlang verschiedener sozioökonomischer, soziologischer und sozialpsychologischer Theorieansätze werden schließlich potentielle Determinanten sowohl für den Kinderwunsch als auch für das generative Verhalten herausgearbeitet. Kapitel 3 befasst sich zunächst mit verschiedenen statistischen Modellierungsstrategien zur Abbildung generativer Entscheidungen und stellt diese dem hier zum Einsatz kommenden Verfahren gegenüber. Darauf aufbauend wird in seine grundlegende Anwendung sowie Weiterentwicklung im Rahmen dieser Arbeit eingeführt und die Auswahl der Datengrundlage begründet. Kapitel 4, 5 und 6 bilden den empirischen Teil der Arbeit. So wird in Kapitel 4 der Familiengründungsprozess untersucht. In Kapitel 5 erfolgt zunächst die separate Betrachtung der Entscheidung des Paares zum Erwerbsverhalten der Frau. In einem nächsten Schritt wird das Familiengründungsverhalten des Paares simultan zum Erwerbsverhalten der Frau analysiert. Daran schließt in Kapitel 6 die Untersuchung des Familienerweiterungsprozesses an. Kapitel 7 fasst die zentralen Ergebnisse der Arbeit zusammen, reflektiert die Interpretationsreichweite der Befunde und schließt mit einer Darstellung weiterer Modellierungsmöglichkeiten ab.

2 Theoretische Grundlagen

2.1 Kinderwunsch und generatives Verhalten

Eine Vielzahl empirischer Studien im Rahmen der Fertilitätsforschung konzentriert sich vornehmlich auf die Betrachtung des generativen Verhaltens und die mit dem veränderten Geburtenverhalten verbundenen Ursachen und Konsequenzen. Im Kontext der Untersuchung möglicher Gründe für den Verzicht und Aufschub von Elternschaft sowie der Beschränkung der Kinderzahl im Lebenslauf wird aber auch der Frage nachgegangen, ob nicht bereits im Kinderwunsch als Substitut für die generative Verhaltensintention bzw. -motivation der beobachtete Wandel im Geburtenverhalten angelegt ist.[1] Bisweilen wird ein unverändert starker Wunsch nach einem Leben mit Kindern attestiert (vgl. Nave-Herz 1988), der eine deutliche Diskrepanz zwischen dem individuell intendierten und faktischen generativen Verhalten impliziert. Demgegenüber zeigt sich aber nicht nur auf Ebene des realen Verhaltens eine Veränderung. Auch in Bezug auf den Kinderwunsch deuten Forschungsergebnisse auf einen Wandel in Deutschland hin. Der beobachteten Veränderung im Kinderwunsch respektive dem „Wandel der Motivation generativen Verhaltens" (von Rosenstiel et al. 1984: 31) wird dabei ein zentrales Gewicht zur Erklärung des Geburtenrückgangs zugesprochen.

---

[1] In der Forschungspraxis zum Kinderwunsch lassen sich verschiedene Messkonzepte finden, wobei die Untersuchung des konkreten Kinderwunsches, der vom Konzept des idealen Kinderwunsches zu unterscheiden ist, dominiert. Auch in den hier nachfolgenden Ausführungen wird ausschließlich auf dieses Konzept Bezug gekommen, das zwischen dem allgemeinen, zusätzlichen sowie generellen Kinderwunsch differenziert. Der allgemeine Kinderwunsch bzw. Gesamtkinderwunsch erfasst die gewünschte Kinderzahl insgesamt und beinhaltet demzufolge sowohl bereits empfangene bzw. geborene als auch (noch) gewünschte Kinder. Der zusätzliche Kinderwunsch bezieht sich lediglich auf den Wunsch nach weiteren Kindern. Dabei bleiben bereits geborene Kinder unberücksichtigt. Der generelle Kinderwunsch erfasst die grundsätzliche Haltung zur Elternschaft bzw. ob eine dauerhafte Kinderlosigkeit (nicht) angestrebt wird. Demgegenüber zielt der ideale Kinderwunsch auf die Erfassung des persönlichen oder gesellschaftlichen Ideals ab. So gestalten sich beide Ideale im Gegensatz zum konkreten Kinderwunsch weitestgehend losgelöst von den persönlichen Rahmenbedingungen (vgl. Gisser et al. 1985: 38f.).

2.1.1 Kinderwunsch und generatives Verhalten auf Individualebene

Deutschland weist im europäischen Vergleich nicht nur eine konstant sehr niedrige Geburtenrate auf, sondern ist zudem durch einen unterdurchschnittlichen Gesamtkinderwunsch gekennzeichnet. Jedoch findet der Kinderwunsch als Proxy für die individuelle Motivation bezüglich Elternschaft in der Diskussion um das reduzierte Geburtenverhalten kaum Berücksichtigung. Dabei ist auch auf Ebene des Gesamtkinderwunsches ein eindeutig rückläufiger Trend zu beobachten. Während Frauen im Alter zwischen 20 und 39 Jahren 1988 noch eine durchschnittlich gewünschte Kinderzahl von 2.15 aufweisen, liegt der Wert seit Anfang der 1990er Jahre konstant niedriger bei ca. 1.75. Männer wünschen sich mit einem Wert von ca. 1.57 im Durchschnitt sogar noch weniger Kinder als Frauen (vgl. Dorbritz et al. 2005: 36; Höhn et al. 2006: 16f.). Der Kinderwunsch scheint in der Gesamtbetrachtung Polarisierungstendenzen aufzuweisen, die sich in einem Anstieg gewünschter Kinderlosigkeit und einer Fokussierung auf die Zwei-Kind-Familie manifestieren. Nur marginale Bedeutung besitzt hingegen der Wunsch nach einer Ein-Kind-Familie sowie nach mindestens drei Kindern. Die beobachteten geschlechtsspezifischen Unterschiede werden insbesondere darauf zurückgeführt, dass Männer zum einen seltener als Frauen eine Zwei-Kind-Familie realisieren möchten (vgl. Dorbritz et al. 2005; Klein 2006) und zum anderen deutlich häufiger ein Leben ohne Kinder präferieren (vgl. Rost/Schneider 1996).[2]

Die Betrachtung des faktischen Geburtenverhaltens spiegelt eine ähnliche Entwicklung wider. So ist im zeitlichen Verlauf ein deutlicher Geburtenrückgang zu beobachten, wobei die zusammengefasste Geburtenziffer[3] seit 1998 konstant bei 1.36 pro Frau verweilt (vgl. Engstler/Menning 2003: 71).[4] Die niedrige Geburtenrate verdeutlicht die seit langem vorherrschende Unterrepräsentanz von Familien mit mindestens drei Kindern, die zentral den Geburtenrückgang bedingt (vgl. Allmendinger et al. 2006: 19). Die deutliche Abnahme von mindestens Drei-Kind-Familien korrespondiert insofern mit den Befunden zum Gesamtkinderwunsch als diese als Zielvorstellung nicht dominiert. Der mehrheitliche Wunsch nach einer Zwei-Kind-Familie spiegelt sich daneben eindeutig im gene-

---

2   Allerdings belegen einzelne Untersuchungen, dass sich die Differenzen zwischen Frauen und Männern im Kinderwunsch seit 1997 als deutlich rückläufig erweisen und nunmehr marginal und damit vernachlässigbar seien (vgl. Cornelißen 2006: 143; Klein 2006: 67f.).

3   Dabei handelt es sich um die Summe der altersspezifischen Geburtenziffern der 15- bis 44-jährigen Frauen (Total Fertility Rate, TFR), die als durchschnittliche Gesamtkinderzahl eines Frauenkohortenmitgliedes interpretiert werden kann. Für Männer existiert allerdings kein vergleichbarer Wert. Zu den Nachteilen dieser Fruchtbarkeitsmessung siehe Engstler und Menning (2003: 72); Kreyenfeld und Konietzka (2004: 6ff.); Mueller (2000: 66f.).

4   Für das Jahr 2001 beläuft sich die Total Fertility Rate sogar nur auf 1.29 (vgl. European Communities 2003).

rativen Verhalten wider. Zugleich wird mit einem weiteren Anstieg der Ein-Kind-Familie gerechnet (vgl. Diekmann 2003; Engstler/Menning 2003), der weniger im Zusammenhang mit dem Kinderwunsch steht, sondern vielmehr auf Aufschubprozesse zurückgeführt wird. Denn eine zeitliche Verlagerung der Familiengründung nach hinten, die in einem Anstieg des Heirats- sowie Erstgebäralters zum Ausdruck kommt, reduziert entsprechend die Wahrscheinlichkeit einer Familienerweiterung (vgl. Kreyenfeld 2002; Kreyenfeld/Huinink 2003). Geschlechtervergleichende Studien zeigen diesbezüglich, dass Männer eine Elternschaft länger hinaus schieben als Frauen (vgl. Helfferich et al. 2004: 23; Klein 2006: 63; Wiesmann/Hannich 2005: 790), wobei dies keine direkten Rückschlüsse auf das Familienerweiterungsverhalten von Männern zulässt, jedoch eine Begründung zur Entstehung von Kinderlosigkeit liefert. Denn neben dem Absinken höherer Kinderzahlen wird auch ein Anstieg von Kinderlosigkeit beobachtet und als weitere Ursache für den Geburtenrückgang angesehen.[5] Allerdings wird diesem nur ein relativ niedriger Effekt zugeschrieben (vgl. Allmendinger et al. 2006: 19). Dabei zeigt sich, dass Männer häufiger kinderlos bleiben als Frauen (vgl. Dorbritz/Schwarz 1996; Schmitt 2005; Schmitt/Winkelmann 2005). Vordergründig korrespondiert dieser Geschlechterunterschied dergestalt mit den Befunden zum Kinderwunsch, dass Männer sich eher ein Leben ohne Kinder vorstellen können als Frauen. Jedoch finden sich bislang keine Hinweise darauf, dass der Anstieg an Kinderlosigkeit allein durch die Zunahme gewünschter Kinderlosigkeit erklärt werden kann (vgl. Klein 2003). Gleichwohl ist eine Differenzierung zwischen sowie eine Benennung des Ausmaßes gewollter und ungewollter Kinderlosigkeit nur eingeschränkt möglich (vgl. Huinink/Brähler 2000: 26).

Insgesamt bestätigt sich auf dieser Betrachtungsebene, dass sich das Geburtenverhalten (relativ) nahe am Gesamtkinderwunsch verortet. Auch entsprechende Lebenslaufstudien attestieren eine hohe Übereinstimmung bzw. Korrelation zwischen der gewünschten und realisierten Kinderzahl (vgl. Engelhardt 2004: 4; Ruckdeschel 2004: 371; Schoen et al. 1999: 799).[6] Zwar zeigt sich analog zu anderen Untersuchungen, dass die individuell gewünschte Kinderzahl unterschritten wird (vgl. Gisser et al. 1985; Helfferich 2002; Hullen 1995; Kiefl/Schmid 1985).[7] Allerdings verdeutlichen die Ergebnisse auch, dass die Annahme

---

[5]   Schätzungen gehen davon aus, dass von den 1965 geborenen Frauen voraussichtlich ein Drittel kinderlos bleiben wird (vgl. Strohmeier 2005: 27).

[6]   Manche Untersuchungen attestieren hingegen einen nur schwachen Zusammenhang und damit eine deutliche Diskrepanz zwischen der Verhaltensintention und dem generativen Verhalten (vgl. Coombs 1979; Livi Bacci 2001; Noack/Østby 2002).

[7]   Nur wenige Untersuchungen kommen zu dem Ergebnis, dass der Gesamtkinderwunsch exakt realisiert (vgl. Dorbritz 1991; Dorbritz et al. 2005; Hoffmann/Trappe 1990; von Rosenstiel et al. 1984) bzw. übererfüllt wird (vgl. Gisser et al. 1985).

einer deutlichen Diskrepanz zwischen individuell gewünschter und realisierter Kinderzahl nicht mehr zutrifft. Dies kommt nicht zuletzt in den beobachteten gleichartigen Polarisierungen zum Ausdruck. Entsprechend kann davon ausgegangen werden, dass die Veränderungen im generativen Verhalten auch rückführbar auf den beobachteten Wandel im Kinderwunsch sind. Die Verhaltensintention stellt folglich eine zentrale Determinante bzw. Voraussetzung für das generative Verhalten dar.[8]

Im Rahmen der Betrachtung des Zusammenhangs zwischen Intention und Verhalten muss allerdings beachtet werden, dass der Kinderwunsch ein zeitabhängiges und damit zeitinstabiles Merkmal darstellt (vgl. Borchardt/Stöbel-Richter 2004; Helfferich 2001; Huinink 1990; Ruckdeschel 2004; Schneider 1994; Vaskovics 1994). So lässt sich eine deutliche Reduktion des individuellen Kinderwunsches mit dem Alter beobachten (vgl. Cromm 1998; Dorbritz 1991; Hoffmann/Trappe 1990; Klein 2006; Pohl 1995). Der dabei sowohl bei Kinderlosen als auch Nicht-Kinderlosen zu beobachtende negative Alterseffekt wird insbesondere auf im zeitlichen Verlauf stattfindende Gewöhnungsprozesse zurückgeführt, die eine Anpassung des Kinderwunsches an die bereits realisierte Kinderzahl generieren. Diese Anpassungsprozesse begründen sich allerdings nicht nur aus der biologischen Begrenzung der fertilen Phase vornehmlich der Frau. Zudem existiert eine individuell - auch beim Mann verankerte - wahrgenommene bzw. selbst festgelegte Vorstellung darüber, ab welchem Alter eine Elternschaft nicht mehr angemessen erscheint (vgl. Dorbritz et al. 2005: 38; Rost 2003: 19). Neben Anpassungsprozessen zeigt sich aber auch, dass der individuelle Kinderwunsch wiederum von der bereits realisierten Kinderzahl abhängt. So lässt sich etwa beobachten, dass die Geburt eines ersten Kindes und die damit verbundenen Erfahrungen zu einer Reduktion des zusätzlichen Kinderwunsches führen können (vgl. Nave-Herz 1994: 24).

Die Verhaltensintention kann demgemäß intraindividuellen Veränderungsprozessen unterliegen, wobei die grundsätzliche Haltung zur Elternschaft im Vergleich zur gewünschten Kinderzahl sowie zum präferierten Zeitpunkt von Elternschaft ein stabilerer Prädiktor für das generative Verhalten darstellt (vgl. Noack/Østby 2002: 109; Rost 2003: 15; Ruckdeschel 2004: 369; Rupp 2003: 85). Dabei führt gewollte Kinderlosigkeit zu einer exakteren Vorhersage des Verhaltens als die generelle Erwünschtheit einer Elternschaft (vgl. Rost/Schneider 1996). D.h. die generelle Nichterwünschtheit von Elternschaft mündet mit höherer Wahrscheinlichkeit in dauerhafter Kinderlosigkeit. Die generelle Er-

---

[8]   So finden sich einige Studien, in denen der Kinderwunsch als Prädiktor für das generative Verhalten eingesetzt wird (vgl. z.B. Gloger-Tippelt et al. 1993; Hendershot/Placek 1981; Miller/Pasta 1995; Thomson 1997; Thomson/Hoem 1998; Thomson et al. 1990; Westoff 1990).

wünschtheit von Elternschaft steht hingegen in einer engen Beziehung zum (temporären) Aufschub von Elternschaft. In der Gesamtheit begründet sich dauerhafte Kinderlosigkeit jedoch weniger aus gewollter Kinderlosigkeit, sondern hängt ebenfalls vornehmlich mit dem permanenten Aufschieben von Elternschaft zusammen (vgl. Bundesinstitut für Bevölkerungsforschung 2004: 26; Schröder 2007: 396; Wiesmann/Hannich 2005: 192). Die Nicht-Realisierung der intendierten Kinderzahl sowie die Nicht-Realisierung von Elternschaft im Lebenslauf sind also auf Aufschubprozesse zurückzuführen, die wiederum eng mit ungünstigen Rahmenbedingungen verknüpft sind.

Die begrenzte Erklärungskraft des beobachteten Anstiegs gewünschter Kinderlosigkeit für die Zunahme dauerhafter Kinderlosigkeit liegt insbesondere darin begründet, dass gewollte Kinderlosigkeit ebenfalls in einer engen Beziehung zu ungünstigen Rahmenbedingungen steht und sich entsprechend nur eingeschränkt als zeitstabile Einstellung erweist. Im Rahmen des beobachteten Geschlechterunterschieds wird der im Gegensatz zur Frau deutlich ausgeprägte Wunsch des Mannes nach Kinderlosigkeit insbesondere auf die Abwesenheit einer Partnerschaft zurückgeführt (vgl. Helfferich et al. 2004; Klein 2006; Schmitt/Winkelmann 2005;). Gleichsam wird beobachtet, dass Männer den Wunsch nach Elternschaft vornehmlich im Rahmen einer stabilen Partnerschaft herausbilden (vgl. Borchardt/Stöbel-Richter 2004; Onnen-Isemann 2000a, b). Auch bei Frauen wird ein starker Zusammenhang des Kinderwunsches mit partnerschaftsbezogenen Rahmenbedingungen attestiert, wobei die eher marginale Bedeutung gewollter Kinderlosigkeit für die Frau auch darauf zurückgeführt wird, dass Frauen Elternschaft weitaus stärker als normalen Bestandteil ihrer Lebensbiographie betrachten (vgl. Safer 1996).

Jenseits der Gründe für die beobachtete Ungleichverteilung gewollter Kinderlosigkeit zwischen Frauen und Männern, zeigen Untersuchungen zum Zusammenhang zwischen Kinderwunsch und Beziehungsstatus, dass bereits das Zusammenleben mit einem Partner in einem gemeinsamen Haushalt für beide Geschlechter einen positiven Effekt auf die grundsätzliche Haltung zur Elternschaft ausübt. Beim Mann tritt dieser Effekt sogar schon beim Vorhandensein einer Partnerschaft mit getrennter Haushaltsführung auf (vgl. Klein 2006: 68). Zudem zeigen sich dergestalt Differenzen nach dem Institutionalisierungsgrad der Paarbeziehung, dass der Kinderwunsch bei verheirateten Paaren stärker ausgeprägt ist als bei unverheirateten Paaren (vgl. Dorbritz 1991; Schoen et al. 1999; Stöbel-Richter 2000). Insbesondere in ehelichen Paarbeziehungen stellt gewollte Kinderlosigkeit ein eindeutig unterrepräsentiertes Phänomen dar (vgl. Duschek/Wirth 2005: 820). Die Interaktion zwischen dem Familienstand und dem Kinderwunsch bedingt sich dadurch, dass ein ausgeprägter Kinderwunsch die Eheschließung nach sich zieht (vgl. Eckhard/Klein 2006: 64). Die Entschei-

dung zur Familiengründung ist damit eng mit der Entscheidung zur Eheschließung verknüpft. So wird die Ehe auch heute als „optimales Umfeld" (Riederer
2005: 387) für das Aufwachsen von Kindern betrachtet.
Nicht nur der Kinderwunsch interagiert positiv mit dem Institutionalisierungsgrad der Paarbeziehung. Ebenso zeigen sich in Bezug auf das generative
Verhalten Verteilungsunterschiede bzw. Polarisierungen nach dem Familienstand. In der Gruppe der Ledigen finden sich die meisten dauerhaft Kinderlosen,
wogegen Verheiratete zumeist nicht kinderlos bleiben (vgl. Hanika 1999: 315;
Wiesmann/Hannich 2005: 790). Die Gesamtbefunde deuten darauf hin, dass das
Vorhandensein eines Partners, d.h. Partnerwahlchancen sowie Partnerschaftsstabilität, und zudem Partnerschaftszufriedenheit eine entscheidende Rolle für das
generative Verhalten spielen (vgl. Dorbritz et al. 2005; Klein 2003; Schmitt/
Winkelmann 2005; Schumacher et al. 2002). Darüber hinaus stellt die Bereitschaft beider Partner zur Elternschaft einen wichtigen Faktor dar (vgl. Pohl
1995; von Rosenstiel et al. 1986). Insofern ist das generative Verhalten eng mit
den Kinderwünschen beider Partner verknüpft.

2.1.2 Kinderwunsch und generatives Verhalten auf Paarebene

In der Forschungspraxis zum Zusammenhang zwischen Intention und Verhalten
im Kontext von Partnerschaften dominiert eine individualzentrierte Betrachtungsweise, indem lediglich die Angabe der Frau zu ihrem Kinderwunsch berücksichtigt wird. Es wird vielfach argumentiert, dass sich beide Partner in ihrem
Kinderwunsch ohnehin nicht oder nur marginal unterscheiden und damit ein
innerpartnerschaftlicher Konsens hinsichtlich der Familienplanung bestünde.
Demzufolge resultieren bei der Untersuchung auf Paarebene redundante Informationen, die eine ausschließliche Betrachtung der Frau rechtfertige (vgl. z.B.
Bumpass/Westoff 1970; Morgan 1985; Townes et al. 1977; Westoff et al. 1961).
So fungiert der Kinderwunsch der Frau als Substitut für den Kinderwunsch des
Paares und zugleich als Prädiktor für das generative Verhalten.
Zwar lässt sich nachweisen, dass die Diskrepanz zwischen den Kinderwünschen von Frau und Mann in der paarbezogenen Betrachtung deutlich geringer
ausfällt als in der individuumsbezogenen bzw. alterskohortenspezifischen Betrachtung (vgl. Rost 2005). Insbesondere eheliche Paarbeziehungen kennzeichnen sich durch einen stark ausgeprägten innerpartnerschaftlichen Konsens (vgl.
Rupp 2005). Dies schließt jedoch nicht aus und wird entsprechend beobachtet,
dass Unstimmigkeiten hinsichtlich der zu realisierenden Familiengröße vor-
kommen (vgl. Beckman 1984; Card 1978; Coombs/Fernandez 1978; Musham/
Kiser 1956). Auch dabei überwiegt die Forschungsperspektive, den Mann nicht

zu berücksichtigen, da angenommen wird, dass die generative Entscheidung im Wesentlichen von der Frau abhängt. So führe die Berücksichtigung des Partners nicht oder nur unwesentlich zu einer besseren Vorhersage des generativen Verhaltens des Paares. Jedoch weisen Studien zum Kinderwunsch und dessen Realisierung unter Berücksichtigung der Angaben beider Partner nach, dass der Kinderwunsch des Mannes ebenfalls einen signifikanten Einfluss auf die generative Entscheidung aufweist und entsprechend zur Varianzaufklärung beiträgt (vgl. z.B. Beckman et al. 1983; Bumpass/Westoff 1970; Fried/Undry 1979; Fried et al. 1980; Hofferth/Undry 1976; Neal/Groat 1977; Thomson et al. 1990; Townes et al. 1980). Demnach leisten beide Partner einen eigenständigen Beitrag zur Vorhersage der generativen Entscheidung.

Untersuchungen, die den spezifischen Effekt sowohl konvergierender als auch divergierender innerpartnerschaftlicher Kinderwünsche auf das generative Verhalten fokussieren, gelangen zu folgenden Ergebnissen: Es zeigt sich, dass (Ehe-)Paare, die sich gleichermaßen kein (weiteres) Kind wünschen, auch eine sehr niedrige Wahrscheinlichkeit hinsichtlich der Geburt eines (weiteren) Kindes aufweisen. Demgegenüber kennzeichnen sich Paare, die sich gleichermaßen ein (weiteres) Kind wünschen, durch eine sehr hohe Übergangswahrscheinlichkeit. Innerpartnerschaftliche Unstimmigkeiten hinsichtlich des Kinderwunsches weisen ebenfalls einen Effekt auf das generative Verhalten auf (vgl. Coombs/Chang 1981; Dorbritz et al. 2005; Miller/Pasta 1995, 1996), indem sich die Wahrscheinlichkeit der Geburt eines Kindes zumeist dramatisch reduziert. Dabei erweisen sich die geschlechtsspezifischen Effektunterschiede teils als nicht signifikant, woraus geschlussfolgert wird, dass der Kinderwunsch der Frau einen identischen Effekt auf das generative Verhalten aufweist wie der Kinderwunsch des Mannes (vgl. Beach et al. 1979; Thomson 1997; Thomson et al. 1988, 1990). Eine Vielzahl anderer Untersuchungen, die ebenfalls die geschlechtsspezifischen Präferenzmuster in Hinblick auf die Familiengründung und -erweiterung simultan betrachten, gelangen jedoch zu dem Ergebnis, dass der Effekt der Frau auf die Entscheidung größer ist als der des Mannes (vgl. Beach et al. 1979, 1982; Beckman 1984; Clark/Swicegood 1982; Freedman et al. 1980; Miller/Pasta 1994; Westoff et al. 1961). Der Frau kommt damit ein größeres Gewicht für die generative Entscheidung zu, jedoch nicht das alleinige.

Die Forschungsergebnisse verdeutlichen in ihrer Gesamtheit, dass Diskrepanzen zwischen dem Kinderwunsch und dessen Realisierung auf der Paarebene vorliegen können. Studien, die die Kinderwünsche beider Partner im Rahmen einer dyadischen Modellierung untersuchen, zeigen trotz widersprüchlicher Ergebnisse, dass das generative Verhalten durch die Kinderwünsche beider Partner beeinflusst wird. Daneben führen die verschiedenen innerpartnerschaftlichen Präferenzmuster im Rahmen des Konsenses und Dissenses zu unterschiedlichen

Entscheidungsverläufen, wobei heterogene Kinderwünsche zumeist nicht in dauerhafter Kinderlosigkeit münden (vgl. Rupp 2005). Vielmehr ist ein Aufschub der generativen Entscheidung zu beobachten, wenn innerpartnerschaftliche Unstimmigkeiten - auch in Bezug auf den gewünschten Zeitpunkt einer Familiengründung und -erweiterung - vorliegen (vgl. Beckman 1984; Borchardt/Stöbel-Richter 2004; Thomson 1997; Thomson/Hoem 1998; Thomson et al. 1990; von Rosenstiel et al. 1984). Daher erscheint es unwahrscheinlich, dass ein Partner seine Wünsche denen des Anderen unterordnet.

Vielmehr kann davon ausgegangen werden, dass zwischen den Partnern ein Abstimmungsprozess dergestalt stattfindet, dass einerseits eine „wechselseitige Bestätigung" bei konvergierenden Kinderwünschen und andererseits eine „Abstimmung der eigenen generativen Interessen mit denen des Partners" (Borchardt/Stöbel-Richter 2004: 118) bei divergierenden Kinderwünschen erfolgt. Bei Paaren mit übereinstimmenden Kinderwünschen geht es um die Koordination des richtigen Zeitpunktes von Elternschaft mit den Lebensbiographien und den darin integrierten außerfamilialen Zielen beider Partner. Divergierende Kinderwünsche verlangen darüber hinaus nach einem aufeinander Abstimmen der biographischen Zielvorstellungen beider Partner für eine gemeinsame Elternschaft. Die Problematik, den richtigen Zeitpunkt für die Familiengründung und -erweiterung festzulegen, betrifft also sowohl konvergierende als auch divergierende Paare. Die Partnerschaft stellt somit eine Abstimmungsgemeinschaft dar, in der über das gemeinsame generative Verhalten entschieden wird. Die generative Entscheidung basiert auf einem komplexen Interaktionsprozess, der die wechselseitige Einflussnahme beider Partner aufeinander im Rahmen der Entscheidungsfindung beschreibt. Obwohl davon ausgegangen werden kann, dass der Paarinterdependenz ein hoher Stellenwert für den Ausgang des generativen Entscheidungsprozesses im Kontext einer Partnerschaft zukommt, findet diese in der theoretischen Auseinandersetzung bisher kaum Berücksichtigung.

2.1.3   Erklärungsansätze zur Paarinterdependenz

Eine Vielzahl von Erklärungsansätzen für das generative Verhalten greifen aufgrund ihrer mikroanalytischen bzw. individualtheoretischen Perspektive zu kurz. Denn Elternschaft stellt zumeist das Resultat einer partnerschaftlich getroffenen Entscheidung dar (vgl. Burkart 1994, 2002; Klein 2003; Thomson/Hoem 1998), in die die Rahmenbedingungen sowie Präferenzen beider Partner eingehen. Auch erweist sich die Untersuchung des generativen Verhaltens auf Ebene des Haushaltes respektive der (ehelichen) Paarbeziehung, wie sie insbesondere innerhalb ökonomischer Ansätze (vgl. z.B. Becker 1960, 1981; Easterlin 1978; Lancaster

1971; Leibenstein 1975; Mincer 1963; Willis 1973) vorgenommen wird, als problematisch. In vielen dieser Arbeiten wird die Partnerschaft als Entscheidungseinheit aufgefasst, die mit ihrer vorhandenen Ressourcenausstattung den Haushaltsnutzen zu maximieren intendiert. Kinder werden in diesem Zusammenhang als Konsumgut verstanden, die auf der Haushaltsebene sowohl Nutzen stiften als auch Kosten verursachen. Die Entscheidung darüber, welche Kinderzahl in Abhängigkeit von der gegebenen Ressourcenausstattung den größtmöglichen Haushaltsnutzen erwarten lässt, erfolgt einmalig zumeist zu Beginn der Ehe (vgl. Kohlmann/Kopp 1997: 258).

Im Rahmen dieses Handlungskonzeptes bleibt unklar, welche Kosten und Nutzen aus der Entscheidung über die zu realisierende Kinderzahl für den Einzelnen resultieren und wie diese de facto intern verteilt werden (vgl. Huinink 1995: 41ff.). Auch kann nicht davon ausgegangen werden, wie dies die Modellannahme einer Haushaltsnutzenmaximierung impliziert, dass über die generative Entscheidung a priori ein innerpartnerschaftlicher Konsens besteht. Dies würde voraussetzen, dass beide Partner in derselben Weise an dem Nutzen, aber vor allem auch an den Kosten eines Kindes partizipieren (vgl. Ott 1989a: 97). Zudem belegen Studien, dass in Paarbeziehungen Frauen und Männer sehr wohl zwischen dem eigenen Nutzen und dem des Partners differenzieren und diese nicht unter einem gemeinsamen Haushaltsnutzen subsumiert werden (vgl. Auspurg/ Abraham 2007: 289).

Vielmehr kann angenommen werden, dass der generativen Entscheidung des Paares die individuellen Entscheidungen beider Partner bezüglich einer Elternschaft vorausgehen und in diese einfließen (vgl. Borchardt/Stöbel-Richter 2004: 117; Burkart 1994: 252). Die Kinderwünsche beider Partner können dabei als Substitut für die individuelle generative Entscheidung respektive Verhaltensabsicht aufgefasst werden. Dieser (zunächst) individualtheoretische Ansatz berücksichtigt, dass die Entscheidungen respektive Präferenzen beider Partner sowohl konvergieren als auch divergieren können. Der Ausgang der individuellen Entscheidung wird wiederum durch verschiedenste Faktoren (vgl. Burkart 1994: 255) einschließlich individual-rationaler Kosten-Nutzen-Abwägungen von Elternschaft determiniert (vgl. Beck-Gernsheim 1983, 1997; Huinink 1995, 2000; Schaeper/Kühn 2000; Schmitt 2004b).

Wie der persönliche Kinderwunsch unterliegt die individuelle Kosten-Nutzen-Abwägung von Elternschaft zeitlichen Veränderungsprozessen im Zuge sich wandelnder Rahmenbedingungen. Die Annahme stabiler Präferenzen bzw. konstanter Nutzen und Kosten von Kindern, die auch in haushaltsökonomischen Ansätzen postuliert wird, ist somit empirisch nicht haltbar. Auch folgt daraus, dass die Entscheidung zur Elternschaft paritätsspezifisch zu differenzieren ist. Die Modellierung des generativen Verhaltens als einmaligen Entscheidungsakt

über die zu realisierende Kinderzahl verkennt neben dem möglichen innerpartnerschaftlichen Dissens auch die Dynamik des Entscheidungsprozesses, der
insbesondere biographische Veränderungen impliziert. So konnte gezeigt werden, dass das generative Verhalten einem sequentiellen Entscheidungsprozess
unterliegt und daher eine dynamische Modellierung erfordert (vgl. Kohlmann/
Kopp 1997).

Die Entscheidung zur Elternschaft hängt maßgeblich von den Präferenzen
beider Partner ab, die als gleichermaßen relevant zu betrachten sind. Eine dyadische Modellierung erfordert daher die simultane Betrachtung der individuellen
Rahmenbedingungen, Lebensgestaltungsoptionen sowie Lebensentwürfe, die im
Kontext von Partnerschaft aufeinander abgestimmt bzw. synchronisiert werden
müssen (vgl. Klein 2006: 29). Die dyadische Entscheidung stellt somit das Resultat eines innerpartnerschaftlichen Abstimmungs- bzw. Interaktionsprozesses
hinsichtlich der individuellen Lebensziele dar (vgl. Burkart 2002: 29). Die Interaktion zwischen den Partnern impliziert insbesondere Aspekte wie „Kommunikation, Konfliktlösung, gegenseitige Beeinflussung und Steuerung, Rollenmuster
und Arbeitsteilung, gemeinsame Planung und Entscheidung." (Oppitz 1990: 143)

Qualitative Untersuchungen zum innerpartnerschaftlichen Interaktionsprozess verdeutlichen, dass der zu klärende Entscheidungsinhalt insbesondere davon
abhängt, ob der Übergang zur Familiengründung oder zur Familienerweiterung
erörtert wird. Kinderlose Paare diskutieren im Wesentlichen den optimalen Zeitpunkt einer Erstelternschaft, der vor allem von einer dafür „abgesicherten Lebenssituation" (Kapella/Rille-Pfeiffer 2004: 16) abhängt. Auch bedarf es der
Klärung der innerpartnerschaftlichen Aufgabenallokation. Zudem erörtern kinderlose Paare seltener als Paare mit Kind(ern) die grundsätzliche Frage nach
einem (weiteren) Kind. Dass zumeist die Frau im Zuge der Entscheidung zur
Familiengründung die Erwerbstätigkeit reduziert bzw. aufgibt, wird vielfach als
Resultat eines innerpartnerschaftlichen Verhandlungsprozesses interpretiert (vgl.
Klein/Eckhard 2005; Ott 1989a, b, 1992; Thomson/Hoem 1998). Dabei hängt
das Verhandlungsergebnis wesentlich von der Opportunitätskostenstruktur beider Partner ab.

Es lassen sich nur vereinzelt haushalts- oder individualtheoretische Modellierungen finden, die den Interaktions- bzw. Verhandlungsprozess im Rahmen
der generativen Entscheidungsfindung in Partnerschaften berücksichtigen (vgl.
Klaus/Suckow 2005). So wird im sozioökonomischen Modell nach Turchi
(1981) sowie im motivationspsychologischen Individualmodell respektive erweiterten Wert-Instrumentalitäts-Modell von Rosenstiel et al. (vgl. Nerdinger et al.
1984; Stengel et al. 1983; von Rosenstiel et al. 1986) zumindest ein einseitig
gerichteter Einfluss der Verhaltensintention des Partners auf den (Gesamt-)Kin-
derwunsch der Frau angenommen. Es zeigt sich, dass der „normative Druck von

außen" (Nerdinger et al. 1984: 472; Stengel et al. 1983: 163f.), d.h. die Zustimmung bestimmter Bezugspersonen - insbesondere die des Partners - eine große Bedeutung für die generative Entscheidung besitzt. Dieser Einfluss wird implizit als Paarinteraktion interpretiert und stellt einen wichtigen Faktor zur Erklärung des generativen Verhaltens des Paares dar (vgl. Spieß et al. 1984: 167; von Rosenstiel et al. 1986: 82).

Darüber hinaus existiert eine Reihe von Modellen, die die Paarinteraktion respektive Paarinterdependenz explizit im Rahmen eines dyadischen Entscheidungsprozesses betrachten. Der Entscheidungsprozess im Stufenmodell von Hass (1974) wird in die aufeinander folgenden generativen Entscheidungen Empfängnis, Geburt und Kindererziehung unterteilt, wobei in jeder Phase eine Paarinteraktion bzw. -kommunikation, die über die „Rollenstruktur und Dominanz eines der Partner bestimmt" (von Rosenstiel et al. 1986: 70) wird, stattfindet. Das Paarinteraktionsmodell von Beckman (1977, 1979) spezifiziert den Interaktionsprozess als Abstimmungsprozess zwischen den Verhaltensintentionen beider Partner. Dabei hängt die individuelle Verhaltensmotivation bzw. -absicht bezüglich Elternschaft von der intraindividuellen Kosten-Nutzen-Abwägung verschiedener Handlungsalternativen ab, die Konsens oder Dissens generiert. Der Abstimmungsprozess wird von der „Überzeugungskraft, der (relativen) Macht und dem Konfliktlösungspotential" (Borchardt/Stöbel-Richter 2004: 40) beider Partner bestimmt. Auch die Erweiterung des motivationspsychologischen Individualmodells von Rosenstiel et al. (1986) um die Komponente einer wechselseitigen Beeinflussung beider Partner auf Ebene des Kinderwunsches, die den Interaktionsprozess zwischen beiden Partner repräsentiert, erweist sich als fruchtbar.[9] Der Interaktionsprozess umfasst dabei die Aspekte „Kommunikation, Durchsetzung, Übereinstimmung, Angleichung und Distanzierung" (von Rosenstiel et al. 1986: 148), die Auswirkungen auf den Kinderwunsch haben. Allerdings wird der Interaktionsprozess respektive die Wechselbeziehung der Werthaltungen nur implizit untersucht, da nicht die Kinderwünsche beider Partner in die Modellierung eingehen, sondern ausschließlich die Verhaltensintention des Paares. Damit eignet sich das Modell hauptsächlich für den dyadischen Entscheidungsverlauf konvergierender Paare (vgl. von Rosenstiel et al. 1984: 24).

Auch sind erste Ansätze vorzufinden, die Entscheidungen zwischen mindestens zwei Akteuren explizit verhandlungstheoretisch modellieren und empirisch überprüfen (vgl. Auspurg/Abraham 2007; Beblo 2001; Bernasco/Giesen 2000; Brines/Joyner 1999; Kohlmann/Kopp 1997). Dabei orientieren sich die Untersuchungen auch zum generativen Verhalten an einem dynamischen, strategisch-kooperativen Bargaining-Modell, wie es von Ott (1989a, b, 1992, 1995, 2001)

---

[9] Das Paarmodell wurde bereits mehrfach empirisch überprüft (vgl. Nerdinger et al. 1984; Oppitz et al. 1983; Spieß et al. 1984).

vorgeschlagen wurde. Innerhalb dieses Ansatzes wird die Entscheidung zur Elternschaft im Kontext der damit eng verknüpften innerpartnerschaftlichen Aufgabenallokation unter Berücksichtigung der individuellen Kosten-Nutzen-
Abwägungen beider Partner thematisiert. Es wird angenommen, dass beide Partner sich in einen Verhandlungsprozess begeben, um die „interne Verteilung der
nutzenstiftenden Güter und Aktivitäten" (Ott 1989a: 99) zu klären. Der Ausgang
des Verhandlungsprozesses wird durch die Verhandlungspositionen bzw. -stärke
beider Partner, die im Wesentlichen von den externen nutzenstiftenden Handlungsoptionen abhängt, bestimmt. Im Blickfeld der Bildungsexpansion und erhöhten Erwerbsbeteiligung der Frau sind insbesondere zunehmend symmetrische
innerpartnerschaftliche Verhandlungssituationen anzutreffen, die in einem engen
Zusammenhang zum reduzierten Geburtenverhalten bzw. Aufschub von Elternschaft zu stehen scheinen (vgl. Ott 2001). So ist zu beobachten, dass eine stark
ausgeprägte Verhandlungsposition der Frau, die sich in einer hohen beruflichen
Stellung manifestiert, die Wahrscheinlichkeit einer Familiengründung erheblich
reduziert (vgl. Kohlmann/Kopp 1997: 269f.). Demgegenüber zeigen sich im
Zuge der Entscheidung zur Familiengründung vornehmlich deutliche Veränderungen im Erwerbsverhalten der Frau. Die generative Entscheidung des Paares
führt daher häufig zu einer Schwächung der Verhandlungsposition der Frau und
ist für den Mann ohne bedeutsame Negativkonsequenzen in Bezug auf seine
Verhandlungsstärke verbunden (vgl. Ott 1989a).

Diese Distribution scheint bereits in der Entscheidung zur Eheschließung
angelegt zu sein. Denn bei verheirateten Paaren ist im Vergleich zu unverheira-
ten Paaren eine stärkere Spezialisierung beider Partner auf Erwerbs- und Hausarbeit zu beobachten (vgl. Bernasco/Giesen 2000; Brines/Joyner 1999), die darin
zum Ausdruck kommt, dass verheiratete Frauen über ein geringeres Einkommen
verfügen und sich stärker in die Hausarbeit einbringen als unverheiratete Frauen
(vgl. Korenman/Neumark 1992). Noch größere innerpartnerschaftliche Speziali-
sierungsdifferenzen resultieren aus einer Elternschaft. Denn die trotz Familienbildung weiterhin zu beobachtende Spezialisierung des Mannes auf Erwerbsarbeit, führt neben dem Einkommenserwerb gleichzeitig zur Akkumulation von
erwerbsspezifischem Humankapital und damit zu einer Erhöhung bzw. Verbesserung der individuellen Einkommenserzielungskapazitäten sowie Handlungsoptionen. Demgegenüber führt die Spezialisierung der Frau auf Hausarbeit bereits
im Rahmen der Unterbrechung von Erwerbsarbeit lediglich zur Akkumulation
von haushaltsspezifischem Humankapital (vgl. Ott 1989a: 101; Ott 1999: 179;
Ott 2001: 133) und damit zu einer Reduktion der individuellen Einkommenserzielungskapazitäten sowie externen Alternativmöglichkeiten (vgl. Ott 1989a:
102). Bereits kurze Erwerbsunterbrechungen in Form von Elternzeit führen zu
einer zumeist irreversiblen Reduktion der Einkommenserzielungskapazitäten

(vgl. Galler 1991; Ondrich et al. 2003). Der innerpartnerschaftliche Spezialisierungsprozess beider Partner auf Erwerbs- und Hausarbeit, die eine unterschiedliche Verteilung alternativer Handlungsoptionen impliziert, hat Auswirkungen auf die individuelle Verhandlungsposition respektive -stärke innerhalb der Partnerschaft und damit auf die innerpartnerschaftliche Distribution der Nutzengewinne (vgl. Ott 1989a: 101). Damit folgt aus der Entscheidung zur Elternschaft bei gleichzeitiger Veränderung der Erwerbsbeteiligung der Frau eine Veränderung der innerpartnerschaftlichen Verhandlungssituation in asymmetrischer Form (vgl. Ott 1989a: 109). Dass die Frau sich trotzdem für eine Elternschaft ausspricht, wird darauf zurückgeführt, dass innerhalb der Partnerschaft eine Absprache bzw. Vereinbarung hinsichtlich einer von der „tatsächlichen Verhandlungsposition unabhängigen Verteilung" (Ott 1989a: 104) der Güter erfolgt. Insbesondere erweist sich die Partnerschaftsstabilität respektive Partnerschaftsdauer als bedeutsam für das Vertrauen in die partnerschaftlich getroffenen Vereinbarungen und damit für die Konfliktbehaftetheit von Verhandlungs- bzw. Entscheidungsprozessen (vgl. Auspurg/Abrahams 2007: 288).

Aus verhandlungstheoretischer Sicht lassen sich die Veränderungen im generativen Verhalten auch auf gestiegene Opportunitätskosten aufgrund verbesserter bildungs- und berufsbezogener Rahmenbedingungen der Frau bei gleichzeitiger Dominanz der traditionellen Rollenverteilung im Kontext von Elternschaft zurückführen. Der Verhandlungsprozess spiegelt dabei zum einen den engen Zusammenhang zwischen der Entscheidung zur Familienbildung und der Entscheidung zur Verschiebung der innerpartnerschaftlichen Aufgabenallokation zu Ungunsten der Frau wider. Zum anderen benennt der Verhandlungsprozess innerpartnerschaftliche Lösungsstrategien zur Minimierung der individuellen ökonomischen Risiken von Elternschaft. Zur Erklärung des generativen Verhaltens werden insbesondere die ökonomischen Rahmenbedingungen sowie erwerbsorientierten Werthaltungen fokussiert (vgl. Kohlmann/Kopp 1997).

Jedoch zeigen Studien, dass diese Faktoren, die im Kontext der Bildungsexpansion insbesondere die Lebensbiographie der Frau betreffen, nicht nur einen Effekt auf die generative Entscheidung des Paares haben, sondern bereits Einfluss auf die individuelle Verhaltensintention nehmen. Daher kann angenommen werden, dass die Nutzenaspekte sowie die mit einer Elternschaft verbundenen Kosten neben u.a. situativ förderlichen und hinderlichen Rahmenbedingungen zunächst die individuelle Motivation des generativen Verhaltens bedingen und indirekt - vermittelt über die Verhaltensintention - Einfluss auf die generative Entscheidung nehmen (vgl. Hoffman/Hoffman 1973). Der partnerschaftlich getroffenen Entscheidung zur Familienbildung gehen also die individuellen Entscheidungen beider Partner bezüglich einer Elternschaft voraus, die Konsens oder Dissens auf Ebene der Verhaltensintention generieren.

Bei übereinstimmenden Kinderwünschen geht es, wie bereits angeführt, zentral um die Festlegung des für beide Partner optimalen Zeitpunktes von Elternschaft. Dazu müssen die Biographien sowie die darin enthaltenen auch außerfamilialen Wertorientierungen sowie Lebensziele beider Partner auf den intendierten Zeitpunkt von Elternschaft abgestimmt werden. Die wechselseitige Bestärkung beider Partner in der Verhaltensabsicht erweist sich zwar als förderlich für die generative Entscheidung. Jedoch impliziert die Koordinierung des richtigen Zeitpunktes von Elternschaft auch die Klärung des optimalen Zeitpunktes für eine (temporäre) Veränderung der innerpartnerschaftlichen Aufgabenallokation. Divergierende Kinderwünsche bedürfen für die Einigung über den richtigen Zeitpunkt von Elternschaft insbesondere des aufeinander Abstimmens der biographischen Zielvorstellungen beider Partner für eine gemeinsame Elternschaft, indem ein Kompromiss gefunden wird. Auch hierbei kann angenommen werden, dass die individuellen Verhaltensintentionen sich wechselseitig beeinflussen, um eine Annäherung zu generieren, die eine gemeinsame Elternschaft wahrscheinlicher werden lässt. Die Problematik, einen für beide Partner optimalen Zeitpunkt zu bestimmen, steht ebenfalls in einem engen Zusammenhang zur zukünftigen innerpartnerschaftlichen Arbeitsteilung.

Die Paarinteraktion, die insbesondere in einer Wechselbeziehung der Werthaltungen beider Partner auf Ebene des Kinderwunsches zum Ausdruck kommt, stellt einen wichtigen Bestandteil bei der Erklärung des generativen Verhaltens in Partnerschaften dar (vgl. von Rosenstiel et al. 1986). Damit stehen die Verhaltensintentionen bzw. Kinderwünsche beider Partner nicht nur in einem direkten Zusammenhang zur partnerschaftlich getroffenen Entscheidung, sondern auch in einer direkten Beziehung zueinander. Denn der generative Entscheidungsprozess impliziert eine wechselseitige Beeinflussung beider Partner auf der intentionalen Ebene, die zur Bestärkung bzw. Generierung eines Konsenses dient. Die generative Entscheidung basiert damit auf einem komplexen Interaktionsprozess, in dem beide Partner Einfluss auf die Entscheidung nehmen. In Hinblick auf den Abstimmungsprozess bleiben die meisten Modelle sowie Untersuchungen allerdings defizitär. Im Rahmen der bisherigen Betrachtungs- respektive Vorgehensweisen bleibt uneindeutig, inwieweit die Kinderwünsche beider Partner sich wechselseitig beeinflussen und wie sich der wechselseitige Annäherungsprozess auf die generative Entscheidung des Paares auswirkt. Darüber hinaus bleibt ungewiss, in welchem Kontext der innerpartnerschaftliche Interaktionsprozess eingebettet ist. Denn Elternschaft impliziert aufgrund ihrer langfristigen biographischen Festlegung Einschränkungen der individuell zur Verfügung stehenden Lebensgestaltungsoptionen (vgl. Birg 1992; Birg et al. 1991; Kaufmann 1990). Die zur Auswahl stehenden Lebensgestaltungsoptionen beider Partner stehen wiederum in einem engen Zusammenhang zu den strukturellen Rahmenbedin-

gungen (vgl. Huinink 1995), werden aber auch von den gegenwärtigen individuellen Rahmenbedingungen und den persönlichen Zielvorstellungen mitbestimmt.
Auch spielen frühere Entscheidungen in anderen Lebensbereichen, die Aspekte
wie Bildung und Beruf betreffen, eine wichtige Rolle (vgl. Burkart 1994; Huinink 1990; Namboodiri 1979). Die Instabilität des Kinderwunsches ist demnach
eng mit Veränderungen der individuellen Lebenssituation sowie der zur Auswahl
stehenden Optionen verknüpft (vgl. Klein 2006: 28).

Es findet sich zumindest eine Reihe von Hinweisen darauf, wie sich die individuellen und strukturellen Rahmenbedingungen sowie die individuellen Zielvorstellungen und Lebensgestaltungsoptionen auf den persönlichen Kinderwunsch und das generative Verhalten auswirken. Allerdings kann davon ausgegangen werden, dass mit Veränderung der Rahmenbedingungen nicht nur eine
Veränderung des generativen Verhaltens einhergeht, sondern dass auch der Kinderwunsch als je nach situativen Gegebenheiten im Zeitverlauf veränderlich zu
betrachten ist (vgl. Rasul 1993: 29; Ruokolainen/Notkola 2002: 204; Schoen et
al. 1999: 791). Nicht nur die Bedingungen für die generative Entscheidung variieren, sondern auch die Präferenzen für Kinder (vgl. Klein 2003).

Da der Kinderwunsch kein zeitstabiles Merkmal darstellt, sondern selbst im
Zuge veränderter Rahmenbedingungen intraindividuellen Veränderungsprozessen unterliegen kann, empfiehlt sich eine paritätenspezifische Untersuchung der
Bedingungsstrukturen, die sich als kinderwunschreduzierend bzw. kinder-
wunschfördernd auf Ebene des Individuums erweisen. Allerdings findet sich in
der Forschungspraxis insbesondere die Untersuchungsstrategie, den allgemeinen,
generellen sowie zusätzlichen Kinderwunsch zu inspizieren. Obwohl die Zeitbe
zogenheit von Elternschaft für die paritätenspezifische Betrachtung von großer
Bedeutung ist, existieren nur vereinzelt Untersuchungen zum gewünschten Zeitpunkt der Familiengründung und -erweiterung. Diese mannigfaltigen For-
schungsperspektiven finden sich ebenfalls im Rahmen von Untersuchungen zum
generativen Verhalten, die die grundsätzliche Vergleichbarkeit der Ergebnisse
erschweren. Dabei ist - aufgrund der engen Verknüpfung zwischen dem Kinderwunsch und generativen Verhalten - insbesondere von Bedeutung, welche Faktoren sowohl für das generative Verhalten als auch für die Verhaltensintention
relevant sind.

2.2 Determinanten des Kinderwunsches und generativen Verhaltens

In der Forschung findet sich eine Vielzahl möglicher Einflussfaktoren für den
Kinderwunsch als auch für das generative Verhalten. Dabei lassen sich die Determinanten entlang verschiedener - insbesondere sozioökonomischer, soziologi-

scher sowie sozialpsychologischer Erklärungsansätze - strukturieren. Während sozioökonomische Ansätze vor allem die individuelle Ressourcenausstattung und materiellen Aspekte fokussieren, untersuchen soziologische Ansätze den Einfluss kultureller und struktureller Bedingungen wie Normen, Leitbilder und Erwartungshaltungen des persönlichen Kontextes bzw. übergeordneter Einheiten. Sozialpsychologische Ansätze wiederum betrachten die motivationalen Aspekte des Kinderwunsches und des generativen Verhaltens, die insbesondere in den individuellen Wertorientierungen zum Ausdruck kommen.

Trotz ihrer unterschiedlichen Fokussierung sind diese verschiedenen Ansätze jedoch nicht immer trennscharf, sondern beziehen die Erkenntnisse der jeweils anderen Ansätze in ihre eigenen Analysen mit ein und/oder basieren auf denselben handlungstheoretischen Annahmen. Dies gilt insbesondere für die Forschung zum generativen Verhalten, dessen beobachteten Veränderungen im Rahmen des Anstiegs dauerhafter Kinderlosigkeit und des Absinkens höherer Kinderzahlen in einem weitaus stärkeren Ausmaß untersucht werden als die des Kinderwunsches. So gestaltet sich die Befundlage zum generativen Verhalten wesentlich umfangreicher als der Erkenntnisstand zur generativen Verhaltensintention. Die gesellschaftlichen Veränderungen im generativen Verhalten werden im Blickfeld veränderter Wertorientierungen und Motivstrukturen, die eine(n) gesellschaftliche(n) „Wertewandel, Werteverlust oder Wertepluralisierung" (Klein/Eckhard 2005: 152) widerspiegeln, betrachtet. Dabei werden die beobachteten Veränderungen im Kinderwunsch, die wiederum in einem engen Zusammenhang zum generativen Verhalten stehen, ebenfalls als Konsequenz eines gesellschaftlichen Wertewandels verstanden (vgl. von Rosenstiel et al. 1986: 144). Entsprechend werden die Verhaltensintention und das generative Verhalten gleichsam mit soziologischen bzw. sozialpsychologischen Faktoren in Verbindung gebracht.

Ferner kommt den mit der Bildungsexpansion einhergehenden Veränderungen im Bildungsniveau und Erwerbsverhalten der Frau eine zentrale Rolle bei der Erklärung des Geburtenrückgangs zu. Die Relevanz dieser beiden Faktoren erschließt sich wesentlich aus dem familienökonomischen Erklärungsansatz (vgl. z.B. Becker 1981, 1986; Mincer 1963; Oppenheimer 1994), der hohe Opportunitätskosten im Kontext der Vereinbarkeitsproblematik von Familie und Beruf bei steigendem Bildungsniveau und den damit verbundenen Berufs- bzw. Einkommenserwerbchancen vornehmlich für die Frau impliziert. Die Bildung wird als erwerbsspezifisches Humankapital betrachtet, das mit höherer wirtschaftlicher Unabhängigkeit, Berufsorientierung und Einkommenserwerb assoziiert ist. Demgegenüber wird für den Mann ein positiver Bildungsniveaueffekt angenommen, der auf ein hohes Einkommen bei hoher Bildung zurückgeführt wird.

Insofern wird das Bildungsniveau des Mannes nicht mit dem Geburtenrückgang in Verbindung gebracht.

Es zeigt sich darüber hinaus allerdings auch, dass die Bildungsexpansion in einem starken Zusammenhang zum beobachteten Wertewandel steht, die gleichsam eine Pluralisierung der individuellen Lebensgestaltungsoptionen widerspiegeln. Denn es sind deutliche Bildungsunterschiede in der Werthaltung bzw. Anreizstruktur bezüglich Elternschaft festzustellen (vgl. Klein/Eckhard 2005). Sowohl das generative Verhalten als auch der Kinderwunsch stehen demnach in einer engen Beziehung zum biographischen Kontext wie zunehmende Erwerbsbeteiligung der Frau, längere Berufsausbildung, veränderte Geschlechterrollenorientierung, Zunahme der außerfamilialen Wertorientierungen wie berufliche Karriereambitionen sowie gestiegene Diskontinuität und Unsicherheit in der Erwerbsarbeit.

Die Bildungsexpansion respektive Pluralisierung der individuellen Lebensgestaltungsoptionen, die die individuellen Planungsprozesse erschweren, wird insbesondere im Zusammenhang der weiblichen Biographie thematisiert. Entsprechend findet sich eine Vielzahl empirischer Studien, die den Kinderwunsch sowie den Übergang in die Elternschaft vorrangig aus der Perspektive der Frau untersuchen. Einige Studien zum generativen Verhalten der Frau berücksichtigen zumindest einzelne Merkmale des Partners, zumeist das Bildungsniveau oder Informationen zum Erwerbsstatus (vgl. z.B. Kreyenfeld 2002; Thomson/Hoem 1998).[10] Jedoch wird vielfach die Gültigkeit des male-breadwinner-Modells unterstellt, d.h. Veränderungen im generativen Verhalten werden auf veränderte Rahmenbedingungen in Hinblick auf die Lebensbiographie der Frau - und nicht auf die des Mannes - zurückgeführt.[11] Die Untersuchungen zeigen, dass das generative Verhalten in einer engen Beziehung mit den veränderten bildungsbiographischen, berufsbiographischen und ökonomischen Rahmenbedingungen der Frau steht.

Das Thema Vaterschaft stellt auch gegenwärtig ein deutlich unterrepräsentiertes Forschungsfeld dar. Zwar finden sich in den letzten Jahren zunehmend Untersuchungen zum generativen Verhalten des Mannes (vgl. z.B. Schmitt 2004a; Tölke 2004; Tölke/Diewald 2002, 2003). So gestaltet sich die Erkenntnislage zum Geburtenverhalten der Frau einschließlich dem Verzicht sowie Aufschub von Elternschaft wesentlich umfangreicher. Die Forschungsergebnisse zum Übergang in die Vaterschaft machen jedoch deutlich, dass die individuellen Rahmenbedingungen des Mannes wie verlängerte Ausbildungsphasen, erwerbs-

---

[10]   Informationen zum Partner werden oftmals mittels Proxy-Interviews erfasst (zu den Nachteilen vgl. Babka von Gostomski 1997).

[11]   Ausnahmen finden sich nur vereinzelt (vgl. z.B. Huinink 1987; Oppenheimer 1988; Oppenheimer/Lewin 1999; Schmitt 2004a).

biographische Diskontinuitäten und Unsicherheiten sein generatives Verhalten mitbestimmen und damit ebenfalls einen Erklärungsbeitrag zum beobachteten Wandel im Geburtenverhalten leisten.

Obwohl das generative Verhalten durch die individuellen Rahmenbedingungen der Frau als auch des Mannes insbesondere im Kontext einer Partnerschaft determiniert wird, stellen die meisten Untersuchungen zum Familiengründungs- und Familienerweiterungsverhalten Lebenslaufanalysen dar. So liegen bisher kaum repräsentative Untersuchungen auf der Paarebene vor. Die Merkmale beider Partner werden entsprechend selten im ausreichenden Maße simultan betrachtet (vgl. z.B. Sørenson 1989; Andersson et al. 2005; Klein 2003; Kurz 2005; Schmitt 2004b; Yang 1993). Zu dieser Forschungsperspektive zählen auch Studien, die den spezifischen Effekt homogener bzw. heterogener Paare im Sinne der Merkmalsstruktur auf das generative Verhalten respektive die realisierte Kinderzahl untersuchen (vgl. z.B. Corijn et al. 1996; Krishnan 1993; Marcum 1986; Mascie-Taylor 1986).

In der Forschung zur Familiengründung und -erweiterung, die mannigfaltige Bedingungsfaktoren für den Übergang in die Elternschaft benennen, zeigt sich, dass neben individuellen sowie strukturellen Rahmenbedingungen der Kinderwunsch als Substitut für die generativen Verhaltensintention eine zentrale Determinante für das generative Verhalten darstellt. Allerdings existieren nur wenige Forschungsarbeiten, die die intentionale Ebene des generativen Verhaltens sowie die möglichen Bedingungsfaktoren untersuchen (vgl. z.B. Eckhard/ Klein 2006; Klein 2006; Ruckdeschel 2004; Stöbel-Richter 2000). Dabei existieren zum einen nur wenige gesicherte Befunde zum Kinderwunsch des Mannes und zum anderen lediglich vereinzelte Ergebnisse zum generativen Verhalten des Mannes (vgl. Coleman 2000; Kühler 1989). Nicht zuletzt bleibt trotz einzelner Forschungen uneindeutig, welche Relevanz dem männlichen Kinderwunsch für das generative Verhalten zukommt (vgl. Kühn 2005). Gleichsam unterrepräsentiert gestaltet sich die Befundlage zu den Auswirkungen der Lebenssituationen beider Partner auf den Kinderwunsch des Anderen, obwohl davon ausgegangen werden kann, dass die individuellen Rahmenbedingungen sowie Zielvorstellungen nicht nur die eigene Verhaltensintention bedingen, sondern ebenfalls für die Haltung des Partners zur gemeinsamen Elternschaft relevant sind. So existieren in der bisherigen Forschung kaum gesicherte Forschungsergebnisse hinsichtlich der relativen Bedeutung der Rahmenbedingungen der Frau und des Mannes - auch unter Berücksichtigung der wechselseitigen Beeinflussung beider Partner im Entscheidungsprozess - auf das Geburtenverhalten bzw. die Wahrscheinlichkeit ein Kind zu bekommen.

Zudem konzentrieren sich Studien im Rahmen der paritätischen Betrachtung hauptsächlich auf die Geburt eines zweiten Kindes als ein Teil des Familienerweiterungsprozesses. Die Geburt eines dritten Kindes ist dementsprechend ein in der Forschung wenig rezipiertes Untersuchungsfeld, so dass sich Studien in diesem Bereich nur vereinzelt finden (vgl. z.b. Andersson et al. 2005; Hoem/ Hoem 1989; Kohlmann/Kopp 1997; Kravdal 1990; Westoff et al. 1963; Wright et al. 1988). Dies liegt vornehmlich darin begründet, dass in westlichen Industrienationen wie Deutschland Drei-Kind-Familien sowie Geburten höherer Ordnung eher eine Seltenheit darstellen. Die vereinzelten Studien deuten darauf hin, dass die Entscheidung für ein drittes Kind weitestgehend von denselben Faktoren abhängt wie die für ein zweites Kind (vgl. Klein 1989a, b, 1990a).

So werden im Folgenden entlang verschiedener Erklärungsansätze Determinanten für den individuellen Kinderwunsch sowie für das individuelle generative Verhalten benannt. Dabei geben die Forschungsergebnisse zumindest teils Aufschluss über die Relevanz einzelner Merkmale des Partners für die individuelle Verhaltensintention und das individuelle Verhalten. Wenngleich in der Forschung also zunehmend sozioökonomische, soziologische und sozialpsychologische Erklärungen interagieren, so sind sie in ihrer Schwerpunktsetzung doch voneinander zu unterscheiden und bilden den Bezugsrahmen für die nachfolgenden Ausführungen.

2.2.1 Sozioökonomische Determinanten

Der Einfluss sozioökonomischer Determinanten auf den Kinderwunsch und das generative Verhalten wird insbesondere von solchen Ansätzen untersucht, die den ökonomischen Bezugsrahmen menschlichen Verhaltens fokussieren. Das generative Verhalten wird demnach als Resultat einer willentlichen, rationalen Entscheidung betrachtet. Gemäß den Rational-Choice-Annahmen präferieren Akteure jene Handlung, die ihnen den größtmöglichen Nutzen verschafft. Die Abnahme des Kinderwunsches und der Rückgang der Geburtenrate werden dabei auf Veränderungen der „Präferenzstruktur der Individuen im Zuge des wachsenden ökonomischen Wohlstands" (Borchardt/Stöbel-Richter 2004: 14) zurückgeführt. In dieser Perspektive dient die Begrenzung der Familie der Wohlstandssicherung, wird eine hohe Kinderzahl im Umkehrschluss als Wohlstandsverhinderung gesehen (vgl. Herter-Eschweiler 1998). Dabei nimmt die Bildungsexpansion, die eng mit der individuellen Ressourcenausstattung verknüpft ist, einen bedeutenden Stellenwert in der Diskussion um das reduzierte Geburtenverhalten ein. Entsprechend umfangreich gestaltet sich die diesbezügliche Erkenntnislage.

Studien, die insbesondere bildungs- und berufsbiographische Faktoren fokussieren, weisen für die Frau einen negativen Bildungsniveaueffekt auf die Familiengründungsbereitschaft bzw. realisierte Kinderzahl nach. Demnach vollziehen hoch gebildete Frauen - insbesondere (Fach-)Hochschulabsolventinnen - den Übergang in die Mutterschaft wesentlich später (vgl. Blossfeld/Huinink 1989; Blossfeld/Jaenichen 1990; Brüderl/Klein 1991, 1993; Klein 1989a, b), bekommen weniger Kinder und bleiben zudem häufiger kinderlos (vgl. Schwarz 1989, 1999). Bei Männern zeigt sich hingegen ein positiver Bildungsniveaueffekt, der als Einkommenseffekt interpretiert werden kann, auf das Familiengründungsverhalten sowie auf die realisierte Kinderzahl (vgl. Klein 2003; Kurz et al. 2001).

Allerdings kann auch ein hohes Bildungsniveau der Frau zu einer Beschleunigung des Familiengründungsprozesses führen. Dies wird darauf zurückgeführt, dass die Frau mit zunehmendem Alter und zunehmender Bildungsinvestition unter Zeitdruck in Bezug auf das generative Verhalten gerät (vgl. Blossfeld/ Huinink 1989). Zudem wird argumentiert, dass insbesondere die fehlende Transformation eines hohen Bildungsniveaus in Karriereressourcen bzw. -chancen sich förderlich auf den Übergang in die Mutterschaft auswirkt (vgl. Blossfeld et al. 1993). Demgegenüber reduzieren hohe Karriereressourcen der Frau aufgrund eines höheren Bildungsniveaus die Familiengründungsbereitschaft erheblich bzw. begünstigen einen Aufschub von Elternschaft (vgl. Blossfeld/Huinink 1989; Dornseiff/Sackmann 2003; Schaeper/Kühn 2000). Hingegen schieben Männer aufgrund erwerbsbiographischer und ökonomischer Unsicherheiten wie Unterbrechung der Erwerbsarbeit und Selbständigkeit eine Elternschaft wesentlich länger hinaus (vgl. Kühn 2005; Schmitt/Winkelmann 2005).

Zudem resultieren in Studien, die das Familiengründungs- vom Familienerweiterungsverhalten separieren, inkonsistente Ergebnisse hinsichtlich des Bildungsniveaueffekts. Verschiedene Untersuchungen weisen keinen signifikanten Niveaueffekt auf das Familienerweiterungsverhalten nach (vgl. Klein 1989a, b). Andere gelangen indessen zu dem Ergebnis, dass ein positiver Zusammenhang besteht (vgl. Hoem/Hoem 1989; Hoem et al. 2001; Huinink 2000; Klein 2003). Da weitere Kinder keine oder lediglich marginal höhere indirekte Kosten verursachen, kommen als mögliche Erklärung für den Positiveffekt insbesondere die stagnierende Opportunitätskostenstruktur nach der Familiengründungsphase in Betracht. Annehmbar ist aber auch ein Einkommenseffekt der Frau, der an einen Einkommenseffekt des Partners aufgrund überproportional bildungshomogener Paare gekoppelt ist (vgl. Blossfeld/Timm 1997; Klein 2003). Ein Nachholeffekt aufgrund verlängerter Ausbildungswege der Frau scheint demgegenüber weniger wahrscheinlich. Umstritten bleibt ebenso, welcher Stellenwert dem Bildungsniveau des Mannes für den Familienerweiterungsprozess zukommt. Zum einen wird nachgewiesen, dass das Bildungsniveau des Ehepartners einen positiven Effekt auf die Geburt eines zweiten Kindes aufweist (vgl. Klein 1989a: 498;

Klein 1989b: 24). Demnach fördert ein steigendes Bildungsniveau des Mannes die Familienerweiterungsbereitschaft der Frau.

Trotz der bisherigen Befunde zum Bildungsniveau wird bis heute im Rahmen der Fertilitätsforschung kontrovers diskutiert, welcher Stellenwert dieser Variablen zur Erklärung des generativen Verhaltens tatsächlich zukommt. Denn ein hohes Bildungsniveau geht mit einem längeren Verbleib im Ausbildungssystem einher, dem ebenfalls ein negativer (Opportunitätskosten-)Effekt auf die Familiengründungsbereitschaft zugesprochen wird (vgl. Klein 2003). Zudem impliziert die Beteiligung im Bildungssystem Vereinbarkeits-, Ressourcen- und Perspektivenprobleme, die einen Aufschub von Elternschaft begünstigen (vgl. Huinink 2000). So müsse zwischen dem Bildungsniveaueffekt und dem Effekt der Bildungsbeteiligungsdauer respektive dem Institutioneneffekt analytisch differenziert werden, um eine Effektvermischung und damit eine Fehlinterpretation auszuschließen (vgl. Blossfeld et al. 1991; Klein 1992).

Eine Vielzahl von Studien, die das erreichte Bildungsniveau und die Bildungsbeteiligungsdauer der Frau separieren und simultan untersuchen, kommen bezüglich der Relevanz des Bildungsniveaus zu uneinheitlichen Ergebnissen. Einige Studien weisen nach Kontrolle der Bildungsbeteiligung keinen signifikanten Bildungsniveaueffekt nach (vgl. Blossfeld et al. 1991), andere wiederum belegen einen eigenständigen Einfluss auf das generative Verhalten (vgl. Brüderl/Diekmann 1994; Brüderl/Klein 1991; Diekmann 1990; Klein 1989a, 1992). Zumindest scheint gesichert, dass Frauen und Männer während der Ausbildung nur eine geringe Familiengründungsbereitschaft aufweisen (vgl. Brüderl/Klein 1991; Klein 2003) und der Institutioneneffekt eine größere Relevanz für das Geburtenverhalten besitzt als der Bildungsniveaueffekt (vgl. Blossfeld/Huinink 1991). Auch die partnerschaftsbezogene Betrachtung des Familiengründungsverhaltens bestätigt für beide Partner einen signifikant negativen Institutioneneffekt (vgl. Klein 2003). Allerdings zeigt sich gleichsam für beide Geschlechter ein (deutlich) reduzierter Bildungsniveaueffekt im Vergleich zur Lebenslaufanalyse. Diese Differenz wird auch auf eine „geringere Beziehungsstabilität" hoch gebildeter Frauen sowie „schlechten Partnerwahlchancen" (Klein 2003: 522) niedrig gebildeter Männer zurückgeführt. Nach Kontrolle des Familienstandes, d.h. bei verheirateten Frauen, zeigt sich ferner ein deutlich reduzierter Institutionensowie Karriereressourceneffekt auf den Familiengründungsprozess (vgl. Blossfeld/Huinink 1989, 1991). Im Kontext der traditionellen Rollenverteilung im Zuge der Familiengründung scheinen die Opportunitätskosten für die Frau in einer stabilen Partnerschaft geringer auszufallen. Auch kann angenommen werden, dass ein (Groß-)Teil dieser Effekte über die Heirat vermittelt wird (vgl. Blossfeld/Huinink 1989). Denn es zeigt sich, dass eine verlängerte Beteiligung im Bildungssystem einen aufschiebenden Effekt auf das Heiratsverhalten der

Frau hat (vgl. Blossfeld/Jaenichen 1990; Blossfeld et al. 1993; Oppenheimer 1988, 1995, 1997; Oppenheimer/Lew 1995; Oppenheimer et al. 1995).[12] Opportunitätskosten, die insbesondere mit einer Erstelternschaft verbunden sind, betreffen sowohl in der persönlichen Wahrnehmung als auch in der objektiven Betrachtung im Wesentlichen die Frau. Die Veränderungen im generativen Verhalten werden insbesondere auf das gestiegene Bildungsniveau und die erhöhte Erwerbsbeteiligung der Frau zurückgeführt, deren Effekt in einer Vielzahl von Studien Bestätigung findet (vgl. Becker 1981, 1986; Blossfeld/Jaenichen 1990; Blossfeld et al. 1993; Brüderl/Klein 1991, 1993; Klein 1989a, 1993; Oppenheimer 1994). Studien, die den Effekt von Bildung auf den Kinderwunsch untersuchen, zeigen jedoch, dass in Bezug auf die Verhaltensintention zum einen das Bildungsniveau keinen Effekt auf die Opportunitätskostenwahrnehmung hat und zum anderen die Opportunitätskostenwahrnehmung nicht wesentlich mit der Familiengründungsbereitschaft verknüpft ist (vgl. Klein/Eckhard 2005: 162). In den Bildungsgruppen finden sich demnach keine systematischen Unterschiede in Hinblick auf die erwarteten Belastungen einer Elternschaft, aber sehr wohl in Bezug auf den emotionalen Nutzen- bzw. Wertaspekt von Kindern. So lässt sich unter höher gebildeten Frauen eine geringere Wertschätzung eines Lebens mit Kindern feststellen. Die positiven Kinderwunschmotive - insbesondere der psychisch-emotionale Wert von Kindern - spielen eine zentrale Rolle für die Erklärung von Kinderlosigkeit in den höheren Bildungsgruppen und weisen auf veränderte Wertorientierungen im Zuge der Bildungsexpansion hin (vgl. Klein/ Eckhard 2005: 164). Kontrastiert wird dieser Schluss durch Untersuchungsergebnisse, die unter Höhergebildeten keinen geringeren Kinderwunsch bzw. keine ausgeprägtere Neigung zu einem Leben ohne Kinder feststellen (vgl. Klein 2006; Löhr 1991; Strohmeier 1985).

Der nunmehr deutlich reduzierte Bildungsunterschied bedingt sich durch einen Anstieg des Kinderwunsches in den höheren Bildungsgruppen (vgl. Cornelißen 2006; Huinink 1995, 2002). Derzeit weisen Frauen mit niedrigerer Bildung lediglich einen marginal höheren Gesamtkinderwunsch (1.82) auf als mit mittlerer (1.74) bzw. höherer (1.71) Bildung (vgl. Höhn et al. 2006: 15). Jedoch sind bei den höher gebildeten Frauen aus den alten Bundesländern deutliche Polarisierungen hinsichtlich des Kinderwunsches zu beobachten (vgl. Helfferich 2002: 187), denn Kinderlosigkeit als Lebenskonzept wird besonders von Höhergebildeten präferiert (vgl. Rost/Schneider 1996: 253). Dies hängt insbesondere mit der Diskrepanz der Vereinbarkeit von Familie und Beruf gekoppelt an traditionellen

---

[12] Daneben lässt sich vielfach kein negativer Zusammenhang zwischen dem Bildungsniveau und der Heiratsneigung feststellen (vgl. Blossfeld/Huinink 1989). Dieser Befund deutet darauf hin, dass hoch gebildete Frauen die Eheschließung und Elternschaft lediglich bis zur Beendigung ihrer Ausbildung aufschieben (vgl. Huinink 1995; Kasarda et al. 1986; Liefbroer et al. 1996).

Rollenvorstellungen zusammen (vgl. Rupp 2003: 79). Daneben zeigt sich für Männer ein u-förmiger Zusammenhang zwischen der Bildung und dem Kinderwunsch, wobei keine Polarisierungstendenzen in der höheren Bildungsgruppe erkennbar sind (vgl. Helfferich et al. 2004: 46).

Paritätenspezifische Untersuchungen weisen lediglich einen geringen und damit zu vernachlässigenden Zusammenhang zwischen der Bildung und dem Wunsch nach einem Leben mit Kindern unabhängig von der regionalen Zugehörigkeit und dem Geschlecht nach (vgl. Klein 2006). Andere Studien belegen zumindest für die alten Bundesländer einen positiven Bildungseffekt des Mannes und einen negativen Effekt der Frau im Rahmen des Familiengründungsprozesses (vgl. Helfferich et al. 2004). Für die Familienerweiterung zeigt sich, dass der Wunsch nach einem weiteren Kind am niedrigsten bei gering qualifizierten und am höchsten bei hoch qualifizierten Frauen und Männern ausgeprägt ist (vgl. Herlyn et al. 2002: 134; Ruckdeschel 2004: 375). Nicht nur die Untersuchungen im Kontext des Familiengründungsprozesses, sondern auch die zum Familienerweiterungsprozess ergeben hinsichtlich des Bildungsniveaueffekts der Frau keine konsistenten Ergebnisse.

Auch bei der Auseinandersetzung mit dem Bildungseffekt auf die generative Verhaltensintention muss berücksichtigt werden, dass ein höheres Bildungsniveau mit längeren Ausbildungsphasen respektive einem längeren Verbleib im Ausbildungssystem verknüpft ist, die zu einem Aufschub der Realisierung des Kinderwunsches führen und damit Auswirkungen auf den gewünschten Zeitpunkt von Elternschaft haben kann (vgl. z.B. Riederer 2005: 387). Die Beschäftigung mit und Differenzierung zwischen diesen beiden Effekten, also dem Bildungsniveaueffekt und dem Bildungsbeteiligungs- respektive Institutioneneffekt, findet jedoch lediglich im Rahmen der Forschungen zum generativen Verhalten statt. Dort konnte eindeutig nachgewiesen werden, dass eine verlängerte Beteiligung im Bildungssystem einen negativen und damit aufschiebenden Effekt auf das Familiengründungsverhalten hat (vgl. Blossfeld/Jaenichen 1990; Brüderl/Klein 1991). Da nach Ausbildungsabschluss ein Anstieg der Familiengründung zu beobachten ist (vgl. Huinink 1995), wobei Höhergebildete verstärkt eine Ersternschaft bis zur Erlangung einer stabilen beruflichen Situation hinauszögern, kann davon ausgegangen werden, dass eine vergleichbare Effektstruktur in Bezug auf den Kinderwunsch respektive gewünschten Zeitpunkt von Elternschaft vorliegt. Denn die Vereinbarkeitsproblematik spiegelt sich nicht erst auf der Verhaltensebene wider, sondern betrifft bereits die generative Verhaltensintention.

Die Verbesserung der schulischen sowie beruflichen (Aus-)Bildung von Frauen hat wesentlich zu einer Erhöhung der weiblichen Erwerbsorientierung beigetragen. Dabei wird der gestiegenen Erwerbsbeteiligung der Frau aufgrund der Vereinbarkeitsproblematik von Familie und Beruf eine zentrale Rolle für die Erklärung des Geburtenrückgangs zugesprochen. Es wird zudem vielfach beobachtet, dass die Erwerbsbeteiligung der Frau nach dem Bildungsniveau deutliche Verteilungsunterschiede aufweist. Hoch gebildete Frauen sind vielmehr vollzeiterwerbstätig als gar nicht erwerbstätig. Dagegen sind niedrig gebildete Frauen eher gar nicht berufstätig als vollzeiterwerbstätig. Des Weiteren realisieren vollzeiterwerbstätige Frauen niedrigere Kinderzahlen und bleiben eher kinderlos (vgl. Caudill/Mixon 1995). Auch in höheren Berufspositionen findet sich ein zunehmender Anteil kinderloser Frauen.

Die Ergebnisse weisen darauf hin, dass die Problematik der Vereinbarkeit von Familie und Beruf sich insbesondere in der Gruppe der höher gebildeten Frauen manifestiert, die über die größtmöglichen Lebensgestaltungsoptionen im außerfamilialen respektive beruflichen Bereich verfügen. Jedoch verdeutlichen Untersuchungen zur präferierten Lebensgestaltung bzw. zum gewünschten Erwerbsverhalten im Kontext von Elternschaft, dass die Mehrheit der Frauen unabhängig von ihrem Bildungsniveau eine Teilzeiterwerbstätigkeit bei gleichzeitiger Vollzeiterwerbstätigkeit ihres Partners präferieren (vgl. Abele 2005: 180; Cornelißen 2006: 146; Hakim 2000: 84f.). Dieses Vereinbarkeitsmodell wird insbesondere favorisiert, solange die Kinder unter zehn Jahre alt sind. Im Zuge der Familienbildung findet sich ebenfalls verstärkt die Präferenz einer sequentiellen Erwerbsunterbrechung, wobei der Widereinstieg in die Teilzeitbeschäftigung mit dem Kindergartenbesuch oder Schuleintritt des jüngsten Kindes angestrebt wird (vgl. Dorbritz et al. 2005: 45). Neben diesem adaptiven Präferenzmodell wird nur von einer Minderheit ein berufsorientiertes bzw. außerfamilial orientiertes Lebensmodell angestrebt, wobei die Betreuung der Kinder extern erfolgt. Ebenfalls deutlich reduziert fällt für Frauen das familien- und haushaltsorientierte Vereinbarkeitskonzept aus, in der die Frau ausschließlich die Rolle der Mutter und Hausfrau einnimmt. Dabei wird eine Erwerbsbeteiligung nur dann in Erwägung gezogen, wenn die finanzielle Notwendigkeit dazu besteht. Für Männer steht über alle Bildungsgruppen hinweg eine Aufgabe der eigenen Erwerbstätigkeit nicht zur Disposition. Allerdings präferieren sie neben dem berufsorientierten Lebenskonzept fast gleichsam das adaptive Modell (vgl. Hakim 2000: 86f.). Die Präferenzstruktur hoch gebildeter Frauen unterscheidet sich dabei nur geringfügig. Bei Kindern unter drei Jahren präferiert diese Bildungsgruppe mehrheitlich das adaptive Modell. Hohe Akzeptanz erfährt zudem das familien- und haushaltsorientierte Modell und die Vorstellung einer Teilzeitbeschäftigung beider Partner. Eine eigene Vollzeitbeschäftigung findet indessen kaum Zustimmung (vgl. Abele 2005: 180). Daneben wird das male-breadwinner-Modell mit einer teilzeit- oder nicht erwerbstätigen Partnerin von hoch gebildeten Männern mit Abstand am meisten präferiert (vgl. Abele 2005: 180).

Die präferierten Erwerbsverläufe von Frau und Mann im Kontext von Elternschaft decken sich jedoch nur teilweise mit dem tatsächlichen Erwerbsverhalten. Im Rahmen vergleichender Studien wurde außerdem festgestellt, dass in Deutschland die Diskrepanz zwischen dem intendierten und faktischen Erwerbsverlauf wesentlich stärker ausfällt als in anderen europäischen Ländern (vgl. Eichhorst/Thode 2002: 28). Zunächst zeigt sich analog zum präferierten Erwerbsverhalten der Frau, dass Teilzeitarbeit von Männern mit ca. 6% kaum praktiziert, jedoch von Frauen mit 42% oft in Anspruch genommen wird (vgl. Dressel 2005; Schwarz 2001). Allerdings leben Paare mit Kindern im Vorschulalter nach wie vor mehrheitlich nach dem male-breadwinner-Modell, das dem gewünschten Erwerbsmuster des Mannes näher kommt als dem der Frau. Die Nichterwerbstätigkeit der Frau steht demnach in einem engen Zusammenhang zur Anzahl und zum Alter der Kinder. Dabei ist zu beobachten, dass Männer im Zuge von Elternschaft, die nicht zuletzt mit einer erhöhten finanziellen Belastung verbunden ist, sich zeitlich stärker in ihrer Berufstätigkeit engagieren als kinderlose Männer (vgl. Gille/Marbach 2004). Frauen kommt derweil zentral die Aufgabe der Kinderbetreuung zu (vgl. Rost/Schneider 1995). Auch Untersuchungen, die die geschlechtsspezifischen innerpartnerschaftlichen Erwerbsverläufe fokussieren, bestätigen, dass das Erwerbsverhalten des (Ehe-)Mannes unbeeinflusst von der Erwerbssituation und beruflichen Position der Partnerin bleibt (vgl. Bernasco 1994; Blossfeld/Drobnič 2001). Männern sind in der Regel kontinuierlich vollzeiterwerbstätig. Frauen indessen gehen mit steigender beruflicher Position des (Ehe-)Partners sehr häufig einer Teilzeitbeschäftigung oder (temporär) gar keiner Erwerbstätigkeit nach (vgl. Krüger 1993).

So hat sich bei Frauen als Bewältigungsstrategie der Vereinbarkeitsproblematik von Familie und Beruf die temporäre Unterbrechung der Erwerbstätigkeit etabliert (vgl. Dornseiff/Sackmann 2002: 93). Neben diesem phasenorientierten Erwerbsverhalten folgen viele Paare dem male-breadwinner-weibliche-Hinzuverdiener-Modell (vgl. Fthenakis et al. 2002; Gerhardt et al. 2003; Trzcinski/ Holst 2003; Wiesmann/Hannich 2005). Damit folgt die innerpartnerschaftliche Arbeitsteilung - insbesondere betreffend die Kinderbetreuung - eher noch einem traditionellem Muster (vgl. Noonan 2001; Notz 1994). Entsprechend ist vornehmlich der weibliche Erwerbsverlauf durch die Vereinbarkeitsproblematik und die damit verbundene familiale Arbeitsteilung betroffen (vgl. Lauterbach 1994; Trappe 1995). Diese deutliche geschlechtsspezifische Differenz im Erwerbsverhalten kommt nicht zuletzt in den kumulierten Erwerbszeiten und im kumulierten Erwerbseinkommen zum Ausdruck (vgl. Bundestag 2002: 4). Eine mit der Bildungsexpansion einhergehende Pluralisierung der Lebensgestaltung im außerfamilialen Bereich kann entsprechend nicht bestätigt werden.

Studien, die wiederum den Einfluss des Erwerbsverhaltens auf das generative Verhalten betrachten, zeigen, dass die Erwerbsbeteiligung der Frau einen negativen Effekt auf die Geburt eines (weiteren) Kindes respektive realisierte Kinderzahl ausübt (vgl. Bloemen/Kalwij 2001; Cramer 1980; Huinink 1990; Kalwij 2000). Detailergebnisse zum Erwerbsstatus zeigen, dass Frauen, die sich im Ausbildungssystem befinden, die niedrigste Übergangsrate zur ersten Mutterschaft aufweisen (vgl. Liefbroer/Corijn 1999). Dieser Sachverhalt korrespondiert mit dem bereits diskutierten Institutioneneffekt. Demgegenüber zeigt sich die höchste Übergangswahrscheinlichkeit bei Frauen, die noch nie einer Erwerbstätig nachgegangen sind (vgl. Kreyenfeld 2001). Auch Arbeitlose weisen eine höhere Wahrscheinlichkeit zur ersten Mutterschaft auf als Vollzeit- bzw. Teilzeiterwerbstätige. Darüber hinaus zeigt sich kein signifikanter Unterschied zwischen Vollzeit- und Teilzeiterwerbstätigen hinsichtlich der ersten Mutterschaft (vgl. Kreyenfeld 2001). Diese Befunde decken sich mit der Annahme, dass mit sinkender Opportunitätskostenstruktur aufgrund fehlender bzw. reduzierter Karriereressourcen eine Mutterschaft um so wahrscheinlich wird. Allerdings wird ebenso ein Zusammenhang in umgekehrter Richtung festgestellt. D.h. die Erwerbsbeteiligung bzw. der Erwerbsstatus der Frau nimmt mit dem Vorhandensein von Kindern bzw. der Kinderzahl ab (vgl. Calhoun 1994; Drobnič et al. 1999; Heckman 1974; Henkens et al. 2002; Hout 1978; Smith-Lovin/Tickamyer 1978; van der Lippe 2001; Waite/Stolzenberg 1976; Waldfogel et al. 1999). Frauen mit Kind(ern) gehen dabei im Vergleich zu kinderlosen Frauen zu einem größeren Anteil einer Teilzeitbeschäftigung oder gar keiner Erwerbstätigkeit nach.

Die Problematik der Vereinbarkeit von Familie und Beruf scheint zumindest für Frauen aus den alten Bundesländern ein zentraler Grund für (gewollte) Kinderlosigkeit zu sein (vgl. Ruckdeschel 2004: 367). Auch sind es insbesondere die hoch qualifizierten Frauen in Bezug auf die erworbene Schulbildung und Berufsausbildung sowie den Berufsstatus, die am häufigsten die Familiengründung aufschieben bzw. später in die erste Mutterschaft münden. Zum anderen zeigt sich, dass späte Mütter überwiegend kontinuierlich vollzeiterwerbstätig und sich beruflich weiterqualifizieren (vgl. Herlyn et al. 2002: 131f.). Frauen mit hoher beruflicher Stellung weisen im Vergleich zu Hausfrauen eine niedrigere Übergangswahrscheinlichkeit zur Erstelternschaft auf, wogegen Frauen mit niedriger beruflicher Stellung lediglich eine höhere Wahrscheinlichkeit einer Erstgeburt aufweisen als Hausfrauen (vgl. Kohlmann/Kopp 1997). Dabei übt der Partner in Westdeutschland in der Regel einen gleichrangigen oder besser qualifizierten Beruf aus. In Ostdeutschland weist der Partner dagegen ein niedrigeres Qualifikationsniveau auf (vgl. Herlyn et al. 2002: 135).

Zudem wird beobachtet, dass eine längere durchgehende Nichterwerbstätigkeit, d.h. eine über ein Jahr anhaltende Erwerbsunterbrechung, die Familiengründungsbereitschaft sowohl des Mannes als auch der Frau erhöht (vgl. Schmitt 2004b). Daneben erweist sich eine lediglich bis zu sechs Monate andauernde Arbeitslosigkeitsphase nur für die Frau als familiengründungsförderlich. Berufliche Negativerlebnisse in Form diskontinuierlicher Erwerbstätigkeit begünstigen eindeutig den Übergang der Frau in die Elternschaft. Dieses Ergebnis weist darauf hin, dass die Opportunitätskosten einer Mutterschaft im Falle einer Erwerbstätigkeit als sehr groß empfunden werden. Zudem zeigt sich, dass nichterwerbstätige Frauen die Familiengründung schneller realisieren möchten als nichterwerbstätige Männer. Allerdings divergieren die Forschungsergebnisse in Bezug auf das generative Verhalten des Mannes. Neben dem Positiveffekt konnte für den Mann kein signifikanter Zusammenhang oder aber auch ein negativer Effekt nachgewiesen werden. Bei kinderlosen Frauen divergieren die Ergebnisse ebenfalls. Für kinderlose Frauen wurde sowohl ein negativer Effekt von Arbeitslosigkeit auf den Übergang zur Elternschaft (vgl. Impens 1988) als auch ein positiver Effekt nachgewiesen (vgl. Kreyenfeld 2000). Negativer Effekt der Arbeitslosigkeit des Mannes auf Familiengründung der Frau (vgl. Kreyenfeld 2000: 16).

Studien zum Familienerweiterungsprozess belegen einen positiven Zusammenhang zwischen dem beruflichen Status des Ehemannes und dem Familienerweiterungsverhaltens des Paares (vgl. Huinink 1995, 2000). Daneben weisen Frauen mit hoher beruflicher Stellung im Vergleich zu Nichterwerbstätigen eine niedrigere Wahrscheinlichkeit für die Geburt eines zweiten oder dritten Kindes auf (vgl. Kohlmann/Kopp 1997). Allerdings kann angenommen werden, dass dieser Negativeffekt bereits im Erwerbsstatus der Frau angelegt ist, wobei die Vereinbarkeitsproblematik von Familie und Beruf im Wesentlichen die Entscheidung zur Familiengründung betrifft. Deutliche Veränderungen im Erwerbsverhalten der Frau sind dementsprechend bei der Geburt des ersten Kindes, jedoch weniger bei weiteren generativen Entscheidungsverläufen, zu beobachten. Denn nach der Erstgeburt gehen viele Frauen entweder (temporär) keiner Erwerbstätigkeit oder einer Teilzeitbeschäftigung, die entsprechend als Langzeitkonzept zu verstehen ist, nach. Es zeigt sich, dass nicht erwerbstätige Frauen, also Hausfrauen, Arbeitslose, in Ausbildung sowie in Mutterschafts- bzw. Erziehungsurlaub befindliche, eine wesentlich höhere Übergangswahrscheinlichkeit zur Geburt eines weiteren Kindes aufweisen als Erwerbstätige (vgl. Berinde 1999; Hoem/Hoem 1989; Lauer/Weber 2003). Allerdings weisen die Ergebnisse Inkonsistenten auf. Zum einen wird andernorts sogar nachgewiesen, dass Frauen, die sich in Ausbildung befinden, eine niedrigere Übergangsrate zur Familienerweiterung aufweisen als Vollzeiterwerbstätige (vgl. Oláh 2003). Dagegen zeigt sich in anderen Studien keine signifikanten Unterschiede der Arbeitslosen und in

Ausbildung befindlichen zu den Vollzeiterwerbstätigen (vgl. Dornseiff/Sack-
mann 2003). Zudem zeigt sich für die Zweitgeburt kein signifikanter Unterschied
zwischen teilzeit- und vollzeiterwerbstätigen Frauen (vgl. Dornseiff/Sackmann
2003; Hoem/Hoem 1989; Oláh 2003). Andere Studien attestieren hingegen eine
höhere Übergangsrate für Vollzeiterwerbstätige als für Teilzeiterwerbstätige
(vgl. Lauer/Weber 2003). Unklar bleibt jedoch auch hier, wie dieser Effekt inhaltlich zu interpretieren ist, d.h. ob der Erwerbsstatus das Familienerweiterungsverhalten bestimmt oder umgekehrt die Fertilitätsentscheidung das Erwerbsverhalten beeinflusst.

       Die Bildung steht zudem in einem engen Zusammenhang zu den individuel-
len Einkommenserzielungskapazitäten. Jedoch bleibt auch in Bezug auf das
Einkommen uneindeutig, welchen Erklärungsbeitrag diese für den individuellen
Kinderwunsch leistet. Zum einen wird festgestellt, dass Personen mit niedriger
Bildung, niedrigem Haushaltseinkommen und einer eher religiösen Orientierung
überproportional ihren Kinderwunsch zeitlich nach hinten verschieben. Zum
anderen finden sich verstärkt Personen mit hoher Bildung, hohem Haushaltseinkommen und einer geringen Nähe zur Religion in der Gruppe der gewollt Kinderlosen (vgl. Rupp 2005). Andernorts wird zumindest für Männer festgestellt,
dass Personen mit höherem persönlichem Einkommen einen ähnlich ausgeprägten Kinderwunsch aufweisen wie die mit niedrigerem Einkommen (vgl. Gisser et
al. 1985: 80). Andere Studien weisen keinen signifikanten Effekt des persönlichen Einkommens, des Haushaltseinkommens sowie der Zufriedenheit mit der
persönlichen finanziellen Situation auf den Kinderwunsch nach (vgl. Riederer
2005; Stöbel-Richter 2000).

       Berufliche Negativerlebnisse wie die Erfahrung bzw. das Erleben von Ar-
beitslosigkeit, haben einen eindeutigen Effekt auf den Kinderwunsch. Dabei
zeigt sich für Frauen zumeist ein positiver Effekt, der dahingehend interpretiert
werden kann, dass Frauen im Zuge (lang anhaltender) beruflicher Misserfolge
verstärkt dazu neigen ihre Interessen auf den familialen Bereich zu fokussieren
(vgl. Heinemann et al. 1983; Strehmel 1993). Der Kinderwunsch steht dabei für
das Alternativkonzept Haushalt und Kinder und legitimiert den Ausstieg aus
bzw. Nicht-Wiedereinstieg in den Beruf. Demgegenüber existiert für Männer
auch aufgrund der eigenen Rollenvorstellung kein Alternativkonzept zur (Voll-
zeit-)Erwerbstätigkeit. Dies erklärt den Negativeffekt des Erlebens sowie der
Dauer von Arbeitslosigkeit auf den Gesamtkinderwunsch des Mannes einerseits
und dem gewünschten Zeitpunkt von Vaterschaft andererseits (vgl. van Loon/
Pauwels 1983: 380ff.). Die hohe Relevanz für die Planung von Elternschaft zeigt
sich insbesondere bei Kinderlosen sowie Ein-Kind-Familien.

2.2.2 Soziologische Determinanten

Neben den sozioökonomischen Einflussfaktoren für den Kinderwunsch und das generative Verhalten spielen strukturelle Rahmenbedingungen wie Normen, Werte und Leitbilder einer Gesellschaft eine wichtige Rolle. Als vorherrschende Handlungsmodelle prägen sie individuelle Einstellungen und Verhaltensweisen. So verdeutlichen etwa Untersuchungen zum noch immer dominierenden traditionellen Leitbild des male-breadwinnner- bzw. female-housekeeper-Modells die enge Verknüpfung zwischen dem generativen Verhalten der Frau und ihrem Erwerbsverhalten auf der Individualebene (vgl. Engelhardt 2004: 5; Kreyenfeld 2004: 8). Auch der gesellschaftlichen Normvorstellung hinsichtlich der als ideal betrachteten Familiengröße wird ein Einfluss auf den persönlichen Kinderwunsch zugesprochen (vgl. Schneider 1994).

Ferner findet im Rahmen dieser Betrachtungsweise eine Diskussion dahingehend statt, welche Relevanz veränderter gesellschaftlicher Rahmenbedingungen für den individuellen Kinderwunsch und das generative Verhalten zukommt. Insbesondere wird die Wirkung familienpolitischer Maßnahmen wie etwa flexiblere Arbeitszeitregelungen und Kinderbetreuungsmöglichkeiten untersucht. Allerdings werden die Effekte als äußerst gering eingeschätzt (vgl. Klein/Eckhard 2005: 164; Ruckdeschel 2004: 379). Dies wird darauf zurückgeführt, dass erst bei Vorhandensein eines Kinderwunsches eine Beschäftigung mit solchen Themen erfolgt. So führen familienpolitische Maßnahmen lediglich zu einer zeitlichen Vorverlegung bereits geplanter Geburten. Jedoch kann nicht mit einer Erhöhung der Geburtenrate gerechnet werden (vgl. Dorbritz et al. 2005: 43).

Neben gesamtgesellschaftlich dominierenden Normen und Leitbildern sowie Rahmenbedingungen wird aus soziologischer Perspektive auch den Erwartungshaltungen des sozialen Umfeldes bzw. Gruppe ein Einfluss auf den Kinderwunsch und das generative Verhalten zugesprochen. Dabei belegt eine Vielzahl von Studien, dass der Kinderwunsch des Partners die wichtigste Bezugsgröße für den individuellen Kinderwunsch darstellt (vgl. Nerdinger et al. 1984: 472; Stengel et al. 1983: 163f.; von Rosenstiel et al. 1984: 28). So fördert eine ablehnende Haltung des Partners zur Familiengründung und -erweiterung eine Abschwächung des persönlichen Kinderwunsches (vgl. Dorbritz et al. 2005: 38). In Hinblick auf den Stellenwert der generativen Erwartungshaltung der eigenen Eltern als weitere zentrale Einheit des sozialen Umfeldes bleiben allerdings die Untersuchungen uneindeutig. Zumeist erweist sich die Herkunftsfamilie als nicht erklärungskräftig und folglich als vernachlässigbar für die persönliche Einstellung zur Elternschaft (vgl. Borchardt/Stöbel-Richter 2004: 112; von Rosenstiel et al. 1986: 81). Auch nur vereinzelt ergeben weitere Merkmale der Herkunftsfamilie wie die Geschwisterzahl als Ausdruck sowie Leitbild eines stark familienorientierten Umfeldes signifikante Effekte (vgl. Burkart/Kohli 1992: 160; Riederer 2005: 382). Vielmehr scheint neben dem Partner das persönlich-freundschaftliche sowie nachbarschaftliche Umfeld den individuellen Kinderwunsch mitzubestimmen (vgl. Goldstein et al. 2003).

Die Gesamtergebnisse verdeutlichen, dass der Kinderwunsch sowie das generative Verhalten nicht unabhängig von sozialen Normen und Zwängen betrachtet werden können. Die generative Entscheidung generiert sich damit nicht nur auf der partnerschaftlichen Ebene, „sondern ist eingebettet in einem übergeordneten sozialen Kontext." (Klein 2006: 11) Dieser subsumiert wiederum gesellschaftliche Leitbilder, die in den normativen Erwartungshaltungen verschiedener - für den Einzelnen wichtiger - Bezugsgrößen zum Ausdruck kommen (können). Entsprechend untersuchen soziologische Faktoren weniger den Effekt von Makrostrukturen auf die Mikroebene, als vielmehr Prozesse, die unmittelbar auf der Mikro- bzw. Individualebene und Mesoebene angesiedelt sind. Allerdings kann nur schwerlich danach unterschieden und nachgewiesen werden, ob der Kinderwunsch und das generative Verhalten durch von außen herangetragene Leitbilder oder durch individuelle Motive determiniert wird.

2.2.3 Sozialpsychologische Determinanten

Es sind insbesondere sozialpsychologische Ansätze, die den Untersuchungsfokus auf die motivationalen Determinanten des Kinderwunsches und des generativen Verhaltens richten. Dabei wird der Kinderwunsch als intrinsisch motiviert und das generative Verhalten als eine individuell motivierte Entscheidung begriffen. Insofern kommt auch dem individuellen Kinderwunsch sowie wertewandelbezogene Aspekte ein zentrales Gewicht für das generative Verhalten zu. Zugleich werden sowohl situativ-motivationale Aspekte als auch langfristig wirksame Determinanten wie etwa die Partnerschaftsgeschichte in die Betrachtung mit aufgenommen.

Eine Vielzahl von Studien, die sozialpsychologische Determinanten in ihre Analysen mit einbeziehen, zeigen, dass gerade die persönliche Einstellung und insbesondere die Positivkonnotation von Kindern für das eigene Leben in Form von emotionaler Zuwendung, Sinngebung und Lebensglück einen eindeutigen Effekt auf den Kinderwunsch haben (vgl. z.B. Carl et al. 2000; Kapella/Rille-Pfeiffer 2004; Kemkes-Grottenthaler 2004; Rost 2003; Ruckdeschel 2004; von Rosenstiel et al. 1984). Insbesondere bei noch Kinderlosen erweist sich eine positive Haltung als einflussreichster Prädiktor zur Erklärung des individuellen Kinderwunsches (vgl. Klein 2006: 66). Die Verhaltensintention ist danach besonders stark mit motivationalen Determinanten, die die Haltung zu Kindern erfassen, assoziiert. Die gängige Unterscheidung zwischen positiven und negativen Kinderwunschmotiven (vgl. z.b. Stöbel-Richter/Brähler 2000) bzw. Beweg- und Hinderungsgründen (vgl. z.b. Eckhard/Klein 2006; Klein/Eckhard 2005) findet sich ebenfalls im Value-of-Children-Ansatz (VOC) wieder, der gleichermaßen zur Erklärung des Kinderwunsches bzw. der Verhaltensintention (vgl. Beckman 1979; Beckman et al. 1983; Den Bandt 1980; Miller 1995; Miller/Pasta 1988, 1993, 1994) als auch zur Erklärung des generativen Verhaltens (vgl. Beckman et al. 1983; Fried/Undry 1979; Liefbroer 2005; Miller 1995; Nauck 2001; Nauck/ Kohlmann 1999) eingesetzt wird. Im Rahmen dieses Konzepts wird zwischen den Nutzen und Kosten von Kindern abgewogen, die die dahinter liegende Motivlage bilden (vgl. Arnold et al. 1975; Hoffman/Hoffman 1973). Dies impliziert, dass der Kinderwunsch einer rationalen Kosten-Nutzen-Abwägung folgt und damit insbesondere individuell motiviert ist.[13]

Elternschaft kann demnach für beide Partner als auch für den gemeinsamen Haushalt zum einen direkte als auch indirekte Kosten umfassen (vgl. Huinink 2002). Die direkten Kosten eines Kindes betreffen Aspekte wie Ernährung, Kleidung und Ausbildung. Die indirekten Kosten respektive Opportunitätskosten sind demgegenüber als entgangene Nutzen, die aus alternativen Handlungsoptionen insbesondere der Lebensbereiche Freizeit und Beruf resultieren, definiert. Vornehmlich für die Frau, die im Zuge der Familiengründung ihre Erwerbstätigkeit reduzieren bzw. aufgeben, ergeben sich Opportunitätskosten in Form verminderten Erwerbseinkommens (vgl. Guger et al. 2003: 5f.; Klein/Eckhard 2005: 151f.; Riederer 2005: 369).

Jenseits der Kostenargumente ergeben sich verschiedene Nutzenargumente, die es im Rahmen empirischer Studien zum VOC-Ansatz zu extrahieren gilt (vgl. Hoffman 1987; Hoffman/Hoffman 1973; Leibenstein 1957; Nauck 1989, 2001). Dabei bestätigen sich drei unabhängige Dimensionen elterlicher Nutzenerwartungen.[14] Die Geburt eines Kindes kann (1) einen ökonomisch-utilitaristischen,

---

[13]   Das generative Verhalten als rationale Entscheidung zu betrachten, wird insofern kritisch diskutiert, da die mannigfaltigen Konsequenzen einer Elternschaft nicht in ihrer Gesamtheit abschätzbar seien (vgl. Burkart 1994; Kühn 2001). Der Entscheidungsprozess gestaltet sich demnach nur begrenzt rational, wird also auch von nichtrationalen Faktoren bestimmt.

[14]   Die drei Dimensionen leiten sich aus dem von Hoffman und Hoffman (1973: 46ff.) entwickelten Werteschema ab, das folgende neun Kategorien umfasst: 1. Erwachsenenstatus und soziale Identität (adult status and social identity), 2. Fortleben der eigenen Person in den Kindern (Expansion of the self), 3. Religiöse, ethische und soziale Normen (Morality: religion, altruism, good of the group, norms regarding sexuality, impulsivity, virtue), 4. Familiäre Bindung (Primary group ties, affiliation), 5. Suchen neuer Erfahrungen (Stimulation, novelty, fun), 6. Schöpferische Kraft und Leistung (Creativity, accomplishment, competence), 7. Macht und

(2) einen psychischen und (3) einen sozial-normativen Nutzen implizieren. Jedoch erweist sich der ökonomisch-utilitaristische Nutzen eines Kindes, der materielle Beiträge sowie immaterielle Unterstützungsleistungen umfasst, in den westlichen Industrienationen wie Deutschland als deutlich rückläufig (vgl. Huinink/Brähler 2000). Demnach ist der Kinderwunsch nicht auf den ökonomischen Nutzenaspekt zurück zu führen. Auch das sozial-normative Nutzenargument, das sich durch Statusgewinn bzw. Anerkennung aufgrund der Befolgung von Gruppennormen ergibt, erweist sich als wenig erklärungskräftig. Vielmehr wird dem psychischen Nutzenaspekt, der primäre Bindungen und Affekte subsumiert, die größte Relevanz zugeschrieben (vgl. Becker 1982: 189; Borchardt/Stöbel-Richter 2004: 111; Dobritz et al. 2005: 37). So basieren die Motive für Kinder im Wesentlichen auf dem psychischen Nutzenaspekt, allerdings ist ein gewisser Schwellenwert mit steigender Kinderzahl schnell erreicht (vgl. Beck-Gernsheim/ Beck 1990; Klaus/Suckow 2005).

In Bezug auf die verschiedenen Nutzen- und Kostenargumente von Kindern zeigen sich deutliche geschlechts- sowie paritätenspezifische Unterschiede (vgl. Nauck 1993; Riederer 2005). Die wahrgenommenen Nutzenaspekte variieren insgesamt stärker als die empfundenen direkten und indirekten Kosten von Elternschaft. Der psychisch-emotionale Wert von Kindern erfährt zwar im Vergleich zu allen anderen Dimensionen die größte Zustimmung, wird jedoch von Frauen stärker hervorgehoben als von Männern. Insbesondere kinderlose Männer und Väter mit Kindern im Vorschulalter weisen diesem Nutzenaspekt den niedrigsten Stellenwert zu. Daneben werden die Opportunitätskosten stärker wahrgenommen als die direkten Belastungen. Dabei empfinden beide Geschlechter gleichermaßen, dass die indirekten Belastungen hauptsächlich die Frau betreffen (vgl. Cornelißen 2006).

In der partnerschaftsbezogenen Betrachtung zeigt sich ebenfalls die hohe Relevanz der subjektiv zu erwartenden Konsequenzen eines Kindes für die Verhaltensintentionen beider Partner sowie für das generative Verhalten (vgl. Beach et al. 1979; Beckman 1984; Fried/Undry 1979; Townes et al. 1980). Dabei scheint die Kosten-Nutzen-Erwartungsstruktur der Frau nicht nur ihre persönliche Verhaltensintention besser zu erklären, sondern darüber hinaus auch das generative Verhalten des Paares. Ferner lässt sich nachweisen, dass die zu erwartenden Kosten und Gratifikationen eines (weiteren) Kindes je nach bereits vorliegender Kinderzahl variieren und damit die Erklärungsleistung der paritätsspezifischen Modelle unterschiedlich ausfallen (vgl. Nauck 1993; Terhune 1974). Zudem erklären die erwarteten Nutzen und Kosten von Elternschaft nicht nur

---

Einfluss (Power, influence, effectance), 8. Sozialer Vergleich und Wettbewerb (Social comparison, competition) und 9. Wirtschaftlicher Nutzen (Economic utility).

den allgemeinen sowie zusätzlichen Kinderwunsch, sondern auch den gewünschten Zeitpunkt von Elternschaft (vgl. Miller/Pasta 1988, 1994).

Neben dem, im Rahmen des VOC-Ansatzes fokussierten, Nutzen- und Kos-
tenaspekt von Kindern weisen individuelle Wertorientierungen einen eindeutigen
Effekt auf den Kinderwunsch auf. Insbesondere bedingt eine positive Einstellung
zu Familie und Kindern maßgeblich den Kinderwunsch aller Paritäten (vgl. Dobritz et al. 2005: 30; Ruckdeschel 2004: 376). Dabei ist zu beobachten, dass
(noch) kinderlose Paare im Vergleich zu Elternpaaren diesem Bereich eine geringere Bedeutung zuweisen und gleichzeitig die Bereiche Beruf und Freizeit
hervorheben (vgl. Rupp 2005). Zudem werden die mit einer Elternschaft verbundenen Probleme und Restriktionen in unterschiedlichen Kontexten bei kinderlosen Ehepaaren höher und der Zugewinn einer Elternschaft als niedriger eingeschätzt.

Insgesamt zeigt sich eine enge Negativverknüpfung der Wertschätzung au-
ßerfamilialer Lebensbereiche sowie Lebensziele mit dem Kinderwunsch (vgl.
Schneewind et al. 1996; Schneider 1999; von Rosenstiel et al. 1984). So wirkt
sich eine hohe Freizeit-, Erwerbs- sowie Karriereorientierung eindeutig negativ
auf den individuellen Kinderwunsch aus. Die erwerbsorientierten Werthaltungen
stehen dabei in einer engen Verbindung mit der Bedeutsamkeit von Wohlstand,
der u.a. im Wohnstandard und in den finanziellen Möglichkeiten zum Ausdruck
kommt. Je unwichtiger also Freizeit und Wohlstand für das eigene Leben bewer-
tet werden, desto mehr und eher werden Kinder gewünscht (vgl. Oppitz 1990:
147). In Bezug auf das generative Verhalten lässt sich feststellen, dass insbesondere eine ausgeprägte Erwerbs- bzw. Karriereorientierung einen negativen Effekt
auf die Entscheidung zur Elternschaft sowie Zeitpunkt von Elternschaft aufweist
(vgl. Abele 2005; Cornelißen 2006; Liefbroer 2005). Dieser Zusammenhang
liegt insbesondere in der veränderten innerpartnerschaftlichen Arbeitsteilung im
Zuge von Elternschaft begründet.

Darüber hinaus kann die Betonung der Partnerschaft negativ mit dem Kinderwunsch interagieren, sofern subjektiv angenommen wird, dass Kinder die
Partnerschaftsqualität beeinträchtigen würden (vgl. Rost/Schneider 1996). Auch
der Wunsch nach Selbstverwirklichung, Selbstentfaltung, Freiheit, Flexibilität
sowie Unabhängigkeit steht in einer direkten Beziehung zum Kinderwunsch
(vgl. Carl et al. 2000; Schneewind et al. 1996; Schneider 1999; Stöbel-Richter
2000). Wiederum stehen diese in einem engen Zusammenhang zu den außerfamilialen Orientierungen, denn sie beziehen sich insbesondere auf die individuell
frei zur Verfügung stehende Zeit im Rahmen des Freizeit- und Erwerbbereichs
und stützen damit deren Stellenwert für die Verhaltensintention.

In der Gesamtbetrachtung zu den Motivlagen, die den Kinderwunsch hem-
men bzw. fördern, vertreten Rost und Schneider (1996: 256) allerdings die An-

sicht, dass Kinder nicht direkt mit alternativen Lebenszielen konkurrieren. Vielmehr hängt der fehlende Kinderwunsch mit der grundsätzlichen Haltung zusammen, dass ein Leben ohne Kinder nicht als Entsagung von etwas Erstrebenswer-
tem wahrgenommen wird und damit die Positivkonotation von Kindern deutlich
reduziert ausfällt. Die individuellen Werthaltungen erklären demnach vornehmlich Unterschiede im Kinderwunsch bei Kinderlosen und Eltern und benennen
damit Motive für die Entscheidung eines Lebens mit und ohne Kinder. Jedoch
können diese im zeitlichen Verlauf Veränderungsprozessen unterliegen. Denn
„Wertorientierungen (...) sind zum Teil Ursachen des Kinderwunsches, zum Teil
aber auch selbst Folgen des geänderten Kinderwunsches." (von Rosenstiel et al.
1986: 144)

Neben dem Kosten-Nutzen-Aspekt von Kindern und individuellen Wertorientierungen messen sozialpsychologische Erklärungsansätze auch der Partner-
schaftssituation und Partnerschaftsgeschichte einen Einfluss auf den Kinderwunsch und das generative Verhalten bei (vgl. Eckhard/Klein 2006; Klein 2003).
So spielt für den individuellen Kinderwunsch beider Geschlechter zunächst das
Vorhandensein einer Partnerschaft eine maßgebliche Rolle. Auf Ebene der Paarbeziehung erweisen sich die Partnerschaftsdauer und wahrgenommene Partnerschaftsstabilität etwa in Form des Institutionalisierungsgrades der Paarbeziehung
oder der Partnerschaftszufriedenheit als maßgebliche Faktoren (vgl. Kemkes-
Grottenthaler 2004; Rupp 2003; Stöbel-Richter 2000; van Peer 2002). Für die
Partnerschaftsdauer, die selbst als objektives Maß der Partnerschaftsstabilität
verstanden werden kann, wird zumeist ein kinderwunschfördernder Effekt nachgewiesen. In Bezug auf die Ehedauer zeigt sich hingegen ein negativer Effekt auf
den Kinderwunsch (vgl. Willen/Montgomery 1996: 507). Auch scheint die Partnerschaftsdauer das generative Verhalten negativ zu bedingen (vgl. Klein 2003:
518). Eine Erklärung dieser konträr verlaufenden Effekte steht allerdings bislang
aus. Es kann nur vermutet werden, dass die Partnerschaftsdauer einerseits hinreichende Partnerschaftsstabilität generiert, die für den Kinderwunsch (vor Eintritt
in die Ehe) von Bedeutung ist. Andererseits geht eine zeitliche Verzögerung der
Eheschließung, die in der Partnerschaftsdauer zum Ausdruck kommt, mit einem
Aufschub von Elternschaft einher. Die enge Verknüpfung zwischen der Entscheidung zur Eheschließung und der Entscheidung zur Familiengründung
scheint an der Bedingung geknüpft zu sein, dass der Übergang in die Ehe (relativ) frühzeitig vollzogen wird. Gleichsam ist ein weiterer Aufschub von Elternschaft umso wahrscheinlicher, wenn aus der Entscheidung zur Heirat nicht die
Familiengründung folgt. Allerdings erfolgt die Realisierung höherer Kinderzahlen zumeist nicht im Rahmen dieser (zunächst stabilen) Partnerschaft, sondern
vornehmlich im Kontext einer neuen Partnerwahl (vgl. Klein 2003; Vikat et al.
1999). So begünstigt Partnerschaftsinstabilität neben Kinderlosigkeit auch die

Realisierung überdurchschnittlicher Kinderzahlen und erklärt damit auch die beobachteten Polarisierungen im Geburtenverhalten (vgl. Klein 1989b, 2003). Entsprechend zeigt sich auf der intentionalen Ebene, dass eine neue Partnerschaft bzw. Ehe sich positiv auf den (zusätzlichen) Kinderwunsch auswirkt (vgl. Klein 1990b).

2.2.4 Resümee

Bei Betrachtung der Bandbreite an Forschungsergebnissen zum Kinderwunsch und generativen Verhalten wird deutlich, dass der Wunsch nach einem und die Entscheidung für ein (weiteres) Kind nicht hinreichend auf Basis nur eines Erklärungsansatzes abgebildet werden kann. Es zeigt sich, dass eine Vielzahl von Faktoren zur Erklärung der individuellen Verhaltensintention und des generativen Verhaltens beitragen. Dabei erweisen sich sowohl sozioökonomische Determinanten wie etwa die berufliche und ausbildungsbezogene Situation als auch soziologische und sozialpsychologische Aspekte respektive Motive, Wertorientierungen, Normen und partnerschaftsbezogene Merkmale als bedeutsam. Allerdings wird auf Basis der separaten Betrachtung möglicher Bedingungsfaktoren für die Intention und das Verhalten vielfach nicht ersichtlich, welche Faktoren einen eigenständigen Erklärungsbeitrag sowohl für die Verhaltensintention als auch für das generative Verhalten leisten. Entsprechend bleibt uneindeutig, welche Beweg- und Hinderungsgründe zum Übergang in die Elternschaft bereits auf Ebene des Kinderwunsches zum Tragen kommen und entsprechend das generative Verhalten mitbegründen. Darüber hinaus erweisen sich für die Erklärung des individuellen Kinderwunsches und des generativen Verhaltens sowohl die Individualmerkmale der Frau als auch des Mannes als gewichtig. Vielen Studien ist jedoch gemein, dass sie nicht hinreichend Informationen zum jeweiligen Partner berücksichtigen. Entsprechend bleibt in Bezug auf eine Vielzahl möglicher Erklärungsfaktoren untererforscht, inwieweit diesen auf der Paarebene dieselbe Relevanz zukommt. Die wenigen Studien, die die Eigenschaften und Lebenssituationen beider Partner simultan betrachten, zeigen, dass die Individualeffekte teils überschätzt werden, wenn die Individualmerkmale des Partners nicht mit in die Analyse aufgenommen werden (vgl. Andersson et al. 2005). Insofern weist der lebenslaufbezogene Analyseansatz deutliche Defizite auf. So existieren hinsichtlich der relativen Bedeutung einzelner Merkmale des Mannes als auch der Frau auf den Kinderwunsch sowie die Wahrscheinlichkeit, ein Kind zu bekommen, kaum gesicherte Forschungsergebnisse. Auf der Lebenslaufebene ist hingegen deren Stellenwert insbesondere für das Geburtenverhalten relativ eindeutig. Diese individualzentrierte Betrachtungsweise, die gleichsam die Thematisierung sowie Berücksichtigung der Paarinterdependenz ausschließt, ist jedoch weniger theoretisch legitimiert. Die bislang deutliche Unterrepräsentanz, generative Entscheidungen auf der Paarebene zu untersuchen, liegt insbesondere darin begründet, dass die dyadische Modellierung hohe Anforderungen an die Auswertungsstrategie stellt. Zudem stehen in der Forschungspraxis kaum Datensätze zur Verfügung, die in angemessener Weise Merkmale beider Partner im Längsschnitt erfassen.

3 Statistische Modellierungsstrategien und Datenbasen

3.1 Statistische Modellierung von generativen Entscheidungen

Die Modellierung von generativen Entscheidungen ist aus statistischer Sicht problematisch. Insbesondere besteht die Herausforderung in der Abbildung des generativen Verhaltens als dyadischen Entscheidungsprozess, der sowohl Konsens als auch Dissens der Beteiligten generiert. Dazu ist es erforderlich, die individuellen Rahmenbedingungen bzw. Merkmale der an dem Entscheidungsprozess Beteiligten in die Betrachtung mit einzubeziehen. Ebenso schließt dies die Berücksichtigung der wechselseitigen Beeinflussung von Frau und Mann im Annäherungsprozess sowie des relativen Einflusses beider Partner auf die Entscheidung ein. Die analytische Verknüpfung dieser komplexen Einflussstruktur ist diffizil und kann mit einer Vielzahl statistischer Verfahren nicht hinreichend abgebildet werden. In der Forschung findet sich eine Reihe von Modellierungsstrategien zur Untersuchung generativer Entscheidungen. Diese dienen insbesondere zur Extraktion relevanter Merkmale sowohl für die realisierte Kinderzahl als auch für die Geburt eines (weiteren) Kindes im Lebenslauf. Das generative Verhalten wird damit als Funktion bestimmter Individualmerkmale betrachtet, so dass lediglich ein Teilaspekt des eigentlichen Entscheidungsprozesses untersucht wird. Dabei erfolgt die Modellierung der realisierten Kinderzahl im Gegensatz zur paritätenspezifischen Betrachtung von Elternschaft retrospektiv als einmalige Entscheidung, um die rückläufige Geburtenzahl auf der Individualebene zu erklären.

Bezogen auf die Untersuchung von Prädiktoren für die realisierte Kinderzahl greifen manche Studien auf die Kleinste-Quadrate-Methode zurück (vgl. z.B. Behrman/Taubman 1989; Schultz 1990; Yang 1993).[15] Diese Vorgehensweise erweist sich jedoch als problematisch, da das Kriterium lediglich Zähldaten, d.h. ganzzahlige nichtnegative Merkmalsausprägungen, umfasst. Im Fall der realisierten Kinderzahl führt diese Schätzmethode zu inkonsistenten Standard-

---

[15] Auch finden sich Studien, in denen das Alter bei Geburt des ersten Kindes als Kriteriumsvariable betrachtet und regressions- sowie kovarianzstrukturanalytisch untersucht wird (vgl. Marini 1978, 1984, 1985; Rindfuss/John 1983; Rindfuss et al. 1980).

fehlern und produziert unter Umständen negative Vorhersagewerte (vgl. King 1989: 763). Dementsprechend verwenden Forschungsarbeiten vermehrt Zähldatenmodelle zur Spezifikation des Entscheidungsprozesses. In einigen Untersuchungen kommt das Poisson-Regressionsmodell, das das Basismodell für Zähldaten bildet, zum Einsatz (vgl. z.B. Broström 1985; Rodriguez/Cleland 1988). Wiederum problematisch bei Zähldatenmodellen des Poisson-Typus ist die Restriktion der Equidispersion, d.h. die Gleichheitsrestriktion von konditionaler Varianz und konditionalem Mittelwert der abhängigen Variablen. Dies setzt allerdings voraus, dass die Eintrittswahrscheinlichkeit eines Ereignisses wie der realisierten Kinderzahl nicht zeitvariant ist und zudem nicht in Abhängigkeit zu anderen Ereignissen steht. Die Verletzung dieser Annahme führt zwar zu konsistenten, jedoch ineffizienten Parameterschätzungen sowie inkonsistenten Standardfehlern (vgl. King 1989: 766). So führt das Vorliegen von Überdispersion, d.h. dass die Varianz der Zählvariablen ihren Mittelwert überschreitet, zu einer Überschätzung des asymptotischen Standardfehlers und damit zu einer Überschätzung der Signifikanz von Parameterschätzungen. Demgegenüber geht Unterdispersion mit einer Unterschätzung der Signifikanz von Parameterschätzungen einher. Folglich führen in beiden Fällen die Teststatistiken zu ungültigen Ergebnissen und damit zu falschen Schlussfolgerungen.

Zähldatenmodelle, die auf der negativen Binomialverteilung beruhen, sind weniger restriktiv als die Poissonverteilung und werden entsprechend häufiger eingesetzt (vgl. z.B. Cameron/Trivedi 1986; Englin/Shonkwiler 1995; Goodwin/ Sauer 1995; Manton et al. 1981; Winkelmann/Zimmermann 1995). Jedoch eignet sich diese Schätzmethode nur für überdispersionierte Zähldaten (vgl. Cameron/ Trivedi 1986: 33). In Bezug auf die realisierte Kinderzahl in ehelichen Paarbeziehungen konnte allerdings auf Basis des Sozio-oekonomischen Panels eindeutig nachgewiesen werden, dass dieses Kriterium durch Unterdispersion gekennzeichnet ist (vgl. Winkelmann/Zimmermann 1994: 214). Dies bedingt sich dadurch, dass im Durchschnitt und gleichzeitig zumeist eine Zwei-Kind-Familie realisiert wird. Demzufolge bieten sich sowohl das Poissonmodell als auch das negative Binomialmodell nicht für die Untersuchung einer solchen Entscheidung an. Auch diesbezügliche Modellerweiterungen wie das zensierte Poisson- sowie negative Binomialmodell (vgl. z.B. Caudill/Mixon 1995; Terza 1985) erweisen sich als problematisch. Zwar zeigt sich im direkten Vergleich, dass die Zensierung von Messwerten der Kriteriumsvariablen zu effizienten Parameterschätzungen führt. Denn die Untersuchung der realisierten Kinderzahl erfordert die Berücksichtigung der Prozessbezogenheit der Familienbildung, die in Abhängigkeit des Alters der Frau als noch nicht abgeschlossen betrachtet werden muss. Allerdings enthalten auch diese Modelle die Restriktion der Equi- bzw. Überdispersion.

Vielmehr eignen sich verschiedene Verallgemeinerungen der Poissonverteilung für die Modellierung der realisierten Kinderzahl, da diese sowohl für unter-
als auch überdispersionierte Zähldaten zulässig sind. So führt das verallgemeinerte Häufigkeitsmodell, das als Spezialfall die Poissonverteilung, negative Binomialverteilung und Binomialverteilung für Zähldaten enthält, zu effizienten
Parameterschätzungen bei der Modellierung des generativen Verhaltens (vgl.
Winkelmann/Zimmermann 1994). Ebenso bietet sich das verallgemeinerte Poisson-Regressionsmodell für die Untersuchung der realisierten Kinderzahl an (vgl.
McIntosh 1999; Wang/Famoye 1997). Denn auch hier findet das Verhältnis
zwischen konditionaler Varianz und konditionalem Mittelwert durch Einführung
eines Dispersionsparameters in die Modellstruktur explizit Berücksichtigung.
Entsprechende Modellerweiterungen wie das restringierte oder zensierte verallgemeinerte Poisson-Regressionsmodell begründen sich aus der Altersabhängig-
keit des generativen Verhaltens (vgl. Famoye/Wang 2004; Naz et al. 2002). Das
zero-inflated verallgemeinerte Poisson-Regressionsmodell wird insbesondere bei
Zähldaten mit einem hohen Anteil an Nullwerten angewandt (vgl. Famoye/Singh
2006). Zudem betrachtet das zero-and-two-inflated verallgemeinerte Poisson-
Regressionsmodell ein Übergewicht des Zahlenwertes zwei. So kann im Rahmen
der Untersuchung der realisierten Kinderzahl die Überrepräsentanz von Kinderlosen sowie Personen mit zwei Kindern berücksichtigt werden (vgl. Melkersson/
Rooth 2000).

Dennoch sind die Zähldatenmodelle grundsätzlich nur bedingt geeignet, den
Familienbildungsprozess abzubilden. Zwar lassen sich unter Rückgriff dieser
Verfahren relevante Faktoren beider Partner für die Gesamtkinderzahl lokalisieren. Jedoch impliziert die Betrachtung des Kriteriums realisierte Kinderzahl
gleichsam zeitinvariante Rahmenbedingungen bzw. Präferenzmuster von Frau
und Mann. So können mögliche unterschiedliche Mechanismen für verschiedene
Kinderzahlen nicht aufgedeckt werden. Unter Rückgriff auf das Hürden-Poisson-
modell ist es zwar möglich, die realisierte Kinderzahl als sequentiellen Prozess
zu spezifizieren. Allerdings erfolgt die Abbildung nur in Form eines zweistufi-
gen Prozessverlaufs (vgl. Gensler 1997; Kalwij 2000). So werden in Rahmen
dieser Anwendung etwa unterschiedliche Bedingungen für Kinderlosigkeit und
Elternschaft nachgewiesen (vgl. Santos Silva/Covas 2000).

Um jedoch eine differenziertere Betrachtung des Entscheidungsprozesses
und der darin enthaltenen paritätenspezifischen Effekte vornehmen zu können,
greift eine Vielzahl von Studien auf Wahrscheinlichkeitsmodelle wie Tobit-,
Logit- und Probit-Modelle sowie logistische Regressionen zurück (vgl. z.B.
Barmby/Cigno 1990; Bratti 2003; Carliner et al. 1980; Cigno/Ermisch 1989;
Danziger/Neuman 1989; Lehrer/Nerlove 1981; Rindfuss et al. 1984; Robinson/
Tomes 1982; Rosenzweig/Wolpin 1980; Tölke/Diewald 2002). Diese Verfahren

ermöglichen eine detaillierte Untersuchung des generativen Verhaltens, da Kinderlosigkeit, Familiengründung sowie Familienerweiterung als eigenständige Entscheidungen im Lebenslauf modelliert werden. Manche Untersuchungen erfolgen im Rahmen eines Paneldesigns, so dass Informationen zu zeitlich vorangegangenen Rahmenbedingungen sowie fertilen Entscheidungen wie Anzahl bereits vorhandener Kinder berücksichtigt werden können (vgl. z.b. Kohlmann/ Kopp 1997). Auch finden sich vermehrt Forschungen, die relevante Determinanten für unterschiedliche Kinderzahlen mittels Verlaufsmodellen extrahieren, um die Zeitbezogenheit bzw. den Zeitpunkt der generativen Entscheidung im Lebenslauf abzubilden. Insbesondere Verfahren wie die Verweildaueranalyse (vgl. Blossfeld/Rohwer 2002) werden zur statistischen Modellierung paritätenspezifischer Prozesse im Längsschnitt eingesetzt (vgl. z.b. Aassve 2006; Andersson et al. 2004, 2005; Baizán et al. 2004; Blossfeld/Huinink 1989; Blossfeld/Jaenichen 1990; Corijn et al. 1996; Klein 2003; Kurz 2005; Nauck 2007; Oláh 2003). Die ereignisanalytische Modellierung des generativen Verhaltens ermöglicht zudem die Untersuchung von Kompositionseffekten sowie Interdependenzen verschiedener Entscheidungsprozesse im Lebenslauf (vgl. Blossfeld et al. 1986).

In diesem Zusammenhang existieren einige Ansätze, den relativen Einfluss von Frau und Mann auf die generative Entscheidung des Paares abzuschätzen, indem explizit die Präferenzstrukturen bzw. generative Verhaltensintentionen beider Partner jenseits individueller Rahmenbedingungen wie etwa die Ressourcenausstattung als Prädiktoren bzw. exogene Variablen berücksichtigt werden. Entsprechend geben die Ergebnisse Aufschluss darüber, ob die realisierte Kinderzahl bzw. Entscheidung für ein (weiteres) Kind stärker von der Frau oder von dem Mann beeinflusst wird. So findet sich in der Forschung ein sehr umfangreiches Spektrum an Operationalisierungsvorschlägen auf Basis der Angaben beider Partner zum individuellen Kinderwunsch oder aber auch zu den erwarteten Kosten und Gratifikationen von Elternschaft.

Eine Vielzahl von Forschungsarbeiten operiert mit verschiedenen Dimensionen des Kinderwunsches unter Berücksichtigung möglicher Divergenzen der Partner, um Aufschluss über die geschlechtsspezifischen Effekte bzw. relativen Einflüsse zu erhalten. Zur Vorhersage der Geburt eines (weiteren) Kindes wird etwa auf Basis der gewünschten Familiengröße die Präferenzkonstellation des Paares abgeleitet (vgl. z.B. Thomson et al. 1988).[16] Zudem nutzen Studien Informationen zum gewünschten Zeitpunkt einer Geburt, um die Zeitbezogenheit der generativen Entscheidung zu berücksichtigen (vgl. Beckman 1984). Auch erfolgt eine Verknüpfung der gewünschten Kinderzahl mit dem gewünschten

---

[16]   Folgende Dummy-Variablen werden konstruiert: 1. beide Partner wünschen sich ein weiteres Kind, 2. nur die Frau wünscht sich ein weiteres Kind, 3. nur der Mann wünscht sich ein weiteres Kind und 4. beide Partner wünschen sich kein weiteres Kind.

Zeitpunkt einer Geburt, um entsprechende geschlechtsspezifische Einstellungsmuster zu erhalten (vgl. z.B. Thomson et al. 1990). In anderen Untersuchungen werden die Kinderwünsche beider Partner über die Differenz zwischen gewünschter und realisierter Familiengröße operationalisiert und zur Vorhersage der generativen Entscheidung eingesetzt (vgl. z.B. Thomson 1997).

Daneben wird versucht, mit Hilfe von Indexkonstruktionen die verschiedene Konsequenzen eines (weiteren) Kindes wie die erwarteten finanziellen Kosten, die Auswirkungen auf das eheliche Miteinander und das persönliche Umfeld abbilden, Rückschlüsse auf die relativen Einflüsse zu ziehen (vgl. z.B. Fried/ Undry 1979; Fried et al. 1980). Auch operieren Studien mit gewichteten Mittelwerten zur Konstruktion einer paarbezogenen Variablen zum subjektiv erwarteten Nutzen von Kindern, wobei die Gewichte aufgrund theoretischer Vorüberlegungen und analytischer Herleitung u.a. geschlechtsspezifisch differieren (vgl. z.B. Beach et al. 1979). Es findet sich zudem die Strategie, die Durchschnittswerte zum erwarteten Nutzen separat für beide Partner zu generieren (vgl. z.B. Townes et al. 1980).

Allerdings zeigt sich im Rahmen von Modelltests, dass die simultane Betrachtung der Individualmerkmale beider Partner zu einem höheren erklärten Varianzanteil führt als die der paarbezogenen Variablenkonstruktionen, die sich durch Mittelwertsbildung sowie Zusammenfassung der Individualangaben beider Partner ergeben (vgl. Yang 1993). Folglich erfordert die adäquate Untersuchung relativer Effekte im Kontext von Entscheidungsverläufen die Separierung der Präferenzstrukturen der an dem Prozess Beteiligten. Dabei zeigt sich, dass die Präferenzen von Frau und Mann - abgebildet über den individuellen Kinderwunsch oder die zu erwartenden Kosten und Nutzen von Elternschaft - zentrale Prädiktoren zur Vorhersage des generativen Verhaltens bzw. der Planung und Realisierung von Elternschaft darstellen (vgl. z.B. Becker 1960; Bumpass/ Westoff 1970; Hoffman/Hoffman 1973; Terhune 1974). Auch kommt die simultane Betrachtung der geschlechtsspezifischen Präferenzen in Hinblick auf die Familiengründung und -erweiterung zumeist zu dem Ergebnis, dass die Effekte von Frau und Mann auf die Entscheidung ungleichwertig sind.

Die simultane Betrachtung der Individualmerkmale beider Partner beinhaltet allerdings die Problematik, dass im Zuge der Parameterschätzung keine statistische Prüfung darüber erfolgt, ob sich die geschlechtsspezifischen Effektkoeffizienten signifikant voneinander unterscheiden. Denn dies ist nur im Rahmen von Modelltests möglich, in denen die entsprechenden Parameter gleichgesetzt werden. So konnten Forschungen durch Einführung von Gleichheitsrestriktionen in ein lineares Strukturgleichungsmodell (vgl. Jöreskog 1973, 1977) etwa nachweisen, dass die subjektiv zu erwartenden Nutzen von Frau und Mann identische Effekte auf die Wahrscheinlichkeit einer (weiteren) Geburt aufweisen (vgl.

Thomson/Williams 1982, 1984; Williams 1986).[17] Zudem wurde festgestellt, dass innerhalb der dyadischen Modellierung die Nicht-Berücksichtigung von Fehlerkovarianzen zu einer verzerrten Schätzung der Effektparameter führt. Auch bei der Untersuchung einer nicht-metrischen abhängigen Variablen wie der faktischen Geburt eines (weiteren) Kindes zeigt sich durch Gleichsetzung von Parametern im Rahmen eines Probit-Modells, dass zum einen kein signifikanter Effektunterschied ausgehend von den Kinderwünschen beider Partner auf das generative Verhalten vorliegt und zum anderen die Messfehler miteinander korrelieren (vgl. Sobel/Arminger 1992). Folglich können (nicht-)identische geschlechtsspezifische Einflüsse innerhalb der Modellstruktur nur über die Formulierung von Parameterrestriktionen eindeutig lokalisiert werden.

Insofern gestaltet sich die Einbettung der Präferenzstruktur von Frau und Mann wie etwa der individuellen Kinderwünsche als weitere Prädiktoren bzw. exogene Variablen für das generative Verhalten des Paares aus statistischer Sicht als unproblematisch. Jedoch ist dieser Modellierungsansatz nicht in der Lage, den Prozess abzubilden, innerhalb dessen beide Partner ihre Präferenzen hinsichtlich einer (Erst-)Elternschaft generieren. So bleiben relevante Merkmale beider Partner für die Ausgestaltung des Kinderwunsches des Einzelnen uneindeutig. Dazu ist es erforderlich, die individuellen Kinderwünsche von Frau und Mann als weitere Kriteriumsvariablen zu spezifizieren, die einerseits als Funktion bestimmter Individualmerkmale beider Partner und andererseits als Prädiktoren für das generative Verhalten des Paares angesehen werden. Folglich resultiert ein simultanes Strukturgleichungssystem, das die Beziehungen zwischen den endogenen Variablen beinhaltet.

Zudem wird in der bisherigen Betrachtungsweise der Interaktionsprozess zwischen den Partnern nicht abgebildet. Da es sich bei der Entscheidung für oder gegen ein Kind in der Regel um eine gemeinsam getroffene Entscheidung handelt, findet innerhalb der Partnerschaft zumeist ein Interaktions- und damit ein Annäherungsprozess statt. Dies impliziert, dass sich die Partner bezüglich ihrer Präferenzen bzw. in ihrem Kinderwunsch (un-)gleichgewichtig beeinflussen können. Im Rahmen der bisher eingesetzten Methoden ist die Spezifikation sowie Schätzung einer Paarinterdependenz auf der Ebene der Präferenzen nicht möglich. Damit bleiben die Auswirkungen des wechselseitigen Annäherungsprozesses auf die Entscheidung und somit der eigentliche Entscheidungsprozess zwischen den Partnern unberücksichtigt. Entsprechend beinhaltet das simultane Gleichungssystem auch die wechselseitige Beziehung der endogenen Regressoren.

---

[17]   Bei diesem Kriterium handelt es sich um eine metrisch skalierte Variable mit den Ausprägungen (1) sehr unwahrscheinlich bis (7) sehr wahrscheinlich.

Jedoch ist die Untersuchung des Einflusses einerseits des intentionalen Verhaltens beider Partner aufeinander und andererseits des intentionalen Verhaltens auf das faktische Verhalten mit erheblichen Identifikationsproblemen verbunden, da die endogenen Variablen im Rahmen der paritätenspezifischen Betrachtung lediglich binär qualitative Merkmale darstellen. Im Rahmen einer solchen Modellstruktur resultieren unbekannte Schwellenwerte sowie undefinierte Fehlervarianzen, die zur Folge haben, dass die analogen Effektparameter nicht eindeutig schätzbar sind und sich demnach einer direkten Vergleichbarkeit entziehen.

Allerdings besteht die Möglichkeit durch Einführung nicht-linearer Parameterrestriktionen in die Modellstruktur zumindest die Relation einzelner Fehlervarianzen bei gleichzeitiger Normierung der Schwellenwerte zu ermitteln.[18] Diese Strategie zur Lösung der Identifikationsproblematik kam erstmalig bei Sobel und Arminger (1992) im Rahmen eines nicht-linearen simultanen Probit-Modells zur Anwendung. Auf Basis dieses Modellierungsansatzes kann der Entscheidungsprozess in seiner Komplexität abgebildet werden. Denn durch Einbettung simultaner Beziehungsstrukturen in ein Probit-Modell, die mit Hilfe nicht-linearer Parameterrestriktionen modelliert werden, kann einerseits der Einfluss beider Partner aufeinander und andererseits die relativen Einflüsse beider Partner auf die Entscheidung abgeschätzt werden. Zudem können die individuellen Rahmenbedingungen, innerhalb dessen die Entscheidung getroffen wird, berücksichtigt werden.

Im Folgenden wird der von Sobel und Arminger (1992) entwickelte Modellierungsansatz zur Betrachtung generativer Entscheidungsprozesse in Partnerschaften eingesetzt. Dieses Modell wird zudem im Rahmen dieser Arbeit in verschiedener Weise verallgemeinert, so dass es auf komplexere Datenstrukturen angewendet werden kann. Eine Modellerweiterung erfolgt dahingehend, dass nun multiple Entscheidungsprozesse analysiert werden können (Multi-Decision-Design). In einem weiteren Schritt wird das Modell um die zeitliche Komponente erweitert, so dass der Betrachtung des Entscheidungsprozesses nun mehr als zwei Messzeitpunkte zugrunde gelegt werden können (Multi-Wave-Design). Insbesondere für die adäquate Abbildung der Prozessbezogenheit einer Entscheidung kommt der Multi-Wave-Erweiterung eine hohe Relevanz zu. Dabei sind die aus der komplexeren Modellierung resultierenden Identifikationsprobleme zu lösen, um die analogen Effektparameter als relative Anteilswerte interpretieren zu können. Zur Schätzung der Parameter wird ein dreistufiges Schätzverfahren, bestehend aus Maximum-Likelihood-Schätzung, Schätzung der asymptotischen Kovarianzmatrix und Minimum-Distanz-Schätzung, verwendet. Die Spezifikation des Modells sowie die notwendigen Berechnungen werden unter Verwendung

---

[18]   In Kapitel 4.3.1 ›Identifikationsproblematik‹ findet sich eine detaillierte Erläuterung dazu.

von MECOSA 3 durchgeführt. Eine Lösung des Identifikationsproblems wird entwickelt und in die dritte Stufe des Schätzverfahrens implementiert.

3.2 Forschungsmethodische Vorgehensweise der Arbeit

Das nicht-lineare simultane Probit-Modell wird folgend zur Untersuchung des generativen Verhaltens unter Berücksichtigung der Kinderwünsche sowie Rahmenbedingungen beider Partner eingesetzt. Damit liegt der Betrachtung des fertilen Entscheidungsprozesses einer dyadischen Konzeption zugrunde. Auch folgt die Untersuchung einer dynamischen bzw. sequentiellen Modellierung unter Rückgriff verschiedener Erhebungszeitpunkte, da davon ausgegangen werden kann, dass sowohl der Kinderwunsch als auch das generative Verhalten im Zuge von veränderten Rahmenbedingungen zeitlicher Variation unterliegen (vgl. Borchardt/Stöbel-Richter 2004).

Zunächst erfolgt die Untersuchung des innerpartnerschaftlichen Entscheidungsprozesses zur Familiengründung, die ein Zwei-Wellen-Design zur Grundlage hat. Auf Basis dieser Konzeption wird in einem nächsten Schritt das Modell zur Geburt eines ersten Kindes im Rahmen eines Multi-Decision-Designs erweitert. Die Modellerweiterung ergibt sich aus der Forschungslogik, die hinlänglich nachgewiesene Interdependenz zwischen der Entscheidung zur Familiengründung und der Entscheidung zur Reduktion der Erwerbsbeteiligung der Frau simultan zu inspizieren. Denn aus der Entscheidung zur Erstelternschaft resultieren aufgrund der Vereinbarkeitsproblematik von Familie und Beruf (weit reichende) Konsequenzen für die innerpartnerschaftliche Aufgabenallokation, die im Wesentlichen das Erwerbsverhalten der Frau betreffen. Damit stehen die beiden Entscheidungen bzw. (Teil-)Biographien der Partner in einer engen Beziehung zueinander (vgl. Blossfeld/Drobnič 2001; Huinink 1992). In einem weiteren abschließenden Schritt erfolgt die Untersuchung des innerpartnerschaftlichen Entscheidungsprozesses zur Familienerweiterung. Das Modell zur Geburt eines zweiten Kindes stellt eine Erweiterung des Basismodells um die zeitliche Komponente dar, indem ferner die Kinderwünsche beider Partner resultierend aus aufeinander folgenden Erhebungszeitpunkten in direkter Beziehung zueinander gestellt werden. Im Rahmen dieses Multi-Wave-Designs, das nun drei Erhebungszeitpunkte umfasst, ist es möglich, den innerpartnerschaftlichen Interaktionsprozess über Zeit zu betrachten und entsprechend Aufschluss über die wechselseitige Beeinflussung der Kinderwünsche beider Partner auch im Partnerschaftsverlauf zu erhalten. Da nun auch die individuellen Rahmenbedingungen der Messung des intentionalen Verhaltens beider Partner zeitlich vorangestellt werden können, ist es möglich, den generativen Entscheidungsprozess in seiner Komplexität abzubilden.

3.3 Die Datengrundlage

Die Modellierung von Entscheidungsprozessen erfordert Longitudinaldaten über die beteiligten Akteure. Jedoch finden sich in der Forschungspraxis kaum Studien, die in angemessener Weise Merkmale aller Beteiligten unter Berücksichtigung des Veränderungsprozesses beinhalten. Nationale Untersuchungen zum Wandel von Beziehungs- und Familienformen sind nur zum Teil als Panelstudien konzipiert, wobei ein Großteil durch regionale Beengtheit gekennzeichnet ist. Mit Ausnahme des Sozio-oekonomischen Panels (vgl. Wagner et al. 1994), des DJI-Familiensurvey (vgl. Bertram 1991, 1992; Bien 1996) sowie des Bamberger-Ehepaar-Panels (vgl. Schneewind 1997; Schneewind et al. 1992), erlauben Untersuchungen wie das Bielefelder Familienentwicklungspanel (vgl. Strohmeier 1985), das Bamberger-NEL-Panel (vgl. Vaskovics et al. 1990), die LBS-Familien-Studie (vgl. Fthenakis et al. 2002) und die Studie zur Integration der Frau in die Berufswelt (vgl. Eckert et al. 1989; Hahn 1983; Hahn et al. 1984) keine gesamtdeutsche Betrachtung.

Mit den beiden sehr groß angelegten Studien Familiensurvey sowie dem Sozio-oekonomische Panel lässt sich zwar das generative Verhalten von Paaren abbilden, jedoch eignen sich die Daten nicht zur Modellierung des Entscheidungsprozesses. Beim Familiensurvey werden nicht beide Partner befragt, so dass sich Informationen zum Partner lediglich über die Auskunft der interviewten Person ergeben. Hingegen ist beim Sozio-oekonomischen Panel die Untersuchung beider Partner - sofern diese einen gemeinsamen Haushalt führen - möglich, jedoch sind relevante Merkmale wie die Verhaltensintentionen bzw. Kinderwünsche beider Partner nicht erfasst.

Auch die LBS-Familien-Studie untersucht zusammenlebende Paare, wobei sich die Frau bereits zum ersten Erhebungszeitpunkt im letzten Drittel der Schwangerschaft befindet. Die zu untersuchende Population setzt sich somit nur aus Paaren zusammen, bei denen die Familiengründung als abgeschlossen angesehen werden kann. Ferner kennzeichnet sich die Studie durch eine sehr geringe Fallzahl von 175 Paaren. Die Studie zur Integration der Frau in die Berufswelt deckt ebenfalls die Paarperspektive ab, allerdings werden auch hier nicht mehr als 223 Paare über alle drei Messzeitpunkte befragt. Des Weiteren erfolgt die letzte Wiederholungsbefragung bereits 1980, so dass lediglich auf eine veraltete Datenstruktur zugegriffen werden kann. Auch die Daten des neu konstituierten DFG-Schwerpunktprogramms ›Beziehungs- und Familienentwicklung‹ beinhalten die Angaben beider Partner. Derzeit liegen die Informationen der Befragten lediglich resultierend aus dem Minipanel des Panel Analysis of Intimate Relationships and Family Dynamics (PAIRFAM) vor, das drei Erhebungszeitpunkte mit Halbjahresabstand umfasst. Angesichts dieser geringen Abstände der Wiederholungsbefragungen lässt sich der Familiengründungs- und -erweiterungsprozess nicht adäquat abbilden.

Die beschriebenen Panelstudien bilden somit für die hier betrachtete Fragestellung keine geeignete Basis. Jedoch steht mit dem Bamberger-Ehepaar-Panel[19] ein Instrument zur Verfügung, das nicht nur eine hinreichend große Ausgangsstichprobe und ausreichend viele Wiederholungsbefragungen zumeist mit zweijährigem Abstand aufweist, sondern auch den Kinderwunsch dezidiert erfasst. Es ermöglicht darüber hinaus die Analyse relevanter Merkmale beider (Ehe-)Partner in Hinblick auf den Prozess der Familiengründung und -erweiterung. Konzeption und Durchführung der Studie sind andernorts ausführlich beschrieben (vgl. Schneewind et al. 1992, 1994, 1996). Ein Zugriff auf die Parallelstudie Bamberger-NEL-Panel, die den Kinderwunsch und das generative Verhalten nichtehelicher Lebensgemeinschaften fokussiert, ist derzeit nicht möglich.[20] Auch liegen nur die Daten des Bamberger-Ehepaar-Panels aus den alten Bundesländern vor.

Bei der Weststichprobe des Bamberger-Ehepaar-Panels handelt es sich um eine Untersuchung, bei der 1528 zufällig ausgewählte Paare aus den drei Bundesländern Bayern, Hessen und Niedersachsen seit 1988 drei bis acht Monate nach der Eheschließung wiederholt (1990, 1992, 1994, 2002) zu ihren familiären Verhältnissen befragt werden.[21] Dabei werden nur kinderlose Paare berücksichtigt und eine Altersbeschränkung der Frau auf maximal 35 Jahre eingeführt, um

---

[19]   Das Bamberger-Ehepaar-Panel ist eine vom Bundesministerium für Familie, Senioren, Frauen und Jugend (BMFSFJ) finanzierte Untersuchung, die an der Sozialwissenschaftlichen Forschungsstelle der Universität Bamberg (SOFOS) durchgeführt wurde und eine soziologische Teilstudie des Gesamtprojekts ›Optionen der Lebensgestaltung junger Ehen und Kinderwunsch‹ darstellt. Die fünfte Erhebungswelle wurde durch das Bayerische Staatsministerium für Arbeit und Sozialordnung, Familie und Frauen (BStMAS) unterstützt. Die Datensätze wurden vom Staatsinstitut für Familienforschung an der Universität Bamberg (ifb) zu Forschungszwecken zur Verfügung gestellt.

[20]   Das Bamber-NEL-Panel wurde ebenfalls an der Sozialwissenschaftlichen Forschungsstelle der Universität Bamberg durchgeführt. Gefördert wurde diese Studie durch das Bayerische Staatsministerium für Arbeit und Sozialordnung, Familie und Frauen. Bei dieser Panelstudie handelt es sich um eine Untersuchung, bei der (zunächst) kinderlose Paare, die eine nichtehelichen Lebensgemeinschaft (NEL) führen und im Bundesland Bayern leben, zwischen 1988 und 1994 im Abstand von zwei Jahren wiederholt zu familiären Themen befragt wurden. Dabei sollte die Frau nicht älter als 35 Jahre alt sein. Lediglich die Daten der ersten Welle dieser Studie stehen in aufbereiteter Form im Zentralarchiv (ZA) unter dem Titel ›Nichteheliche Lebensgemeinschaften‹ zur Verfügung.

[21]   Die Ziehung der Eheschließungskohorte erfolgte über die Meldeämter der Gemeinden, wobei nach Gemeindegrößenklassen geschichtet wurde.

den Familiengründungsprozess abbilden zu können. Das Erhebungsdesign lässt demzufolge lediglich die Betrachtung von Paaren zu, die in einem gemeinsamen Haushaltkontext stehen und eine eheliche Partnerbeziehung führen. Die Ausgangspopulation umfasst damit ausschließlich kinderlose, zusammenlebende Ehepaare.[22] Ausgeschlossen bleiben folglich Paare in nicht-ehelichen Lebensgemeinschaften und verheiratete Paare mit getrennter Haushaltsführung. Die Untersuchung konzentriert sich demnach auf den Bereich der institutionalisierten Beziehungsform und daran anknüpfenden Kernfamilien, also der klassischen Eltern-Kind-Konstellation.

Da lediglich die Daten der Befragung in den alten Bundesländern zur Verfügung stehen, kann im Folgenden keine gesamtdeutsche Verallgemeinerung vorgenommen werden. Auch mögliche Unterschiede zwischen den alten und neuen Bundesländern in Hinblick auf die generative Verhaltensintention sowie das generative Verhalten können demnach nicht untersucht werden.[23] Jedoch belegen einige vergleichende Studien diesbezüglich verstärkt rückläufige Unterschiede respektive zunehmende regionale Annäherungen sowohl auf Ebene des Kinderwunsches als auch auf Ebene der Realisierung von Elternschaft (vgl. Cornelißen 2006: 143; Dorbritz et al. 2005: 36f.; Ruckdeschel 2004: 371; Wiesmann/Hannich 2005: 790). Des Weiteren erweist sich in der vorliegenden Studie die Panelmortalität für die Datenauswertung als nicht unproblematisch. Von der Ausgangsstichprobe konnten zum letzten Erhebungszeitpunkt 2002 noch 566 Ehepaare (37%) befragt werden. Die Panelmortalität bedingt sich vor allem durch Trennung bzw. Scheidung der Ehepartner. Des Weiteren zeigen sich in der abschließenden fünften Befragung eine Überrepräsentanz von Befragten aus Bayern und ein Mittelschichtbias (vgl. Rost et al. 2003: 124).

Der aus anderen Forschungen bereits nachgewiesene enge Zusammenhang zwischen der Entscheidung zur Eheschließung und der Entscheidung zur Erstelternschaft (vgl. Klein 2003: 507) zeigt sich auch hier im Familiengründungsverhalten der untersuchten Paare zwischen dem ersten und zweiten Erhebungszeitpunkt in Abbildung 1. Im Jahre 1990 sind bereits 403 Paare in die Erstelternschaft eingetreten, wobei sich davon 116 Paare bereits zwei Jahre später für ein weiteres Kind entscheiden. Zum selben Zeitpunkt kommen weitere 238 Ein-Kind-Familien hinzu. Damit haben bereits 641 Paare spätestens vier Jahre nach Eheschließung den Familiengründungsprozess durchlaufen. Der Familienerweiterungsprozess erfolgt mehrheitlich spätestens sechs Jahre nach Eheschließung und zumeist zwei bis vier Jahre nach Geburt des ersten Kindes. Die Übersicht zeigt ebenfalls, dass zu einem überwiegenden Teil die Paare der Studie nach

---

[22]   Nur wenige Personen sind in dieser Studie wiederverheiratet.
[23]   Es wurden im Bamberger-Ehepaar-Panel 600 junge Ehepaare aus den neuen Bundesländern befragt.

Abschluss ihrer fertilen Phase eine Zwei-Kind-Familie realisiert haben. Kinder höherer Parität stellen hingegen eher eine Seltenheit dar. Auch dauerhafte Kinderlosigkeit ist für die stabilen Partnerschaften der Untersuchung kaum von Bedeutung. Dies verdeutlicht, dass weniger die Frage des ob, sondern vielmehr das wann einer Familiengründung und -erweiterung im Fokus des ehelichen Verhaltens auch der untersuchten Paare dieser Studie steht.

Abbildung 1:   Das generative Verhalten im Bamberger-Ehepaar-Panel (West)

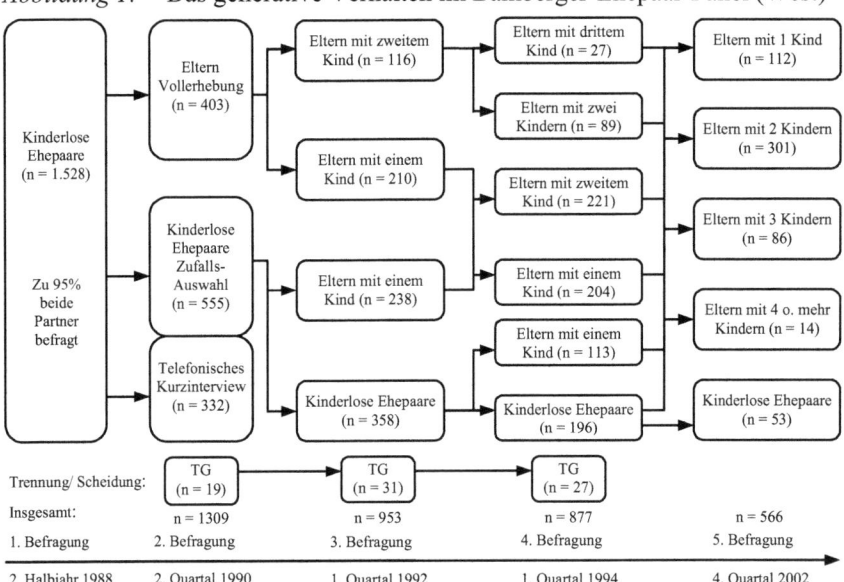

Quelle: Rost et al. 2003: 125

Die Beschaffenheit der Panelpopulation stellt eine weitere Besonderheit dieser Studie dar. Da beide Ehepartner über 14 Jahre in ihrer Paarkonstellation beobachtet wurden, ist es möglich, den gesamten Familienbildungsprozess und Veränderungen in Hinblick auf den Zeitpunkt der gewünschten (Erst-)Elternschaft und auf die Anzahl der gewünschten Kinder von Ehepaaren einer Eheschließungskohorte bis zum Abschluss ihrer fertilen Phase zu untersuchen. Damit werden Veränderungsprozesse sowohl auf individueller Ebene als auch im Paarkontext hinsichtlich Einstellung und Verhalten sichtbar und können modelliert werden. Mit den Daten kann dezidiert im zeitlichen Verlauf - zumindest für die alten Bundesländer - untersucht werden, ob und unter welchen Bedingungen die persönlichen Vorstellungen zur Elternschaft und damit verbundenen Absichten (nicht) plangemäß in Ehen realisiert werden.

Da für die Untersuchung generativer Entscheidungen in stabilen Partnerschaften die Merkmalsstrukturen beider Partner von großer Wichtigkeit sind, folgt die hiesige Modellierung insgesamt einem balancierten Design. D.h. es finden nur die Paare Berücksichtigung, bei denen eine vollständige Datenstruktur in Hinblick auf relevante Individualmerkmale beider Partner aus verschiedenen Messzeitpunkten vorliegt. So können von den ursprünglich 1528 befragten Paaren lediglich 884 Partnerschaften als Ausgangsdatenbasis zur Analyse des Familiengründungsverhaltens genutzt werden.[24] Die Betrachtung des Übergangs in die Elternschaft beruht auf den ersten beiden Erhebungszeitpunkten 1988 und 1990, da - wie aus Tabelle 1 ersichtlich - bereits 453 (51%) Paare knapp zwei Jahre nach Eheschließung den Wechsel in die Erstelternschaft vollziehen bzw. vollzogen haben.

Darüber hinaus zeigt sich, dass bereits 225 (26%) Frauen zum ersten Befragungszeitpunkt 1988, also maximal acht Monate nach Eheschließung, schwanger sind.[25] So verortet sich auch in der hier untersuchten Population die Entscheidung zur Eheschließung sehr nah an der Entscheidung zur Familiengründung, wobei nicht eruierbar ist, welche Entscheidung zeitlich voraus geht. Zudem scheint ungeplante respektive unbeabsichtigte Erstelternschaft ein marginales Phänomen darzustellen.[26] Die Unterrepräsentanz ungewollter Schwangerschaften stellt keine Spezifität der hier betrachteten Studie dar, da diesbezügliche Forschungen zeigen, dass die Planmäßigkeit von Kindern vornehmlich bei sehr jungen sowie unverheirateten Frauen deutlich reduziert (vgl. Huang 2005: 119)

---

[24]   Aus der Abbildung 1 wird ersichtlich, dass bereits zum ersten Befragungszeitpunkt 1988 in 5% der Fälle nicht beide Partner befragt werden konnten. Hinzu kommt, dass auf die Informationen der Paare (N = 332), die zum zweiten Befragungszeitpunkt telefonisch interviewt wurden, nicht zurück gegriffen werden kann. Des Weiteren fallen 19 Paare aufgrund von Trennung bzw. Scheidung aus dem Panel heraus. Damit verbleibt zum zweiten Erhebungszeitpunkt eine Fallzahl von 958 Paaren. Allerdings zeigt sich im Zuge der Datenaufbereitung, dass in der zweiten Welle neben 555 kinderlosen Paaren lediglich 373 Eltern anstatt, wie in Abbildung 1 angegeben, 403 Paare mit Kind zur Datenauswertung zur Verfügung stehen. Dem zufolge resultiert zum zweiten Befragungszeitpunkt eine zu analysierende Fallzahl von 928 Paaren. Aufgrund von 44 Unit-Nonresponse auf Ebene des Paares bezogen auf die erste und/oder zweite Welle können letztendlich 884 Partnerschaften für die Modellierung des Familiengründungsprozesses berücksichtigt werden.

[25]   86% der Frauen befinden sich mindestens im vierten bzw. 69% im sechsten Monat der Schwangerschaft.

[26]   Denn es lässt sich beobachten, dass von den zum ersten Befragungszeitpunkt schwangeren Frauen lediglich 47 (21%) Schwangerschaften nach eigener Aussage nicht geplant sind. Auch für die zum zweiten Befragungszeitpunkt 1990 schwangeren Frauen zeigen sich nur neun (8%) unbeabsichtigte Schwangerschaften.

und entsprechend in stabilen Partnerschaften erhöht ausfällt (vgl. Helfferich/
Kandt 1996: 58f.).

Tabelle 1:   Die Entscheidung zur Erstelternschaft zwischen den ersten beiden
              Befragungszeitpunkten

| | | 1. Welle (1988) | | | |
		nicht schwanger	schwanger	keine Angabe	Σ
2. Welle (1990)	nicht schwanger	412	--	19	431
	schwanger	101	17	1	119
	Kind vorhanden	125	208	1	334
	Σ	638	225	21	884

Insgesamt bleibt festzuhalten, dass die hier analysierbare Ausgangspopulation
aufgrund homogener Merkmalsbeschaffenheiten keine diesbezüglichen Subgruppenvergleiche zulässt. Da erst kürzlich verheiratete, kinderlose Paare mit
gemeinsamer Haushaltsführung und wohnhaft in Bayern, Hessen oder Niedersachsen untersucht werden können, liegt entsprechend keine Variation des gegenwärtigen Familienstandes, der Haushaltszusammensetzung, der Zugehörigkeit zu den alten und neuen Bundesländern sowie der Zahl gemeinsamer außer-
ehelicher Kinder vor.

Der enge Zusammenhang zwischen der Heiratsentscheidung und der Ent-
scheidung zur Familienbildung kann hier ebenfalls nicht gelöst werden. Diese
Verknüpfung kommt insbesondere darin zum Ausdruck, dass die untersuchten
Paare sich mehrheitlich Kinder wünschen und auch realisieren. So lässt sich nur
eine begrenzte Variation in Hinblick auf den Kinderwunsch und das generative
Verhalten lokalisieren. Darüber hinaus können im zeitlichen Verlauf nur stabile
Ehen betrachtet werden. Dies bedingt im Wesentlichen, dass Kinder höherer
Parität in der hier betrachteten Population eine Seltenheit darstellen. Denn derar-
tige Familienerweiterungsprozesse werden häufiger in neuen Partnerschaften
realisiert (vgl. Klein 1989b, 2003). Daneben stellt dauerhafte Kinderlosigkeit
auch für die stabilen Partnerschaften der Untersuchung ein unterrepräsentiertes
Phänomen dar (vgl. Klein 2003). Die fehlende Heterogenität bestimmter Merkmale schränkt die hier vorgenommene Modellierung als auch die Interpretationsreichweite der Ergebnisse entsprechend ein.

4 Modellierung des Familiengründungsprozesses

Der Familiengründungsprozess folgt einer dyadischen Modellierung, indem, wie aus Abbildung 2 ersichtlich, sowohl die Disposition der Frau als auch die des Mannes im Modell berücksichtigt werden. Diese stellen neben der Entscheidung des Paares zur Erstelternschaft jeweils latente Größen dar, wobei der Kinderwunsch des Einzelnen als Indikator für die dahinter liegende Disposition fungiert. Auch die Entscheidung des Paares wird über ein manifestes Merkmal, das Aufschluss über das Familiengründungsverhalten gibt, abgebildet.

Das hier zum Einsatz kommende Modell beinhaltet den wechselseitigen Einfluss der Dispositionen respektive Kinderwünsche beider Partner aufeinander. Dabei repräsentiert die Paarinterdependenz den innerpartnerschaftlichen Interaktions- bzw. Abstimmungsprozess, der insbesondere Aspekte wie Beeinflussung, Übereinstimmung, Angleichung und Distanzierung sowie Durchsetzung zur Bestärkung respektive Generierung eines Konsenses auf Ebene der Verhaltensintention subsumiert (vgl. Oppitz 1990; von Rosenstiel et al. 1986). Durch die explizite Berücksichtigung der Kinderwünsche sowie inhaltliche Separierung der Verhaltensintentionen beider Partner im Rahmen der Modellstruktur kann der Beeinflussungsverlauf sowohl konvergierender als auch divergierender Paare betrachtet werden. Konzeptionell deckt sich die Modellierung des Interaktionsprozesses mit dem Paarmodell von Rosenstiel et al. (1986: 74). Jedoch stellt das hier zum Einsatz kommende Modell eine Erweiterung dar, indem der einseitig gerichtete Effekt ausgehend vom Partner bzw. die Betrachtung der übereinstimmenden Verhaltensintention des Paares - in der nur implizit die Wechselbeziehung zum Ausdruck kommt - um die wechselseitige Beeinflussung beider Partner auf der intentionalen Ebene ergänzt wird. So kann extrahiert werden, ob die Frau den Mann bzw. der Mann die Frau in Bezug auf die Disposition stärker beeinflusst. Daraus wird ersichtlich, wer den Interaktions- bzw. Annäherungsprozess dominiert, d.h. führt womöglich eine ausgeprägte Disposition eines Partners dazu, dass der andere Partner sich ebenfalls im stärkeren Ausmaß Kinder wünscht. Es ist aber auch denkbar, dass sich keine oder aber auch gleichbedeutende wechselseitige Beeinflussungen zeigen.

Des Weiteren beinhaltet das Modell den Effekt der Dispositionen beider Partner auf die generative Entscheidung. Die eigentliche Entscheidung kann damit von der Disposition jedes einzelnen Partners abhängen. Daraus kann abge-

leitet werde, welcher Partner eine dominantere Position in Bezug auf die eigentliche Entscheidung einnimmt. Zeigen sich dagegen gleichwertige Effekte, weisen
diese auf eine paritätische Entscheidungsstruktur innerhalb der Partnerschaft hin.

Auch finden die persönlichen Kontexte beider Partner, abgebildet über Individualmerkmale von Frau und Mann, Berücksichtigung. Dabei wird angenommen, dass die Faktoren die Disposition des Einzelnen direkt bedingen und
zudem einen indirekten Einfluss - vermittelt über die individuelle Disposition -
auf den des Partners und auf die generative Entscheidung haben. Ferner werden
direkte Effekte auf die Disposition des Partners spezifiziert. Dieser Gesamtansatz
unterscheidet sich insofern von Forschungen zum Kinderwunsch und generativen Verhalten, da der Einfluss exogener Merkmale beider Partner simultan sowohl in Bezug auf die individuelle Verhaltensintention als auch auf das faktische
Verhalten untersucht wird. Es handelt sich also um einen integrativen Ansatz,
der darüber hinaus Aufschluss über die Relevanz des Partners für die individuelle Disposition einerseits und für die generative Entscheidung andererseits gibt.

Abbildung 2:   Entscheidungsprozess zum Übergang in die Erstelternschaft

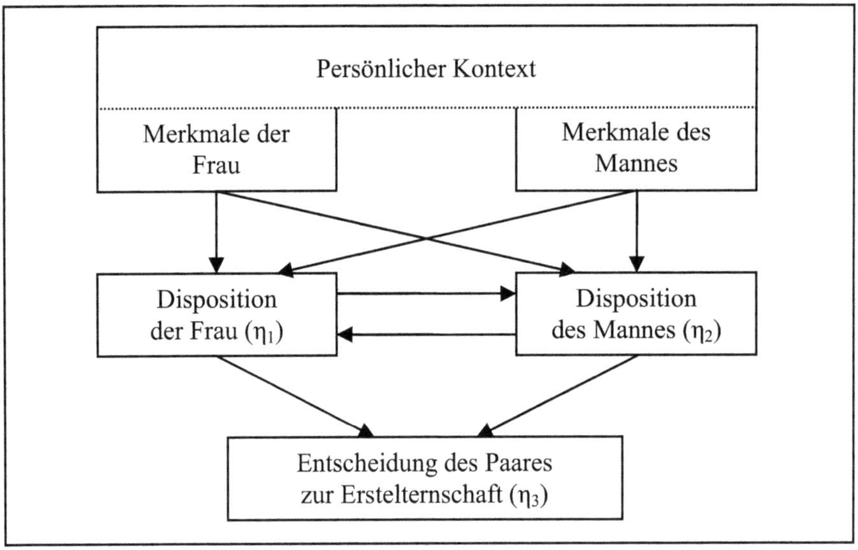

Damit liegt eine trivariate Verteilung vor, bestehend aus der Disposition der
Frau, der Disposition des Mannes und der gemeinsam getroffenen generativen
Entscheidung. Dabei wird angenommen, dass die Disposition der Frau als auch
die des Mannes einen Einfluss auf die Entscheidung haben und die Partner sich

in Hinblick auf ihre Disposition wechselseitig beeinflussen können. Diese drei Merkmale stellen metrisch skalierte endogene latente Variablen dar, die aufgrund der Fragestellung und der gegebenen Datenstruktur lediglich über binäre Variablen operationalisiert werden können. Die Ausgestaltung der Disposition wird darüber hinaus im Zusammenhang mit metrischen und nicht-metrischen exogenen manifesten Merkmalen untersucht, um Aufschluss über relevante Rahmenbedingungen beider Partner, innerhalb dessen die Entscheidung zur Familiengründung getroffen wird, zu erhalten.

4.1 Auswahl und Beschreibung der Modellvariablen

Die Analyse zum Familiengründungsprozess basiert auf den ersten beiden Wellen 1988 und 1990 des Bamberger-Ehepaar-Panels, da bereits zwei Jahre nach Eheschließung fast die Hälfte der untersuchten Paare in die Erstelternschaft eingetreten sind. Es geht also um die Beantwortung der Frage, unter welchen Bedingungen sich Paare spätestens zwei Jahre nach Eintritt in die Ehe für oder gegen ein Kind entscheiden. Die Daten des ersten Erhebungszeitpunktes enthalten Informationen zum Kinderwunsch sowie eine Vielzahl weiterer Merkmale beider Partner. Aus der zweiten Welle resultiert die Angabe, ob das Paar seit der letzten Befragung eine Familie gegründet hat bzw. die Frau zum Zeitpunkt der Wiederholungsbefragung schwanger ist.

4.1.1 Messung der endogenen latenten Variablen

In der ersten Welle des Bamberger-Ehepaar-Panels findet sich neben der klassierten Erfassung der gewünschten Kinderzahl[27] die grundsätzliche Haltung zu einem Leben mit Kindern[28] abgebildet. Des Weiteren wurden Informationen zum Konkretisierungsgrad des gewünschten Zeitpunktes einer erstmaligen Elternschaft[29] und zur Wichtigkeit der Kinderwunscherfüllung in den nächsten zwei

---

[27] Die gewünschte Kinderzahl wird im Fragebogen mit dem Item ›Wie viele Kinder möchten Sie einmal haben?‹ erfasst, wobei folgende Antwortkategorien zur Verfügung stehen: (0) keine, ich will kinderlos bleiben, (1) 1 Kind, (2) 1-2 Kinder, (3) 2 Kinder, (4) 2-3 Kinder, (5) 3 oder mehr Kinder, (6) weiß ich noch nicht und (7) ich (mein Partner) kann keine Kinder bekommen.

[28] Die grundsätzliche Haltung zu einem Leben mit Kindern wird implizit über Items wie ›Haben Sie sich schon einmal Gedanken darüber gemacht, ob Sie einmal Kinder haben möchten‹ oder ›Beschäftigen Sie sich oft mit diesem Thema, d.h. denken Sie häufig darüber nach?‹ erfasst.

[29] Um Informationen zum Konkretisierungsgrad des gewünschten Zeitpunktes einer Erstelternschaft zu erhalten, wurde Paaren die Frage gestellt ›Falls Sie sich Kinder wünschen, haben Sie sich schon Gedanken gemacht, zu welchem Zeitpunkt Sie das erste Kind bekommen möch-

Jahren[30] erhoben. Die Merkmalsverteilungen verdeutlichen insgesamt, dass die untersuchten Paare sich mehrheitlich Kinder wünschen. Lediglich 20 Frauen und 29 Männer möchten grundsätzlich keine Familie gründen, wobei 14 Paare in ihrer Vorstellung zur dauerhaften Kinderlosigkeit konvergieren. Daneben haben nur 62 Frauen und 65 Männer zum ersten Befragungszeitpunkt noch keine klare Position zur Elternschaft ausgebildet. Dabei nehmen in 18 Fällen beide Partner eine indifferente Haltung ein.

Die in den ehelichen Paarbeziehungen zu beobachtende Unterrepräsentanz sowohl gewünschter Kinderlosigkeit als auch grundsätzlicher Unsicherheiten bezüglich Elternschaft korrespondiert mit dem Forschungsergebnis, dass der Kinderwunsch positiv mit der Entscheidung zur Eheschließung interagiert (vgl. Klein 2006; Nave-Herz 1994; Riederer 2005). Aufgrund dessen stellt die grundsätzliche Haltung zur Elternschaft respektive der generelle Kinderwunsch ein ungeeignetes Item zur Untersuchung des generativen Verhaltens in ehelichen Partnerschaften dar.[31] Ebenfalls unbrauchbar erweist sich die Angabe zur gewünschten Kinderzahl, denn in ihr spiegelt sich neben dem Wunsch zur Erstelternschaft auch der Wunsch zur Familienerweiterung wider. Da die vorliegende Modellierung einer sequentiellen Strategie folgt, indem das Familiengründungs- und Familienerweiterungsverhalten getrennt voneinander untersucht werden, stellt der Gesamtkinderwunsch kein trennscharfes Item dar. Wesentlich aussagekräftiger ist die Frage zur Wichtigkeit der Kinderwunscherfüllung in den nächsten zwei Jahren, denn das Item fokussiert analog zum generativen Verhalten des Paares die Zeitbezogenheit der Entscheidung und konzentriert sich stärker auf die aktuellen Lebenssituationen sowie Zielvorstellungen beider Partner.[32] Allerdings kann nicht eindeutig eruiert werden, zu welchem Zeitpunkt beide Partner eine Familie gründen möchten, sondern lediglich, wie bedeutsam eine baldige Erstelternschaft erscheint. Auch weist das Item im Vergleich zum allgemeinen sowie generellen Kinderwunsch eine deutlichere Varianz auf, denn es lässt sich für 356 (40%) Frauen und 388 (44%) Männer kein ausgeprägter Wunsch nach baldiger Familiengründung beobachten. Dabei konvergieren 295 Paare in ihrer

---

ten?‹, wobei folgende Antwortvorgaben zur Wahl standen: (0) nein, ich habe mir darüber noch keine Gedanken gemacht, (1) ja, aber ich habe mich noch nicht endgültig entschieden und (2) ja, ca. in ... Jahren.

[30] Die Erfassung der Wichtigkeit der Kinderwunscherfüllung in den nächsten zwei Jahren erfolgt mittels der Frage ›Falls Sie sich in den nächsten zwei Jahren Kinder wünschen, wie wichtig ist die Erfüllung dieses Wunsches für Sie?‹, die folgende Antwortmöglichkeiten beinhaltet: (1) unwichtig, (2) nicht so wichtig, (3) wichtig, (4) sehr wichtig und (5) trifft nicht zu (kein Kinderwunsch).

[31] Der generelle Kinderwunsch stellt die binäre Kodierung der Zahl der gewünschten Kinder dar und erfasst, ob die Befragten (nicht) dauerhaft kinderlos bleiben möchten.

[32] Es handelt sich bei dieser Variablen um ein vierstufig likertskaliertes Item, das andernorts bereits beschrieben ist.

distanzierten Haltung. Die Mehrheit jedoch, also 435 Paare, wünscht sich gleichermaßen in den nächsten zwei Jahren ein Kind. Lediglich 154 Paare differieren in ihrer Haltung zur baldigen Familiengründung.

Auf Basis dieser Angabe für die Frau (y_1) als auch für den Mann (y_2), resultierend aus dem ersten Erhebungszeitpunkt 1988, werden die endogenen latenten Variablen Disposition der Frau (η_1) und Disposition des Mannes (η_2) indiziert. Da für die hier vorliegende Fragestellung lediglich von Interesse ist, ob beide Partner möglichst zwei Jahre nach Eheschließung in die Erstelternschaft eintreten möchten, werden die beiden Indikatoren y_1 und y_2 binär kodiert. Personen, denen die Erfüllung ihres Kinderwunsches innerhalb der nächsten zwei Jahre wichtig oder sehr wichtig erscheint, bekommen den Wert 1, stellvertretend für einen ausgeprägten Wunsch nach baldiger Familiengründung, zugewiesen. Diejenigen, die ihre Kinderwunscherfüllung als nicht wichtig bzw. unwichtig einstufen oder die keine Angabe dazu gemacht haben, erhalten den Wert 0.[33] Zudem wird die Entscheidung des Paares zur Erstelternschaft (η_3) als weitere endogene latente Variable betrachtet. Diese wird über eine Schwangerschaft zum zweiten Befragungszeitpunkt 1990 oder die Geburt eines Kindes zwischen dem ersten und zweiten Befragungszeitpunkt (y_3) inspiziert. Wenn die Frau zwischen der ersten und zweiten Welle in die Schwangerschaft bzw. Mutterschaft eingetreten ist, wird der Wert 1 vergeben und ansonsten 0.

Das hier betrachtete Modell zur Familiengründung enthält wie folgt drei endogene latente Variablen (η_i), die jeweils über einen Indikator (y_i) operationalisiert werden:

η_1: Disposition der Frau

y_1: Kinderwunsch der Frau mit den Ausprägungen (0) nein und (1) ja.

η_2: Disposition des Mannes

y_2: Kinderwunsch des Mannes mit den Ausprägungen (0) nein und (1) ja.

η_3: Entscheidung des Paares zur Erstelternschaft

y_3: Schwanger oder Kind vorhanden mit den Ausprägungen (0) nein und (1) ja.

Zwischen den Kinderwünschen beider Partner und dem generativen Verhalten zeigt sich, wie aus Tabelle 2 ersichtlich, folgender Zusammenhang: Zunächst ist zu beobachten, dass sich von den 730 konvergierenden Paaren in 518 Fällen der (fehlende) Wunsch nach baldiger Familiengründung bzw. die Verhaltensintention im faktischen Verhalten widerspiegelt. Allerdings lässt bei 132 Paaren, die gleichermaßen eine baldige Elternschaft anstreben, ein Aufschub der Realisierung des Kinderwunsches feststellen. Bei 80 Paaren ist hingegen eine zeitliche

---

[33] In der Kategorie ›keine Angabe‹ sind die Personen, die dauerhaft kinderlos bleiben als auch diejenigen, die in den nächsten zwei Jahren keine Familie gründen möchten, subsumiert.

Vorverlegung von Elternschaft auszumachen. Bei den wenigen divergierenden Paaren zeigt sich eine relative Gleichverteilung in Bezug auf das gewünschte und faktische Verhalten. So lässt sich in der hier untersuchten Population auf deskriptiver Ebene keine geschlechtsspezifische Dominanzstruktur lokalisieren, die darauf hindeutet, dass die Frau bzw. der Mann verstärkt den eigenen Kinderwunsch zugunsten des Partners zurückstellt (vgl. Rupp 2005). Auch lässt sich nicht der Befund anderer Forschungen bestätigen, dass innerpartnerschaftliche Unstimmigkeiten die Wahrscheinlichkeit eines Aufschubs von Elternschaft erhöht.

Tabelle 2: Der individuelle Kinderwunsch und das Familiengründungsverhalten der Paare

		1. Welle (1988)				
		beide Partner weisen keinen ausgeprägten Kinderwunsch auf	beide Partner weisen einen ausgeprägten Kinderwunsch auf	nur die Frau weist einen ausgeprägten Kinderwunsch auf	nur der Mann weist einen ausgeprägten Kinderwunsch auf	Σ
2. Welle (1990)	nicht schwanger	215	132	52	32	431
	schwanger bzw. Kind vorhanden	80	303	41	29	453
	Σ	295	435	93	61	884

Jedoch zeigen die Gesamtergebnisse, dass der als optimal empfundene Zeitpunkt von Elternschaft variiert und zudem unterschiedliche - auch nicht intendierte - Entscheidungsverläufe generiert. Denn neben gewünschter baldiger Elternschaft zeigt sich nicht gewünschte Elternschaft mindestens eines Partners, die wiederum mit einem Aufschub, Nicht-Aufschub oder einer Vorverlegung der generativen Entscheidung einhergehen. So ist auch hier nur eine begrenzte Vorhersagekraft des Kinderwunsches bzw. der Verhaltensintention für das generative Verhalten auf deskriptiver Ebene zu beobachten. Es kann angenommen werden, dass die Unterschiede im intendierten sowie faktischen Zeitpunkt einer Erstelternschaft in einer engen Beziehung mit den Lebensbiographien und den darin enthaltenen (außer-)familialen Wert- bzw. Zielvorstellungen sowie (un-)günstigen Rahmenbedingungen beider Partner stehen.

4.1.2 Die exogenen manifesten Variablen

Die in diesem Modell eingebetteten exogenen Individualmerkmale werden durchgängig als manifest betrachtet und beziehen sich ausnahmslos auf den ersten Erhebungszeitpunkt kurz nach Eheschließung und bilden für beide Partner den persönlichen Kontext der Entscheidung. Da das Modell lediglich zwei Erhebungszeitpunkte umfasst, wobei die Entscheidung des Paares zur Erstelternschaft das einzige Merkmal ist, das aus der zweiten Welle resultiert, kann in Bezug auf die hier zu modellierende Entscheidung zur Familiengründung nur vermutet werden, dass die exogenen Variablen den Dispositionen bzw. Kinderwünschen beider Partner zeitlich vorausgehen und somit die Ausprägung dessen auf zeitlich voran gegangene individuelle Gegebenheiten zurück zu führen ist. Daraus resultiert, dass der Prozess, in dem die Neigung durch Elternschaft respektive der Kinderwunsch auf Basis bestimmter Rahmenbedingungen ausgebildet wird, nicht dargestellt werden kann.

4.1.2.1 Auswahl der exogenen manifesten Variablen

Die Betrachtung der erstmaligen Realisierung von Elternschaft spätestens zwei Jahre nach Eheschließung folgt inhaltlich einem integrativen Untersuchungsansatz, indem sowohl Individualmerkmale beider Partner als auch partnerschaftsbezogene Faktoren Berücksichtigung finden. Darüber hinaus setzt sich die Modellstruktur aus Prädiktoren zusammen, die sich den sozioökonomischen, soziologischen und sozialpsychologischen Theoriansätzen zuordnen lassen. Die Forschungsstrategie sowohl ökonomische Faktoren, d.h. Informationen zur individuellen Ressourcenausstattung, als auch soziologische Variablen wie Normen bzw. Erwartungen des sozialen Umfeldes und psychologische Merkmale wie Wertorientierungen simultan zu untersuchen, resultiert aus der Erkenntnis, dass der generative Entscheidungsprozess durch verschiedene Faktoren determiniert wird.

Die verschiedenen Theorieansätze stellen eine Vielzahl von Individualmerkmalen bereit, die - sofern sie im Datensatz erfasst sind - zunächst im Rahmen von Voranalysen unter Rückgriff der binär logistischen Regressionsanalyse auf ihre Erklärungskraft hin geprüft wurden. Dabei zeigt sich, dass in der hier betrachteten Population ein Gros möglicher Erklärungsfaktoren sich nicht bestätigen lassen. So zeigen sich keine signifikanten Effekte betreffend den Kinderwunsch des Einzelnen bzw. die Kinderwünsche beider Partner und/oder die gemeinsam getroffene Entscheidung zur Erstelternschaft ausgehend von dem Erwerbsstatus, der Erwerbstätigkeitsdauer, einer (un-)sicheren beruflichen Stellung, dem individuellen Bildungsniveau sowie der finanziellen Situation beider Partner als auch des Haushaltes und die Wohnsituation. Auch die analogen ökonomischen Rahmenbedingungen bzw. bildungs- und berufsbiographischen Faktoren der Eltern bzw. Herkunftsfamilie, denen mitunter eine hohe Relevanz zugesprochen und entsprechend nachgewiesen wird, erweisen sich als statistisch irrelevant. Ferner besitzen partnerschaftsbezogene Merkmale wie die gemeinsame Kohabitionserfahrung sowie die Kohabitions- und Partnerschaftsdauer vor Eintritt in die Ehe, die Zufriedenheit mit der Partnerschaft als auch mit der häuslichen Arbeitsteilung und die innerpartnerschaftliche Rollenverteilung auch die der Herkunftsfamilie eine geringe prädiktive Aussagekraft. Zudem erweisen sich soziologische bzw. psychologische Faktoren und Sozialisationseinflüsse wie die religiöse Orientierung, die Bewertung der eigenen Kindheit, das persönliche Verhältnis zu den Eltern sowie die Geschwisterkonstellation als bedeutungslos. Auch demographische Merkmale wie das Alter beider Partner sowie das der Mutter und des Vaters bei Geburt des ersten Kindes weisen nicht signifikante Effekte auf.

Die Vielzahl fehlender Effekte in der hier untersuchten Population kann insbesondere darauf zurückgeführt werden, dass einige Individualmerkmale von Frau und Mann aufgrund des (zeitlich vorangegangenen) Eintritts in die Ehe an Erklärungskraft verlieren. So konnte bereits in Untersuchungen nachgewiesen werden, dass einerseits der Bildungsniveaueffekt auf das individuelle generative Verhalten und andererseits der Bildungsniveaueffekt des (Ehe-)Partners auf das generative Verhalten der Frau nach Kontrollsetzung des Familienstandes verschwindet (vgl. Blossfeld/Huinink 1989; Yang 1993). Denn der Entscheidung zur Familiengründung gehen zumeist zentrale individuelle Entscheidungen wie Partnerwahl und Heirat zeitlich voraus. In ihnen scheint wiederum das Bildungsniveau der Frau als auch des Partners eine wichtige Rolle zu spielen (vgl. Blossfeld/Huinink 1989). Auch in Bezug auf viele weitere hier genannte Merkmale, die sich als nicht signifikant erwiesen haben, kann angenommen werden, dass diese für den Partnerwahl- und Heiratsprozess, jedoch nicht für die Entscheidung zur Familiengründung, eine wichtige Rolle spielen.

Entlang der verschiedenen Theorieansätze zeigen sich aber auch statistisch bedeutsame Effekte. Bezogen auf ökonomische Rahmenbedingungen lässt sich eindeutig ein Erklärungsbeitrag ausgehend von der Teilhabe am Ausbildungssystem (Institutioneneffekt) und von Diskontinuitäten bzw. Instabilitäten in der Erwerbsbiographie nachweisen. Auch soziologische Faktoren wie das generative Verhalten des sozialen Umfeldes sowie psychologische Merkmale wie Freizeit- und Berufsorientierungen und der individuell zu erwartenden Nutzen bzw. Wert von Kindern weisen signifikante Effekte auf. Entsprechend werden diese Prädiktoren in das Modell integriert. Da die hier vorgenommene Spezifikation der generativen Entscheidung in Partnerschaften nicht nur direkte Effekte der im Modell eingebundenen exogenen Variablen von Frau und Mann auf die geschlechtsspezifischen Dispositionen umfasst, sondern auch indirekte Effekte auf die Disposition des Partners und die generative Entscheidung des Paares beinhaltet, die im Rahmen der binär logistischen Regressionsanalyse nicht untersucht werden können, stützt sich die Auswahl der exogenen Individualvariablen nicht ausschließlich auf die Ergebnisse der Voranalyse. Demgemäß beinhaltet das Modell zur Familiengründung auch Variablen, die auf Basis der Vorauswertungen keinen direkten Erklärungsbeitrag leisten, denen jedoch in der theoretischen und empirischen Auseinandersetzung ein gewichtiger Stellenwert zugesprochen wird. Dies betrifft das individuelle Bildungsniveau als weiteres Merkmal der individuellen Ressourcenausstattung und die Partnerschaftsdauer vor Eintritt in die Ehe als partnerschaftsbezogene Variable (vgl. z.B. Klein 2003). Diese Vorgehensweise folgt damit der Untersuchungsstrategie, die Ergebnisse aus den Voranalysen an der weitaus komplexeren Modellstruktur zu validieren. Entsprechend erhält man Aufschluss über die (Nicht-)Relevanz der Prädiktoren für die generative Verhaltensintention als auch für das generative Verhalten im Rahmen des partnerschaftlichen Entscheidungsprozesses.

4.1.2.2 Vermutete Einschlussnahme der exogenen manifesten Variablen

Im Folgenden wird geprüft, inwiefern individuelle *Nutzenüberlegungen* zur Elternschaft, die im Rahmen des VOC-Ansatzes Teil einer rationalen Kosten-Nutzen-Abwägung repräsentieren, in der dyadischen Betrachtung relevant für die Dispositionen beider Partner sind. Dabei kann angenommen werden, dass mit steigender Nutzenerwartung die individuelle Disposition steigt. Zum anderen wird die Bedeutsamkeit eines *normativen Drucks von außen*, der durch das generative Verhalten des persönlichen Umfeldes des Paares zum Ausdruck kommt, betrachtet. Dabei ist anzunehmen, dass die (zunehmende) Präsenz von Eltern im eigenen Umfeld eine Leitbildfunktion für das eigene generative Verhalten einnimmt und damit die Disposition verstärkt. Zum anderen kann das generative Verhalten des sozialen Umfeldes die Herausbildung bzw. das Vorhandensein einer normativen Erwartungshaltung implizieren, die sich positiv auf die individuelle Disposition auswirkt. Zudem wird der Effekt der *Partnerschaftsdauer* vor Eintritt in die Ehe untersucht, die zwar als objektives Maß der Partnerschaftsstabilität sowie des Vertrauens in die Partnerschaft verstanden werden kann, jedoch hier stellvertretend für die Zeitspanne steht, bis das Paar sich für eine Eheschließung entscheidet. Es wird vermutet, dass mit zunehmender zeitlicher Verzögerung der Eheschließung der Wunsch nach baldiger Realisierung von Elternschaft umso reduzierter ausfällt. D.h. mit zunehmendem Aufschub der Eheschließung kehrt sich die eigentlich enge Positivverknüpfung zwischen der Entscheidung zur Eheschließung und dem Kinderwunsch bzw. der Entscheidung zur Familiengründung in der Form um, dass die Ersteltenschaft weiter verzögert wird. Darüber hinaus wird der Stellenwert der Teilhabe am Ausbildungssystem (*Institutioneneffekt*), die insbesondere im Kontext der beobachteten Bildungsexpansion diskutiert wird, auf die individuelle Disposition überprüft. Dabei wird angenommen, dass die Beteiligung im Ausbildungssystem einen Aufschub von Elternschaft generiert. Simultan dazu wird der Frage nachgegangen, welche Relevanz dem *Bildungsniveaueffekt* neben dem Institutioneneffekt überhaupt noch zukommt. Denn die Forschungsergebnisse bleiben sowohl im Zusammenhang mit dem Kinderwunsch sowie dem generativen Verhalten uneindeutig. Entlang bisheriger Forschungserkenntnisse wird für die Frau ein negativer Bildungsniveaueffekt und für den Mann ein positiver Effekt auf die Disposition angenommen. Auch wird die Bedeutsamkeit von individuellen *Wertorientierungen*, die sich jenseits der Familie verorten, wie Freizeit und Freunde betrachtet. Dabei kann vermutet werden, dass sich eine steigende Freizeitorientierung konträr zur Familiengründungsbereitschaft platziert. Zudem wird der Einfluss erwerbsorientierter Werthaltungen bzw. *Zielvorstellungen*, die berufliche Karriere- bzw. Aufstiegsambitionen betreffen, untersucht. Dabei wird angenommen, dass berufliche Aufstiegsambitionen einen aufschiebenden Effekt auf die individuelle Disposition ausüben. Dies wird auch für den Mann impliziert, da diese Zielvorstellung mit (temporärer) Unsicherheit verbunden ist. Auch der im Zuge der Bildungsexpansion zu beobachtende Anstieg an *Diskontinuität in der Erwerbsarbeit* soll auf seine Relevanz hin geprüft werden, wobei diesbezügliche Untersuchungen - zumeist im Rahmen der Lebenslaufanalyse - zu uneindeutigen Ergebnissen gelangen. Jedoch wird für die Frau ein positiver Effekt und für den Mann ein negativer Effekt angenommen. Dies begründet sich daraus, dass berufliche Negativerlebnisse für die Frau verminderte Opportunitätskosten implizieren und zudem durch eine Hinwendung zur Familie kompensiert werden. Für den Mann hingegen generieren berufliche Instabilitäten einen Aufschub von Elternschaft.

Darüber hinaus wird angenommen, dass die bildungs- und berufsbiographischen Faktoren von Frau und Mann einen direkten Effekt auf die Disposition des Partners haben. Denn die individuelle Ressourcenausstattung nimmt nicht nur Einfluss auf die eigenen Lebensgestaltungsoptionen, sondern betrifft auch direkt den Handlungskontext des Partners. Entsprechend wird vermutet, dass der Verbleib in den Bildungsinstitutionen auch einen aufschiebenden Effekt auf die Disposition des Partners ausübt. Hingegen impliziert ein erhöhtes Bildungsniveau eine ausgeprägte Ressourcenausstattung, die sich förderlich auf die Disposition des Partners auswirkt. Berufliche Aufstiegsambitionen, die wie der Ver-

bleib in den Bildungsinstitutionen (temporäre) berufliche Unsicherheiten beinhalten, üben einen negativen Effekt auf die Disposition des Partners aus. Auch
Arbeitslosigkeitserfahrungen generieren aufgrund beruflicher Diskontinuität
Instabilitäten in der Ressourcenausstattung sowie berufliche Unsicherheiten, die
hemmend auf die Disposition des Partners wirken.

4.1.2.3 Messung der exogenen manifesten Variablen

Für die Untersuchung der Relevanz des zu erwartenden Nutzens von Kindern
existiert eine Vielzahl von Studien, die verschiedene Mess- und Analysestrate-
gien der Nutzen- und Kostenargumente von Elternschaft anbieten. Vielfach werden auf Basis datenreduzierender Verfahren wie der explorativen Faktorenanalyse die Einzelitems inhaltlich gebündelt bzw. die dahinter liegenden Dimensionen
ermittelt (vgl. Beckman 1979; Miller/Pasta 1993; Nauck 1993; Thomson 1983).
Zudem werden die verschiedenen Nutzen- und Kostenargumente häufig - sowohl
gemeinsam als auch getrennt voneinander - in einer Variablen zusammengefasst
(vgl. Beckman et al. 1983; Den Bandt 1980; Miller 1995; Miller/Pasta 1988,
1994). In Anlehnung an diese Vorgehensweisen wird hier der erwartete Nutzen
von Kindern mittels eines klassierten ungewichteten additiven Indizes mit fünf
Ausprägungen bestehend aus folgenden fünfstufig likertskalierten Items getrennt
für beide Geschlechter erfasst: 1. Kinder machen das Leben intensiver und erfüllter, 2. Kinder geben einem das Gefühl, gebraucht zu werden, 3. Kinder bringen
einem Liebe und Zuneigung entgegen, 4. Kinder sind etwas, wofür es sich lohnt
zu leben und zu arbeiten und 5. Kinder bringen die Partner einander näher. Der
klassierte Index umfasst wie die ursprünglichen Items die Merkmalsausprägungen (1) stimme gar nicht zu bis (5) stimme voll und ganz zu und fokussiert insbesondere den psychisch-emotionalen Wert von Kindern für die Frau (x_1) und
den Mann (x_2) im Rahmen des Value-of-Children-Ansatzes.[34]

---

[34] Bereits Nauck (1993) ermittelt in seiner Untersuchung auf Basis einer obliquen explorativen
Faktorenanalyse vier Dimensionen zu den Einstellungen zu Kindern wie sie auch als zentrale
Dimensionen in Studien zum Value-of-Children repliziert wurden. Er bildet ebenfalls aus den
Items der Einzeldimensionen folgende standardisierte, additive Indizes: 1. Psychisch-emotionale Werte, 2. Ökonomisch-utilitaristische Werte, 3. Materielle, psychische und soziale Kosten und 4. Opportunitätskosten von Kindern. Obwohl lediglich sechs der neun im Fragebogen
des Bamberger-Ehepaar-Panels enthaltenen Items mit denen seiner Arbeit übereinstimmen und
in seine Untersuchung noch weitere Items eingehen, zeigen sich einige Überschneidungen hinsichtlich der faktoriellen Zuordnung. Die ersten beiden Items der hier konstruierten Indizes
›Kinder machen das Leben intensiver und erfüllter‹ und ›Kinder geben einem das Gefühl, gebraucht zu werden‹ werden demselben Faktor Psychisch-emotionale Werte zugeordnet. Dagegen finden das dritte und vierte Item ›Kinder bringen einem Liebe und Zuneigung entgegen‹
sowie ›Kinder sind etwas, wofür es sich lohnt zu leben und zu arbeiten‹ keine Berücksichti-

Die in den Index eingehenden fünf Variablen entstammen einer aus insgesamt neun Items bestehenden Itembatterie, die den erwarteten Nutzen bzw. die erwarteten Kosten von Kindern erfassen soll.[35] Die neun Items wurden mit Hilfe einer obliquen (Oblimin) als auch orthogonalen (Varimax) Hauptkomponentenanalyse auf ihre faktorielle Struktur geprüft. Es resultiert eine zweifaktorielle Lösung, wobei die fünf Items, die in die Indexkonstruktion eingehen, eindeutig auf einem Faktor laden.[36] Die vier unberücksichtigten Items spiegeln hingegen vielmehr die mit Kindern verbundenen materiellen, psychischen und sozialen Kosten wider. Im Gegensatz zu anderen Untersuchungen zeigen sich hier keine geschlechtsspezifischen Unterschiede, da die für Frauen und Männer getrennt durchgeführte Hauptkomponentenanalyse mit obliquer und orthogonaler Rotation zu einer einheitlichen zweifaktoriellen Zuordnung der ursprünglich neun Items bzw. einer einfaktoriellen Lösung der fünf in den Index eingehenden Items gelangt (vgl. Nauck 1993). Die Höhe der Faktorladungen unterscheidet sich bei der Hauptkomponentenanalyse mit obliquer und orthogonaler Rotation bei Männern und Frauen nur unwesentlich. Die Vorzeichen der Ladungsparameter sind identisch, und es erfolgt in allen Fällen dieselbe Komponentenzuordnung.[37]

Die Bedeutsamkeit des normativen Drucks von außen für die Dispositionen bzw. Kinderwünsche beider Partner wird im Folgenden über das generative Verhalten des persönlichen Umfeldes des Paares indiziert. Auf Basis der Frage ›Gibt es unter Ihren Freunden und Bekannten oder Verwandten welche, die bereits kleine Kinder haben?‹ mit den Antwortkategorien (1) es hat noch niemand Kinder, (2) einige haben bereits Kinder und (3) viele haben schon Kinder, erfolgt die Konstruktion eines partnerschaftsbezogenen Merkmals. Zudem gehen die Individualangaben beider Partner nicht getrennt in die Modellierung ein, sondern werden in einer Variablen zusammengeführt. Diese Vorgehensweise begründet sich im Wesentlichen dadurch, dass ein überwiegender Anteil der untersuchten Paare in Bezug auf den Umfang junger Eltern in ihrem persönlichen Umfeld übereinstimmen und damit eine weitestgehend homogene und damit redundante innerpartnerschaftliche Antwortstruktur vorliegt. Da davon ausgegangen wird,

---

gung in seiner Untersuchung. Das letzte Item ›Kinder bringen die Partner einander näher‹ lädt dagegen auf der zweiten Dimension Ökonomisch-utilitaristische Werte.

[35]   Im Fragebogen enthalten sind neben den fünf beschriebenen Variablen folgende vier Items: 1. Kinder lassen zu wenig Zeit für eigene Interessen, 2. Es sprechen mehr Gründe gegen Kinder als dafür, 3. Kinder bringen viele Sorgen und Probleme mit sich und 4. Kinder belasten die Partnerschaft, da man wenig Zeit füreinander hat.

[36]   Es resultiert für die fünf in den Index eingehenden Items ein Cronbach's Alpha-Wert von .747 bezogen auf die Frau und .734 bezogen auf den Mann.

[37]   Eine Ausnahme stellt das Item ›Es sprechen mehr Gründe gegen Kinder als dafür‹ dar. Dieses Item kann bei der geschlechtsspezifischen Betrachtung sowohl bei Frauen als auch Männern keinem Faktor eindeutig zugeordnet werden.

dass insbesondere ein kinderreiches persönliches Umfeld des Paares eine positive Auswirkung auf die Kinderwünsche beider Partner hat, greift die Merkmalskonstruktion ausdrücklich das ausgeprägte Familiengründungsverhalten des Umfeldes auf. Dazu wird bei dem partnerschaftsbezogenen Merkmal der Wert (1) - stellvertretend für viele Kleinkinder vorhanden - vergeben, wenn mindestens ein Partner angibt, viele junge Eltern im direkten Umfeld zu haben. Andernfalls wird der Wert (0), synonym für wenige Kleinkinder vorhanden, vergeben. Die Merkmalsverteilung verdeutlicht, dass ein nicht unerheblicher Anteil des sozialen Umfeldes den Familiengründungsprozess bereits vollzogen hat. In 115 Fällen geben beide Partner an, viele Kleinkinder im direkten Umfeld zu haben. Bei 139 Paaren differieren die Angaben graduell, da ein Partner angibt, nur einige junge Eltern zu kennen. In zwei Fällen ist bei einem Partner das persönliche Umfeld durch Kinderlosigkeit gekennzeichnet.

Der Einfluss der Partnerschaftsdauer vor Eintritt in die Ehe auf die individuelle Disposition wird im Folgenden auf Basis der Angaben beider Partner zur Frage ‹Wie lange hatten Sie mit Ihrem Ehepartner vor der Heirat eine feste Partnerschaft?› mit den Antwortkategorien (1) 0 bis 3 Monate, (2) 4 bis 6 Monate, (3) 7 bis 12 Monate, (4) 1 bis unter 2 Jahre, (5) 2 bis unter 3 Jahre, (6) 3 bis unter 5 Jahre, (7) 5 bis unter 8 Jahre sowie (8) 8 Jahre und länger überprüft. Auch hier werden die Angaben beider Partner in einer Variablen subsumiert, um auch divergierende Informationen bei der Konstruktion des partnerschaftsbezogenen Merkmals nicht unberücksichtigt zu lassen. In lediglich 12 Fällen liegen eindeutig differente Angaben vor, so dass für die Variablenkonstruktion die gerundete durchschnittliche Angabe beider Personen verwendet wird.[38] Zusätzlich werden die ersten drei Kategorien zusammengefasst, da nur eine sehr geringe Zahl von Paaren (9%) nach höchstens 12 Monate heiratet. Die meisten Paare (62%) entscheiden sich frühestens nach drei Jahren für eine Eheschließung. Das Merkmal erfasst damit klassiert die Partnerschaftsdauer vor Eintritt in die Ehe gemessen in Jahren.

Die Relevanz des Verweilens im Aus- und Weiterbildungssystem, d.h. ob ein Partner sich in Ausbildung befindet, wird mit Hilfe der Angabe, welcher berufliche Ausbildungsabschluss zum ersten Befragungszeitpunkt 1988 anstrebt wird, geprüft. Dabei wird zwischen abgeschlossener Lehre, Berufsfachschulabschluss, Meister-/Techniker- oder gleichwertiger Abschluss, Fachschulabschluss, Ingenieur-/Fachhochschul- oder Hochschulabschluss sowie sonstiges differenziert. Falls einer dieser Ausbildungsabschlüsse angestrebt wird, wird der Wert (1) für in Ausbildung und (0) für nicht in Ausbildung befindend vergeben. Diese

---

[38] Darüber hinaus unterscheiden sich in 131 Fällen die Angaben beider Partner nur unwesentlich, da diese sich in benachbarten Kategorien anordnen. Auch hierbei geht der gerundete Durchschnittswert der Angaben beider Partner in das partnerschaftsbezogene Merkmal ein.

Dummy-Kodierung orientiert sich an gängigen Forschungsarbeiten zum Institutioneneffekt (vgl. Blossfeld/Huinink 1989, 1991; Blossfeld/Jaenichen 1990; Brüderl/Klein 1991; Klein 1992, 2003).[39] In der hier untersuchten Population befinden sich lediglich 127 (14%) Frauen 179 (20%) Männer zum ersten Befragungszeitpunkt in Ausbildung.

Simultan zum Institutioneneffekt soll im Folgenden auch untersucht werden, welchen Stellenwert das Bildungsniveau von Frau und Mann für die Familiengründungsbereitschaft zukommt. Die Operationalisierung des Bildungsniveaus orientiert sich dabei ebenfalls an den gängigen Forschungen in diesem Bereich (vgl. Blossfeld/Huinink 1989, 1991; Blossfeld/Jaenichen 1990; Brüderl/Klein 1991). In Studien, die den Institutioneneffekt zeitgleich zum Bildungsniveaueffekt untersuchen, wird vielfach wie folgt die Zahl der Ausbildungsjahre zur Erlangung des aktuellen Bildungsabschlusses verwendet. Personen, die höchstens einen Hauptschulabschluss ohne Berufsausbildung/Lehre erreicht haben, benötigen neun Ausbildungsjahre zur Erlangung eines solchen Abschlusses. Diejenigen, die aktuell über Mittlere Reife ohne Berufsausbildung verfügen, befinden sich zehn Jahre im Bildungssystem. Ein Hauptschulabschluss mit Berufsausbildung erfordert 11 Ausbildungsjahre. Die Erlangung der Mittleren Reife mit Berufsausbildung bedarf 12 Ausbildungsjahre. Solche, die über Abitur oder Fachhochschulreife ohne Berufsausbildung verfügen, benötigen 13 Ausbildungsjahre. Eine an Abitur oder Fachhochschulreife anschließende Berufsausbildung erfordert dagegen 14 Ausbildungsjahre. Personen, die über einen Fachhochschulabschluss verfügen, befinden sich 17 Jahre im Bildungssystem. Diejenigen, die einen Universitätsabschluss aufweisen, benötigen 19 Ausbildungsjahre. In der betrachteten Population zeigt sich, dass ein Großteil der befragten Frauen (57%) und Männer (51%) den Hauptschulabschluss oder die Mittlere Reife mit Berufsausbildung realisiert hat. Ein weiterer nicht unerheblicher Anteil der Männer (28%) verfügt über einen Universitätsabschluss. Bei den Frauen beläuft sich dieser Anteil auf lediglich 17%. Weitere 13% der Frauen besitzen ferner Abitur oder Fachhochschulreife mit anschließender Berufsausbildung (13%). Nur wenige Befragte durchlaufen hingegen kurze Ausbildungsphasen (9 bis 10 Jahre), so dass die untersten Bildungsgruppen gänzlich unterrepräsentiert sind.

Auch bestätigen Untersuchungen immer wieder, dass Selbstentfaltungstendenzen, insbesondere die Betonung bestimmter Lebensbereiche wie Beruf, Freizeit, Freunde, Wohlstand und Konsum, einen kinderwunschreduzierenden Effekt aufweisen und konträr zu einem Leben mit Kind(ern) stehen (vgl. Oppitz 1990; Rost/Schneider 1996). Der Familiengründungsprozess soll im Folgenden insbesondere im Zusammenhang mit dem Aspekt Freizeit und Erholung sowie Freun-

---

[39]   In manchen Arbeiten wird die Kategorie ›Ausbildung abgeschlossen‹ mit 1 und ›Ausbildung nicht abgeschlossen‹ mit 0 kodiert.

de und Bekannte untersucht werden. Im Bamberger-Ehepaar-Panel findet sich die Frage ›Wie wichtig ist für Sie der Lebensbereich Freizeit und Erholung?‹ sowie ›Wie wichtig ist für Sie der Lebensbereich Freunde und Bekannte?‹ mit den Ausprägungen (1) unwichtig, (2) weniger wichtig, (3) wichtig und (4) besonders wichtig. Auch hier zeigt sich eine sehr enge inhaltliche Verknüpfung beider Lebensbereiche, da die meisten Befragten beide Aspekte gleichermaßen stark betonen bzw. nur wenige lediglich einen Bereich hervorheben. Die beiden Items werden zunächst dichotomisiert, indem die ersten beiden in der Kategorie (0) unwichtig und die letzten beiden Ausprägungen in der Kategorie (1) wichtig zusammengefasst werden. In einem weiteren Schritt werden die modifizierten Variablen gebündelt, indem die Befragten, die beiden Bereichen gleichermaßen einen hohen Stellenwert zuweisen, den Wert (1) für wichtig und ansonsten den Wert (0) für unwichtig erhalten. Die Merkmalsverteilungen verdeutlichen, dass die Mehrzahl der befragten Frauen (90%) und Männer (85%) dem Lebensbereich Freizeit und Freunde eine hohe Relevanz beimessen.

Zudem wird angenommen, dass eine ausgeprägte Erwerbsorientierung, die in beruflichen Aufstiegsambitionen zum Ausdruck kommt, sich hemmend auf den Kinderwunsch auswirkt. Im Folgenden findet ein Item, das Aufschluss über den Stellenwert einer höheren beruflichen Position als persönliches in den nächsten zwei Jahren zu realisierendes Ziel gibt, Verwendung. Dabei werden die Antwortkategorien (1) höhere berufliche Position bereits realisiert, (4) wird später angestrebt, (5) wird nicht angestrebt sowie (6) wird vielleicht angestrebt bzw. weiß nicht und in der Kategorie (0), stellvertretend für nein, zusammengefasst.[40] Die ursprüngliche Angabe der Befragten, dass (3) eine höhere berufliche Position in den nächsten 2 Jahren unbedingt sowie (2) möglichst realisiert werden soll, wird in der Kategorie (1), stellvertretend für ja, subsumiert. Dabei zeigt sich, dass lediglich 17% der befragten Frauen, jedoch 40% der befragten Männer berufliche Aufstiegsambitionen aufweisen.

Darüber hinaus wird geprüft, ob berufliche Negativerlebnisse in Form temporärer vergangener sowie gegenwärtiger Arbeitslosigkeitserfahrung(en) einen Effekt auf die individuelle Familiengründungsbereitschaft haben. Im Folgenden wird auf Basis der Angabe ›Waren Sie schon einmal arbeitslos?‹ mit den Antwortkategorien (0) nein und (1) ja sowie ›Wenn Sie zur Zeit nicht berufstätig sind, welche Tätigkeit üben Sie dann aus?‹, wobei arbeitslos eine mögliche Antwortkategorie ist neben Hausfrau/-mann, noch in Ausbildung, Wehr- oder Ersatzdienst, Weiterbildung bzw. -umschulung, Mutterschutz sowie sonstiges dar-

---

[40] Da lediglich 73 (8%) Frauen sowie 97 (11%) Männer bereits eine höhere berufliche Position realisiert haben, wobei in beiden Gruppen gleichermaßen baldigst ein Kind bzw. kein Kind gewünscht wird, kann im Rahmen dieser Variablenkonstruktion ein Bias ausgeschlossen werden.

stellt, ermittelt, ob die Befragten in der Vergangenheit arbeitslos bzw. gegenwärtig nicht erwerbstätig sind. Personen, die noch nie berufstätig waren sowie solche, die derzeit nicht berufstätig sind, allerdings nicht den Arbeitslosenstatus einnehmen, erhalten den Wert (0) für nein. Andernfalls wird der Wert (1) vergeben. In dieser Kategorie sind also diejenigen subsumiert, die entweder in der Vergangenheit oder gegenwärtig temporär (unfreiwillig) nichterwerbstätig bzw. arbeitslos waren/sind. In der hier vorliegenden Ausgangspopulation nehmen lediglich 22 (3%) Frauen und 17 (2%) Männer zum ersten Befragungszeitpunkt 1988 den Arbeitslosenstatus ein, wobei lediglich 8 Frauen bzw. 6 Männer mindestens seit sechs Monaten arbeitslos sind. Noch nie berufstätig gewesen zu sein, stellt in der hier vorliegenden Population ebenfalls ein marginales Phänomen dar. Lediglich 13 Frauen und 20 Männer waren noch nie hauptberuflich einschließlich Lehre erwerbstätig. Da die meisten befragten Frauen (29%) und Männer (32%) vornehmlich in der Vergangenheit nicht erwerbstätig waren, erfasst das Merkmal im Wesentlichen temporäre vergangene Arbeitslosigkeitserfahrungen.

Das hier betrachtete Modell zur Familiengründung umfasst insgesamt folgende 14 exogene manifeste Variablen, die den persönlichen Kontext von Frau und Mann zum ersten Befragungszeitpunkt 1988 abbilden:

x_1:   Psychisch-emotionaler Wert von Kindern für die Frau mit den Ausprägungen (1) stimme gar nicht zu bis (5) stimme voll und ganz zu.

x_2:   Psychisch-emotionaler Wert von Kindern für den Mann mit den Ausprägungen (1) stimme gar nicht zu bis (5) stimme voll und ganz zu.

x_3:   Generative Verhalten des persönlichen Umfeldes des Paares mit den Ausprägungen (0) wenige Kleinkinder vorhanden und (1) viele Kleinkinder vorhanden.

x_4:   Partnerschaftsdauer von Eintritt in die Ehe gemessen in Jahren.

x_5:   In Ausbildung bezogen auf die Frau mit den Ausprägungen (0) nein und (1) ja.

x_6:   In Ausbildung bezogen auf den Mann mit den Ausprägungen (0) nein und (1) ja.

x_7:   Bildungsniveau der Frau gemessen in Ausbildungsjahren.

x_8:   Bildungsniveau des Mannes gemessen in Ausbildungsjahren.

x_9:   Stellenwert des Bereichs Freizeit und Freunde für die Frau mit den Ausprägungen (0) unwichtig und (1) wichtig.

x_{10}:   Stellenwert des Bereichs Freizeit und Freunde für den Mann mit den Ausprägungen (0) unwichtig und (1) wichtig.

x_{11}:   Kurzfristige berufliche Aufstiegsambitionen der Frau mit den Ausprägungen (0) nein und (1) ja.

x_{12}: Kurzfristige berufliche Aufstiegsambitionen des Mannes mit den Ausprägungen (0) nein und (1) ja.

x_{13}: Arbeitslosigkeitserfahrung der Frau mit den Ausprägungen (0) nein und (1) ja.

x_{14}: Arbeitslosigkeitserfahrung des Mannes mit den Ausprägungen (0) nein und (1) ja.

Die vermutete direkte Einflussstruktur ausgehend von den exogenen Variablen auf die individuelle Disposition von Frau und Mann ist der folgenden Abbildung 3 zu entnehmen. So wird eine nahezu synonyme Einflussstruktur in Hinblick auf das erwartete Vorzeichen ausgehend von den exogenen Variablen auf die Disposition von Frau und Mann vermutet. Es wird angenommen, dass der psychisch-emotionale Wert von Kindern für die Frau (x_1) und den Mann (x_2) einen positiven Einfluss auf die Dispositionen beider Partner aufweist, da mit steigender Nutzenerwartung eine stärkere Familiengründungsbereitschaft zu erwarten ist. Des Weiteren wird für beide Partner ein positiver Effekt des generativen Verhaltens des persönlichen Umfeldes des Paares (x_3), stellvertretend für eine subjektive Normbildung bzw. normative Erwartungshaltung, vermutet. Die Partnerschaftsdauer vor Eintritt in die Ehe (x_4) als weiteres partnerschaftsbezogenes Merkmal weist dagegen einen negativen Effekt auf die Bereitschaft zur Erstelternschaft auf, da die Entscheidung zur Eheschließung weniger an die Entscheidung zur Familiengründung gekoppelt ist. Auch wird ein negativer Institutionen- bzw. Bildungsbeteiligungseffekt aufgrund des Verweilens im (Aus-)Bildungssystem (x_5 und x_6), das mit Vereinbarkeits-, Ressourcen- und Perspektivenproblemen einhergeht, angenommen. Jedoch wird für die Frau ein negativer Bildungsniveaueffekt (x_7) und für den Mann ein positiver Einfluss (x_8) vermutet. Die geschlechtsspezifisch divergierende Effektstruktur wird auf erhöhte Opportunitätskosten bei höher gebildeten Frauen und auf ein erhöhtes Einkommen bei höher gebildeten Männern zurückgeführt. Zudem wirkt ein ausgeprägter Stellenwert des Lebensbereichs Freizeit und Freunde für beide Partner (x_9 und x_{10}) aufgrund persönlicher Interessenskonflikte kinderwunschreduzierend. Ebenfalls hemmend wirken kurzfristige berufliche Aufstiegsambitionen beider Partner (x_{11} und x_{12}) auf den Kinderwunsch, wobei geschlechtsspezifisch unterschiedliche Mechanismen zum Tragen kommen. Der Negativeffekt wird bei der Frau auf erhöhte Opportunitätskosten zurückgeführt, und der Negativeinfluss beim Mann resultiert aus einer (temporär) unsicheren beruflichen Position. Auch temporäre Arbeitslosigkeit wirkt sich unterschiedlich auf den Kinderwunsch aus. Bezogen auf die Frau (x_{13}) wird kompensatorisch bzw. aufgrund verminderter Opportunitätskosten ein kinderwunschfördernder Effekt angenommen. Beim Mann (x_{14})

erweisen sich hingegen Diskontinuitäten in der Erwerbsbiographie als kinderwunschreduzierend.

Abbildung 3: Die theoretisch angenommene Einflussstruktur der exogenen
Variablen auf die Disposition von Frau und Mann

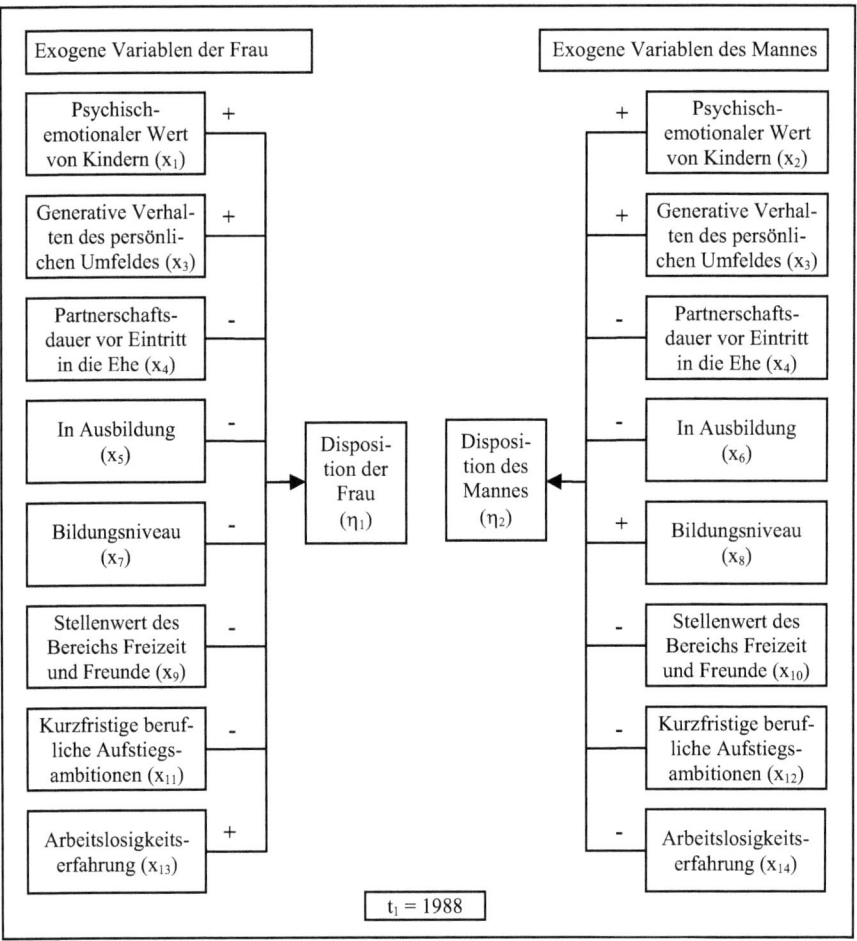

Diese theoretisch angenommene Effektstruktur spiegelt lediglich die Ebene der
direkten Effekte der geschlechtsspezifischen exogenen Variablen auf die Dispositionen beider Partner (η_1 und η_2) wider. Außerdem wird angenommen, dass die

bildungs- und berufsbiographischen Faktoren beider Partner, also der Verbleib in den Bildungsinstitutionen (x_5 und x_6), das Bildungsniveau (x_7 und x_8), kurzfristige berufliche Aufstiegsambitionen (x_{11} und x_{12}) sowie Arbeitslosigkeitserfahrungen (x_{13} und x_{14}), einen direkten Einfluss auf die Disposition des jeweils anderen Partners ausübt. Wie aus der nachstehenden Abbildung 4 ersichtlich, die die theoretisch angenommene Effektstruktur der exogenen Variablen auf die Disposition des Partners enthält, wird für beide Partner eine synonyme Einflussnahme erwartet. Der gewünschte Zeitpunkt einer Erstelternschaft wird durch den Verbleib in den Bildungsinstitutionen des Partners negativ beeinflusst. Zudem wirkt sich das Bildungsniveau des Partners aufgrund einer erhöhten Ressourcenausstattung positiv auf die Disposition aus. Analog zum Institutioneneffekt wird angenommen, dass berufliche Aufstiegsambitionen die Disposition des Partners negativ beeinflussen. Arbeitslosigkeitserfahrungen wirken sich ebenfalls hemmend aufgrund beruflicher Diskontinuitäten bzw. Ressourcenproblematiken auf den Kinderwunsch des Partners aus.

Abbildung 4:   Die theoretisch angenommene Einflussstruktur der exogenen Variablen auf die Disposition des Partners

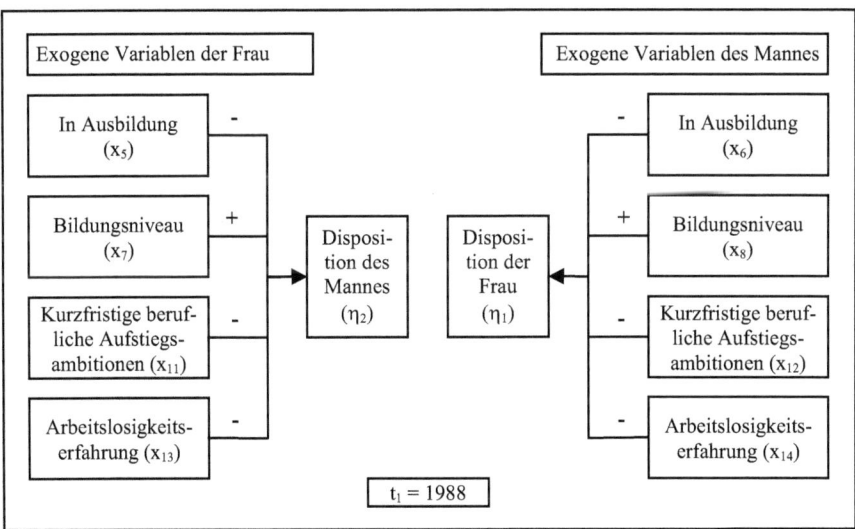

Das Entscheidungsmodell wird vervollständigt, indem der wechselseitige Einfluss der Disposition der Frau (η_1) und der Disposition des Mannes (η_2) sowie die simultane Beeinflussung der generativen Entscheidung (η_3) durch η_1 und η_2 integriert werden. Im Rahmen dieser Modellierung auf Ebene der direkten Effekte der endogenen Variablen beider Partner geht es zentral auch um die Beantwortung der Frage, inwieweit die die Disposition von Frau und Mann beeinflussenden Merkmale ferner die Disposition des Partners und die tatsächliche Entscheidung zur Familiengründung mitbestimmen.

4.2 Spezifikation des inhaltlichen Modells

Das zu prüfende Entscheidungsmodell mit den zu schätzenden Parametern stellt sich nun graphisch wie folgt dar:

Abbildung 5: Entscheidung zur Erstelternschaft

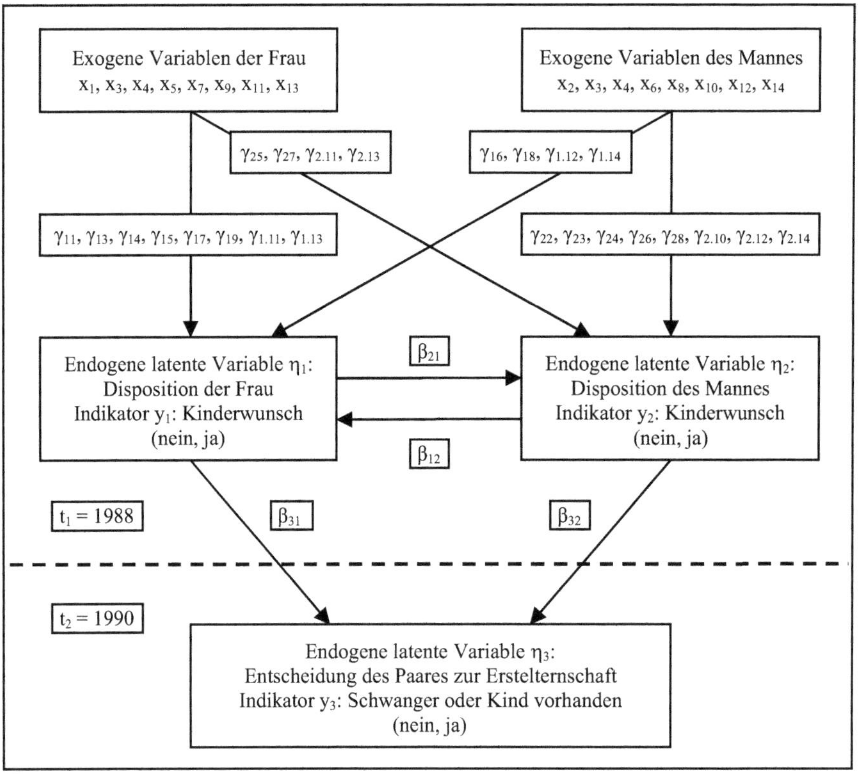

Exogene Variablen der Frau $x_1, x_3, x_4, x_5, x_7, x_9, x_{11}, x_{13}$	Exogene Variablen des Mannes $x_2, x_3, x_4, x_6, x_8, x_{10}, x_{12}, x_{14}$

$\gamma_{25}, \gamma_{27}, \gamma_{2.11}, \gamma_{2.13}$ $\quad$ $\gamma_{16}, \gamma_{18}, \gamma_{1.12}, \gamma_{1.14}$

$\gamma_{11}, \gamma_{13}, \gamma_{14}, \gamma_{15}, \gamma_{17}, \gamma_{19}, \gamma_{1.11}, \gamma_{1.13}$ $\quad$ $\gamma_{22}, \gamma_{23}, \gamma_{24}, \gamma_{26}, \gamma_{28}, \gamma_{2.10}, \gamma_{2.12}, \gamma_{2.14}$

Endogene latente Variable η_1: Disposition der Frau Indikator y_1: Kinderwunsch (nein, ja)	β_{21} β_{12}	Endogene latente Variable η_2: Disposition des Mannes Indikator y_2: Kinderwunsch (nein, ja)

$t_1 = 1988$ $\quad$ β_{31} $\quad$ β_{32}

$t_2 = 1990$

Endogene latente Variable η_3:
Entscheidung des Paares zur Erstelternschaft
Indikator y_3: Schwanger oder Kind vorhanden
(nein, ja)

In der Abbildung 5 finden sich die exogenen und endogenen Variablen der Frau und des Mannes angeordnet sowie die Entscheidung des Paares zur Erstelternschaft. Die ebenfalls durch Pfeile dargestellte Zusammenhangsstruktur repräsentiert das vollständige zu prüfende theoretische Modell. Die exogenen Variablen der Frau beeinflussen zum einen direkt die endogene latente Variable η_1 (Disposition der Frau) und die des Mannes die endogene latente Variable η_2 (Disposition des Mannes). Zum anderen wird angenommen, dass die bildungs- und berufsbiographischen Merkmale der Frau (x_5, x_7, x_{11}, x_{13}) und des Mannes (x_6, x_8, x_{12}, x_{14}) einen direkten Einfluss auf die Disposition des Partners ausüben. Diese Effekte werden durch die Parameter γ_{11} bis $\gamma_{2.14}$ repräsentiert.

Ferner ist der mögliche Zusammenhang zwischen den endogenen latenten Variablen η_1, η_2 und η_3 abgebildet. Die Koeffizienten β_{21} und β_{12} repräsentieren den wechselseitigen Einfluss zwischen der Disposition der Frau und der Disposition des Mannes. Die Parameter β_{31} und β_{32} stehen für den Einfluss der Disposition der Frau bzw. des Mannes auf die Entscheidung des Paares (η_3). Die exogenen Variablen weisen damit einen indirekten Einfluss auf die Entscheidung des Paares und ebenfalls auf die eigene Disposition sowie auf die Disposition des jeweils anderen Partners auf, vermittelt über die Dispositionen beider Partner.

4.3 Das simultane Strukturgleichungssystem

Die komplexen Zusammenhangsstrukturen mit latenten und nicht-metrischen Variablen werden in das folgende allgemeine Mittelwert- und Kovarianzstrukturmodell eingebettet:

$$\eta = \mu + B\eta + \Gamma x + \varepsilon \tag{1}$$

Dabei ist η ein (m x 1)-Vektor von endogenen latenten Variablen. μ ist ein (m x 1)-Vektor von Regressionskonstanten. B ist eine (m x m)-Matrix, die die Zusammenhänge zwischen den endogenen latenten Variablen erfasst. Γ ist eine (m x n)-Matrix von Regressionskoeffizienten der exogenen Variablen x auf η. ε ist ein (m x 1)-Vektor der Residuen mit $N(0, \Omega)$.

In dem hier betrachteten Strukturmodell mit drei endogenen latenten Variablen umfasst entsprechend der Vektor η wie folgt drei Elemente:

$$\eta = \begin{pmatrix} \eta_1 \\ \eta_2 \\ \eta_3 \end{pmatrix} \tag{2}$$

und der nachstehende Vektor μ ebenfalls drei Elemente:

$$\mu = \begin{pmatrix} \mu_1 \\ \mu_2 \\ \mu_3 \end{pmatrix} \tag{3}$$

Die Matrix B beinhaltet folgende vier Strukturparameter, wobei vorausgesetzt wird, dass $(I - B)$ nicht singulär und $\text{diag}(B) = \text{diag}(0)$ ist:

$$B = \begin{pmatrix} 0 & \beta_{12} & 0 \\ \beta_{21} & 0 & 0 \\ \beta_{31} & \beta_{32} & 0 \end{pmatrix} \tag{4}$$

Des Weiteren gilt, dass die Parameter $\beta_{31} \geq 0$ und $\beta_{32} \geq 0$ sind, da ansonsten der inhaltlich unplausible Fall eintreten könnte, dass Paare mit einer niedrigen Disposition eine höhere Wahrscheinlichkeit zur Erstelternschaft aufweisen als diejenigen mit einer hohen Disposition. Die Parameter β_{31} und β_{32} repräsentieren den eigenständigen geschlechtsspezifischen Einfluss der Disposition auf die Entscheidung des Paares. Der relative Effekt der Frau ergibt sich dabei aus $\beta_{31}/(\beta_{31} + \beta_{32})$ und der des Mannes aus $\beta_{32}/(\beta_{31} + \beta_{32})$.[41]

Die Matrix Γ, die die Zusammenhangsstruktur zwischen den exogenen manifesten und endogenen latenten Variablen innerhalb des Modells abbildet, umfasst folgende 24 Strukturparameter und ist parametrisiert in der Form:

$$\Gamma = \begin{pmatrix} \gamma_{11} & 0 & \gamma_{13} & \gamma_{14} & \gamma_{15} & \gamma_{16} & \gamma_{17} & \gamma_{18} & \gamma_{19} & 0 & \gamma_{1.11} & \gamma_{1.12} & \gamma_{1.13} & \gamma_{1.14} \\ 0 & \gamma_{22} & \gamma_{23} & \gamma_{24} & \gamma_{25} & \gamma_{26} & \gamma_{27} & \gamma_{28} & 0 & \gamma_{2.10} & \gamma_{2.11} & \gamma_{2.12} & \gamma_{2.13} & \gamma_{2.14} \\ 0 & 0 & 0 & 0 & 0 & 0 & 0 & 0 & 0 & 0 & 0 & 0 & 0 & 0 \end{pmatrix} \tag{5}$$

Es wird angenommen, dass der psychisch-emotionale Wert von Kindern (siehe γ_{11} und γ_{22}) sowie der Stellenwert des Bereichs Freizeit und Freunde (siehe γ_{19} und $\gamma_{2.10}$) neben einem direkten Effekt auf die Disposition von Frau und Mann

---

[41] Allerdings können die Strukturparameter β_{31} und β_{32}, die in die Bestimmung der relativen Einflüsse der Partner auf die Entscheidung eingehen, nur unter der Voraussetzung geschätzt werden, wenn λ_i identifiziert ist (siehe dazu ausführlich in Kapitel 4.3.1 ›Identifikationsproblematik‹). Dies setzt voraus, dass die Indikatoren der endogenen latenten Variablen metrisch und/oder zensiert me-trisch sind. In dem hier betrachteten Modell weisen die Indikatoren nicht das dafür notwendige Messniveau auf.

einen indirekten Effekt auf die Disposition des Partners haben. Das generative Verhalten des persönlichen Umfeldes (siehe γ_{13} und γ_{23}) sowie die Partnerschaftsdauer vor Eintritt in die Ehe (siehe γ_{14} und γ_{24}) stellen partnerschaftsbezogene Merkmale dar, die in diesem Modell die Dispositionen beider Partner (η_1 und η_2) ebenfalls direkt (siehe γ_{13} und γ_{23} sowie γ_{14} und γ_{24}) und indirekt über β_{12} und β_{21} beeinflussen können. Es wird auch davon ausgegangen, dass die bildungs- und berufsbiographischen Faktoren Verbleib in den Bildungsinstitutionen, Bildungsniveau, kurzfristige berufliche Aufstiegsambitionen sowie vergangene unfreiwillige Nichterwerbstätigkeit von Frau und Mann neben einem direkten Einfluss auf ihre/seine Disposition einen direkten Einfluss auf die Disposition des Partners ausüben.

Die Kovarianzmatrix der Residuen wird mit $V(\varepsilon) = \Omega$ bezeichnet und enthält folgende sechs Strukturparameter:

$$\Omega = \begin{pmatrix} \omega_{11} & \omega_{12} & \omega_{13} \\ \omega_{21} & \omega_{22} & \omega_{23} \\ \omega_{31} & \omega_{32} & \omega_{33} \end{pmatrix} \tag{6}$$

Die zur Schätzung des Modells erforderliche Formulierung der reduzierten Form wird wie folgt hergeleitet:

$$\eta = (I - B)^{-1}\mu + (I - B)^{-1}\Gamma x + (I - B)^{-1}\varepsilon \tag{7}$$

Durch die Substitutionen

$$\delta = (I - B)^{-1}\mu \quad , \tag{8}$$

$$\Pi = (I - B)^{-1}\Gamma \tag{9}$$

und

$$\varepsilon^* = (I - B)^{-1}\varepsilon \tag{10}$$

erhält man die reduzierte Form des Gesamtsystems, die sich wie folgt darstellt:

$$\eta = \delta + \Pi x + \varepsilon^* \tag{11}$$

δ stellt den Vektor der Erwartungswerte dar. Π ist die Matrix der Regressionskoeffizienten. ε^* enthält die Fehlerterme der reduzierten Form, wobei die Kovarianzmatrix Σ folgende multiplikative Struktur aufweist:

$$\Sigma = (I - B)^{-1}\Omega(I - B)^{-1T} \tag{12}$$

Innerhalb der reduzierten Form des hier betrachteten Modells entfallen drei Regressionskonstanten auf die nachstehende Matrix δ:

$$\delta = \begin{pmatrix} \delta_1 \\ \delta_2 \\ \delta_3 \end{pmatrix} \tag{13}$$

und 42 Regressionskoeffizienten betreffend den Einfluss der exogenen Variablen beider Partner auf die Dispositionen respektive die Kinderwünsche und gemeinsame Entscheidung auf die folgende Matrix Π:

$$\Pi = \begin{pmatrix} \pi_{11} & \pi_{12} & \pi_{13} & \pi_{14} & \pi_{15} & \pi_{16} & \pi_{17} & \pi_{18} & \pi_{19} & \pi_{1.10} & \pi_{1.11} & \pi_{1.12} & \pi_{1.13} & \pi_{1.14} \\ \pi_{21} & \pi_{22} & \pi_{23} & \pi_{24} & \pi_{25} & \pi_{26} & \pi_{27} & \pi_{28} & \pi_{29} & \pi_{2.10} & \pi_{2.11} & \pi_{2.12} & \pi_{2.13} & \pi_{2.14} \\ \pi_{31} & \pi_{32} & \pi_{33} & \pi_{34} & \pi_{35} & \pi_{36} & \pi_{37} & \pi_{38} & \pi_{39} & \pi_{3.10} & \pi_{3.11} & \pi_{3.12} & \pi_{3.13} & \pi_{3.14} \end{pmatrix} \tag{14}$$

Zudem umfasst die Matrix Σ drei polychorische Fehlerkorrelationen, wobei die Fehlervarianzen aufgrund ihrer Nichtschätzbarkeit wie folgt auf den Wert 1 normiert sind:[42]

$$\Sigma = \begin{pmatrix} 1 & \sigma_{12} & \sigma_{13} \\ \sigma_{21} & 1 & \sigma_{23} \\ \sigma_{31} & \sigma_{32} & 1 \end{pmatrix} \tag{15}$$

Das Modell wird vervollständigt, indem die Beziehungen zwischen den kontinuierlichen latenten Variablen und den binär qualitativen manifesten Variablen y_i (i = 1, 2, 3) spezifiziert werden. Dabei gilt:

---

[42] Im nachstehenden Kapitel 4.3.1 ›Identifikationsproblematik‹ findet sich eine detaillierte Erläuterung dazu.

$$y_i = \begin{cases} 1 \text{ falls } \eta_i > 0 \\ 0 \text{ falls } \eta_i \leq 0 \end{cases} \tag{16}$$

Die drei Schwellenwerte der endogenen Variablen sind im Vektor τ zusammengefasst. Das hier betrachtete lineare simultane Probit-Modell weist allerdings erhebliche Identifikationsprobleme auf.

4.3.1 Identifikationsproblematik

Angesichts unbekannter Schwellenwerte sowie undefinierter Varianzen in Σ aufgrund nicht-metrischer endogener Variablen y_i im Modell sind zunächst Parameterrestriktionen in der reduzierten Form zu formulieren.[43] Um die Regressionskonstante in δ als frei zu schätzenden Parameter spezifizieren zu können, wird der unbekannte Schwellenwert in τ auf den Wert Null normiert und damit aus der Schätzung der reduzierten Form ausgeschlossen (vgl. Schepers 1991: 26). Darüber hinaus werden die undefinierten Fehlervarianzen auf den Wert 1 fixiert (vgl. Schepers 1991: 27f.). Diese Skalenrestriktion in Form einer Varianznormierung führt dazu, dass die Parametermatrix Σ einer Korrelationsmatrix entspricht. Auf dieser Grundlage sind die Parametermatrizen der reduzierten Form δ, Π und Σ nur bis auf einen Skalar identifiziert (vgl. Maddala 1983: 94; Maddala/Lee 1976: 532).

Aufgrund des Problems, dass die Parameter der reduzierten Form nur bis auf einen Skalar identifiziert werden können, sind folglich die Strukturparameter nicht eindeutig schätzbar. Dies bedeutet, dass die geschlechtsspezifischen Effektkoeffizienten nicht direkt miteinander verglichen werden können. Es bleibt in Bezug auf die Parameter in Γ unklar, ob die manifesten exogenen Variablen der Frau bedeutsamer für die Ausgestaltung ihrer Disposition sind als die exogenen Variablen des Mannes für seine Disposition sowie die bildungs- und berufsbiographischen Merkmale der Frau einen größeren Einfluss auf die Disposition des Mannes haben als umgekehrt. Auch die geschätzten Parameter in B erweisen sich als problematisch, da diese nicht als relative Effektgrößen interpretiert werden können. Infolge dessen kann nicht beantwortet werden, welcher Partner den Annäherungs- bzw. Entscheidungsprozess dominiert.

In Anlehnung an Maddala und Lee (1976) sowie Maddala (1983) zur Lösung der Identifikationsproblematik simultaner Probit-Modelle mit kontinuierli-

---

[43] Dabei werden binär kodierte endogene Variablen, wie sie in dem hier betrachteten Modell zur Anwendung kommen, als Spezialfall geordneter kategorialer Variablen mit zwei Ausprägungen angesehen.

chen latenten Variablen wird eine Diagonalmatrix mit reziproken Elementen in das Modell eingeführt. Die Matrix wird als Λ bezeichnet und besitzt in der vorliegenden Spezifikation mit drei endogenen Variablen folgende Form:

$$\Lambda = \begin{pmatrix} \lambda_1^{-1} & 0 & 0 \\ 0 & \lambda_2^{-1} & 0 \\ 0 & 0 & \lambda_3^{-1} \end{pmatrix} \tag{17}$$

Durch die Integration von Λ in das Modell können die nachstehenden Parametermatrizen δ^*, Π^* sowie Σ^* der reduzierten Form wie folgt identifiziert werden:

$$\delta^* = \Lambda\delta \quad , \tag{18}$$

$$\Pi^* = \Lambda\Pi \tag{19}$$

und

$$\Sigma^* = \Lambda\Sigma\Lambda \tag{20}$$

Dabei entspricht λ_i^2 der unbekannten Fehlervarianz σ_{ii}^2 (i = 1, 2, 3) der reduzierten Form. In dem hier betrachteten trivariaten Modell gilt also, dass

$$\lambda_1 = \sqrt{\sigma_{11}^2} = \sigma_{11} \quad , \tag{21}$$

$$\lambda_2 = \sqrt{\sigma_{22}^2} = \sigma_{22} \tag{22}$$

und

$$\lambda_3 = \sqrt{\sigma_{33}^2} = \sigma_{33} \tag{23}$$

ist. Die nachstehende Auflösung der umgestellten Modellgleichung 20 nach Σ verdeutlicht die Analogie der Parameter in Λ und den nicht-schätzbaren Hauptdiagonalelementen der Kovarianzmatrix Σ der reduzierten Form in dem hier spezifizierten Modell:

$$\Sigma = \Lambda^{-1}\Sigma^*\Lambda^{-1} = \begin{pmatrix} \lambda_1^2\sigma_{11}^{*2} & \lambda_1\sigma_{12}^*\lambda_2 & \lambda_1\sigma_{13}^*\lambda_3 \\ \lambda_2\sigma_{21}^*\lambda_1 & \lambda_2^2\sigma_{22}^{*2} & \lambda_2\sigma_{23}^*\lambda_3 \\ \lambda_3\sigma_{31}^*\lambda_1 & \lambda_3\sigma_{32}^*\lambda_2 & \lambda_3^2\sigma_{33}^{*2} \end{pmatrix}, \tag{24}$$

wobei $\mathrm{diag}(\Sigma^*) = I$. Entsprechend veranschaulicht die nachfolgende Auflösung der Modellgleichung 20, dass die Hauptdiagonalelemente der Kovarianzmatrix Σ^* einer Einheitsmatrix entsprechen:

$$\Sigma^* = \Lambda\Sigma\Lambda = \begin{pmatrix} \lambda_1^{-1}\sigma_{11}^2\lambda_1^{-1} & \lambda_1^{-1}\sigma_{12}\lambda_2^{-1} & \lambda_1^{-1}\sigma_{13}\lambda_3^{-1} \\ \lambda_2^{-1}\sigma_{21}\lambda_1^{-1} & \lambda_2^{-1}\sigma_{22}^2\lambda_2^{-1} & \lambda_2^{-1}\sigma_{23}\lambda_3^{-1} \\ \lambda_3^{-1}\sigma_{31}\lambda_1^{-1} & \lambda_3^{-1}\sigma_{32}\lambda_2^{-1} & \lambda_3^{-1}\sigma_{33}^2\lambda_3^{-1} \end{pmatrix} \tag{25}$$

Gleichung 18 und 19 verdeutlichen, dass die Matrizen δ^* und Π^* das Ergebnis einer Division des jeweiligen nicht-identifizierten Parameters der reduzierten Form und der unbekannten Standardabweichung des Fehlerterms sind. Die nicht-identifizierten Parametermatrizen der reduzierten Form δ und Π stellen folglich das Produkt aus δ^* bzw. Π^* und der Standardabweichung des Fehlerterms der reduzierten Form λ_i dar. Nach Integration von Λ in das Modell können neben den Parametermatrizen der reduzierten Form δ^*, Π^* und Σ^* auch die Strukturparameter μ^*, Γ^*, B^* und Ω^* identifiziert werden. Das Verhältnis der nicht-identifizierten und identifizierten Strukturparameter entspricht dem der Parameter der reduzierten Form. Dabei korrespondiert die Berechnung von μ^* und Γ^* mit dem von δ^* und Π^* einerseits und die von Ω^* mit Σ^* andererseits. Die identifizierten Strukturparameter in μ^* setzen sich wie folgt aus dem Quotienten des nicht-identifizierten Strukturparameters μ_i und der Standardabweichung des Fehlerterms der reduzierten Form λ_i zusammen:

$$\mu^* = \Lambda\mu \tag{26}$$

bzw.

$$\mu_i^* = \frac{\mu_i}{\lambda_i} \quad (i = 1, 2, 3)$$

Die nicht-identifizierten Strukturparametermatrizen in μ stellen folglich das Produkt aus μ_i^* und der Standardabweichung des Fehlerterms der reduzierten Form dar. Auch auf Basis des Verhältnisses des nicht-identifizierten Strukturparameters γ_i und der Standardabweichung des Fehlerterms der reduzierten Form λ_i lassen sich die Strukturparameter in Γ^* wie folgt identifizieren:

$$\Gamma^* = \Lambda\Gamma \tag{27}$$

bzw.

$$\gamma_{ij}^* = \frac{\gamma_{ij}}{\lambda_i} \quad (i = 1, 2, 3; \, j = 1, \ldots, 14)$$

Die Parameter der Matrix B^* lassen sich nach folgender Gleichung ermitteln:

$$B^* = \Lambda B \Lambda^{-1} \tag{28}$$

bzw.

$$\beta_{ij}^* = \frac{\lambda_j \beta_{ij}}{\lambda_i} \quad (i = 1, 2, 3; \, j = 1, 2, 3)$$

Die Parametermatrix Ω^* ist ebenfalls wie folgt identifiziert:

$$\Omega^* = \Lambda\Omega\Lambda \tag{29}$$

bzw.

$$\varpi_{ij}^* = \frac{\varpi_{ij}}{\lambda_i \lambda_j} \quad (i = 1, 2, 3; \, j = 1, 2, 3)$$

Durch Einsetzen von $\delta = (I - B)^{-1}\mu$ in $\delta^* = \Lambda\delta$ (siehe Gleichung 8 und 18) erhält man für δ^* als identifizierte Parametermatrix der reduzierten Form:

$$\delta^* = \Lambda(I - B)^{-1}\mu \tag{30}$$
$$\delta^* = (\Lambda(I - B)^{-1}\Lambda^{-1})(\Lambda\mu)$$
$$\delta^* = (I - B^*)^{-1}\mu^*$$

Die Gleichungen 30 zeigen, dass die Parameter der reduzierten Form δ^* sich mit Hilfe der geschätzten Strukturparameter B^* und μ^* reproduzieren lassen. Damit ist der Zusammenhang zwischen der Regressionskonstante der reduzierten und strukturellen Form eindeutig definiert.

Durch Einsetzen von $\Pi = (I - B)^{-1}\Gamma$ in $\Pi^* = \Lambda\Pi$ (siehe Gleichung 9 und 19) erhält man für Π^* als identifizierte Parametermatrix der reduzierten Form:

$$\Pi^* = \Lambda(I - B)^{-1}\Gamma \tag{31}$$

$$\Pi^* = (\Lambda(I - B)^{-1}\Lambda^{-1})(\Lambda\Gamma)$$

$$\Pi^* = (I - B^*)^{-1}\Gamma^*$$

Die reproduzierte Parametermatrix der reduzierten Form Π^* ergibt sich unter Bezugnahme der geschätzten Strukturparameter B^* und Γ^* nach Ausmultiplikation von Gleichung 31 wie folgt:

$$\Pi^* = (1 - \beta_{12}^*\beta_{21}^*)^{-1}\begin{pmatrix} \gamma_{11}^* & \beta_{12}^*\gamma_{22}^* & \gamma_{13}^* + \beta_{12}^*\gamma_{23}^* \\ \beta_{21}^*\gamma_{11}^* & \gamma_{22}^* & \beta_{21}^*\gamma_{13}^* + \gamma_{23}^* \\ (\beta_{31}^* + \beta_{21}^*\beta_{32}^*)\gamma_{11}^* & (\beta_{32}^* + \beta_{12}^*\beta_{31}^*)\gamma_{22}^* & (\beta_{31}^* + \beta_{21}^*\beta_{32}^*)\gamma_{13}^* + (\beta_{32}^* + \beta_{12}^*\beta_{31}^*)\gamma_{23}^* \end{pmatrix}, \tag{32}$$

$$\begin{array}{ccc} \gamma_{14}^* + \beta_{12}^*\gamma_{24}^* & \gamma_{15}^* + \beta_{12}^*\gamma_{25}^* & \gamma_{16}^* + \beta_{12}^*\gamma_{26}^* \\ \beta_{21}^*\gamma_{14}^* + \gamma_{24}^* & \beta_{21}^*\gamma_{15}^* + \gamma_{25}^* & \beta_{21}^*\gamma_{16}^* + \gamma_{26}^* \\ (\beta_{31}^* + \beta_{21}^*\beta_{32}^*)\gamma_{14}^* + (\beta_{32}^* + \beta_{12}^*\beta_{31}^*)\gamma_{24}^* & (\beta_{31}^* + \beta_{21}^*\beta_{32}^*)\gamma_{15}^* + (\beta_{32}^* + \beta_{12}^*\beta_{31}^*)\gamma_{25}^* & (\beta_{31}^* + \beta_{21}^*\beta_{32}^*)\gamma_{16}^* + (\beta_{32}^* + \beta_{12}^*\beta_{31}^*)\gamma_{26}^* \end{array},$$

$$\begin{array}{ccc} \gamma_{17}^* + \beta_{12}^*\gamma_{27}^* & \gamma_{18}^* + \beta_{12}^*\gamma_{28}^* & \gamma_{19}^* \\ \beta_{21}^*\gamma_{17}^* + \gamma_{27}^* & \beta_{21}^*\gamma_{18}^* + \gamma_{28}^* & \beta_{21}^*\gamma_{19}^* \\ (\beta_{31}^* + \beta_{21}^*\beta_{32}^*)\gamma_{17}^* + (\beta_{32}^* + \beta_{12}^*\beta_{31}^*)\gamma_{27}^* & (\beta_{31}^* + \beta_{21}^*\beta_{32}^*)\gamma_{18}^* + (\beta_{32}^* + \beta_{12}^*\beta_{31}^*)\gamma_{28}^* & (\beta_{31}^* + \beta_{21}^*\beta_{32}^*)\gamma_{19}^* \end{array},$$

$$\begin{array}{ccc} \beta_{12}^*\gamma_{2.10}^* & \gamma_{1.11}^* + \beta_{12}^*\gamma_{2.11}^* & \gamma_{1.12}^* + \beta_{12}^*\gamma_{2.12}^* \\ \gamma_{2.10}^* & \beta_{21}^*\gamma_{1.11}^* + \gamma_{2.11}^* & \beta_{21}^*\gamma_{1.12}^* + \gamma_{2.12}^* \\ (\beta_{32}^* + \beta_{12}^*\beta_{31}^*)\gamma_{2.10}^* & (\beta_{31}^* + \beta_{21}^*\beta_{32}^*)\gamma_{1.11}^* + (\beta_{32}^* + \beta_{12}^*\beta_{31}^*)\gamma_{2.11}^* & (\beta_{31}^* + \beta_{21}^*\beta_{32}^*)\gamma_{1.12}^* + (\beta_{32}^* + \beta_{12}^*\beta_{31}^*)\gamma_{2.12}^* \end{array},$$

$$\left.\begin{array}{cc} \gamma_{1.13}^* + \beta_{12}^*\gamma_{2.13}^* & \gamma_{1.14}^* + \beta_{12}^*\gamma_{2.14}^* \\ \beta_{21}^*\gamma_{1.13}^* + \gamma_{2.13}^* & \beta_{21}^*\gamma_{1.14}^* + \gamma_{2.14}^* \\ (\beta_{31}^* + \beta_{21}^*\beta_{32}^*)\gamma_{1.13}^* + (\beta_{32}^* + \beta_{12}^*\beta_{31}^*)\gamma_{2.13}^* & (\beta_{31}^* + \beta_{21}^*\beta_{32}^*)\gamma_{1.14}^* + (\beta_{32}^* + \beta_{12}^*\beta_{31}^*)\gamma_{2.14}^* \end{array}\right)$$

In die erste Zeile von Π^*, die die Effekte der exogenen Variablen beider Partner auf den Kinderwunsch der Frau umfasst, gehen neben den direkten Einflüssen der exogenen Variablen der Frau sowie der partnerschaftsbezogenen Merkmale x_3 und x_4, also γ^*_{11}, γ^*_{13}, γ^*_{14}, γ^*_{15}, γ^*_{17}, γ^*_{19}, $\gamma^*_{1.11}$, $\gamma^*_{1.13}$, die indirekten Effekte ausgehend von den exogenen Variablen der Frau auf ihre Disposition $\beta^*_{12} \cdot \gamma^*_{2j}$ (j = 5, 7, 11, 13), die über die Disposition des Mannes vermittelt sind, ein. Hinzu kommen die direkten Effekte ausgehend von den exogenen Variablen des Mannes γ^*_{16}, γ^*_{18}, $\gamma^*_{1.12}$, $\gamma^*_{1.14}$ sowie die indirekten Effekte $\beta^*_{12} \cdot \gamma^*_{2j}$ (j = 2, 3, 4, 6, 8, 10, 12, 14), die ebenfalls über seine Disposition vermittelt werden, auf die Disposition der Frau. Die zweite Zeile von Π^* enthält den Einfluss der exogenen Variablen auf den Kinderwunsch des Mannes. Analog erhält man die Parameter der reduzierten Form über die direkten Effekte der exogenen Merkmale des Mannes sowie der beiden partnerschaftsbezogenen Variablen γ^*_{22}, γ^*_{23}, γ^*_{24}, γ^*_{26}, γ^*_{28}, $\gamma^*_{2.10}$, $\gamma^*_{2.12}$, $\gamma^*_{2.14}$ und die indirekten Einflüsse der exogenen Variablen des Mannes auf seine Disposition $\beta^*_{21} \cdot \gamma^*_{1j}$ (j = 6, 8, 12, 14), die über die Disposition der Frau vermittelt werden. Auch hier gehen die direkten Effekte der exogenen Variablen der Frau auf seine Disposition γ^*_{25}, γ^*_{27}, $\gamma^*_{2.11}$, $\gamma^*_{2.13}$ sowie die indirekten Effekte $\beta^*_{21} \cdot \gamma^*_{1j}$ (j = 1, 3, 4, 5, 7, 9, 11, 13), die ebenfalls über ihre Disposition vermittelt werden, ein. Zur Reproduktion der dritten Zeile, die die Effekte der exogenen Variablen auf das generative Verhalten des Paares umfasst, werden die indirekten Effekte der exogenen Variablen, vermittelt über den Einfluss der Dispositionen beider Partner aufeinander sowie auf die Entscheidung, genutzt.

Sofern kein direkter Effekt ausgehend von der exogenen Variable auf die Disposition des Partners spezifiziert ist - wie dies für die geschlechtsspezifischen Prädiktoren psychisch-emotionaler Wert von Kindern (x_1 und x_2) sowie Stellenwert des Bereichs Freizeit und Freunde (x_9 und x_{10}) zutrifft - können die Strukturparameter Γ^* und B^* einfach auf Basis der Verhältnisse von π^*_{ij} zueinander identifiziert werden. Der entsprechende Γ^*-Parameter kann wie folgt über das jeweilige Element der ersten beiden Zeilen von Π^* und der Determinante von (I - B) ermittelt werden:

$$\gamma^*_{1j} = \frac{\pi^*_{1j}}{(1 - \beta^*_{12}\beta^*_{21})^{-1}} \quad (j = 1, 9) \tag{33}$$

bzw.

$$\gamma_{2j}^{*} = \frac{\pi_{2j}^{*}}{(1 - \beta_{12}^{*}\beta_{21}^{*})^{-1}} \quad (j = 2, 10) \tag{34}$$

Der Effekt der Disposition der Frau auf die Disposition des Mannes ergibt sich entsprechend über:

$$\beta_{21}^{*} = \frac{\pi_{2j}^{*}}{\pi_{1j}^{*}} \quad (j = 1, 9) \tag{35}$$

Analog dazu ermittelt sich der direkte Einfluss der Disposition des Mannes auf die Disposition der Frau wie folgt:

$$\beta_{12}^{*} = \frac{\pi_{1j}^{*}}{\pi_{2j}^{*}} \quad (j = 2, 10) \tag{36}$$

Die Relation des Einflusses der exogenen Variablen der Frau/des Mannes auf seinen/ihren Kinderwunsch zum Effekt der Frau/des Mannes auf ihren/seinen Kinderwunsch bestimmen folglich die simultanen Effektmaße im Annäherungsprozess. Die Einflüsse aus den ersten beiden Zeilen von Π^{*} des jeweils anderen Partners auf den individuellen Kinderwunsch können demgemäß dazu verwendet werden, um die wechselseitige Beeinflussung beider Partner zu ermitteln.

In die Schätzung des direkten Effekts der Disposition der Frau auf die Entscheidung des Paares gehen folgende Parameter ein:

$$\beta_{31}^{*} = \frac{\pi_{3j}^{*}}{\gamma_{1j}^{*}} - \frac{\beta_{21}^{*}\pi_{3j+1}^{*}}{\gamma_{2j+1}^{*}} \quad (j = 1, 9) \tag{37}$$

Analog resultiert der Einfluss der Disposition des Mannes auf die Entscheidung aus:

$$\beta_{32}^{*} = \frac{\pi_{3j}^{*}}{\gamma_{2j}^{*}} - \frac{\beta_{12}^{*}\pi_{3j-1}^{*}}{\gamma_{1j-1}^{*}} \quad (j = 2, 10) \tag{38}$$

Die Parameterschätzung erfolgt über den Effekt der exogenen Variablen der Frau bzw. des Mannes auf die Entscheidung aus der reduzierten Form relativ zum strukturellen Einfluss der exogenen Variablen auf ihre bzw. seine Disposition, der durch den indirekten Effekt des Partners auf die Entscheidung bereinigt ist. Darüber hinaus erhält man durch Einsetzen von $\Sigma = (I - B)^{-1}\Omega(I - B)^{-1T}$ in $\Sigma^* = \Lambda\Sigma\Lambda$ (siehe Gleichung 12 und 20) für Σ^* als identifizierte Parametermatrix der reduzierten Form:

$$\Sigma^* = \Lambda(I - B)^{-1}\Omega\,\Lambda(I - B)^{-1T}$$

$$\Sigma^* = (\Lambda(I - B)^{-1}\Lambda^{-1})(\Lambda\Omega\Lambda)(\Lambda(I - B)^{-1}\Lambda^{-1})^T \qquad (39)$$

$$\Sigma^* = (I - B^*)^{-1}\Omega^*(I - B^*)^{-1T}$$

Die Gleichungen 39 verdeutlichen den Zusammenhang zwischen den Fehlertermen der reduzierten und strukturellen Form. Die geschätzten Strukturparameter B^* und Ω^* gehen in die modelltheoretische Parametermatrix der reduzierten Form Σ^* ein.

In dem hier betrachteten linearen simultanen Probit-Modell werden also neben den Parametermatrizen der reduzierten Form δ, Π und Σ, die 48 Elemente umfassen, insgesamt 34 linear unabhängige Strukturparameter geschätzt. Dabei entfallen drei Regressionskonstanten auf die Matrix μ, 24 Effektkoeffizienten auf die Matrix Γ, vier Parameter auf die Matrix B und drei Kovarianzen der Fehlerterme auf die Matrix Ω, da die drei Varianzen in Ω bekannte Funktionen von B und der Kovarianzmatrix der reduzierten Form Σ darstellen.

4.3.2 Schätzung der Parameter

Die Schätzung der einzelnen Parameter des simultanen Probit-Modells erfolgt mit Hilfe eines sequentiellen Schätzverfahrens, das sich in drei Schätzstufen unterteilt. Dabei werden die Parameter der reduzierten Form, die sich auf die Parametermatrizen δ, Π und Σ verteilen, im Vektor κ zusammengefasst. Analog dazu werden die Strukturparameter, die im Rahmen des linearen simultanen Probit-Modells auf die Parametermatrizen μ, B, Γ und Ω entfallen bzw. nach Einführung der Matrix Λ im Rahmen des nicht-linearen simultanen Probit-Modells in μ^*, B^*, Γ^* und Ω^* subsumiert sind, im Vektor ϑ zusammengefasst.

In der ersten Schätzstufe erfolgt zunächst pro Einzelgleichung der endogenen manifesten Variablen y_i die Parameterschätzung der unrestringierten reduzierten Form, die im Parametervektor κ zusammengefasst sind, unter Anwendung der Maximum-Likelihood-Methode.[44] Die asymptotische Kovarianzmatrix des Parametervektors κ der reduzierten Form, die mit W bezeichnet wird, wird in der anschließenden Schätzstufe berechnet. Der Schätzer des Parametervektors der reduzierten Form wird mit $\hat{\kappa}_T$ bezeichnet und stellt eine konsistente Schätzung des wahren Parametervektors κ dar. Der Index T repräsentiert dabei die Abhängigkeit des Schätzers $\hat{\kappa}_T$ vom Stichprobenumfang T.

In der zweiten Schätzstufe werden zunächst die Korrelationen und Kovarianzen der Fehler respektive deren konsistente Schätzer jedes endogenen Variablenpaares berechnet. Dabei stellen die Kovarianzen das Produkt der in der zweiten Schätzstufe geschätzten Korrelationen und der in der ersten Schätzstufe ermittelten Standardabweichungen dar. Aufgrund der Varianznormierung der endogenen Variablen entsprechen die Korrelationen den Kovarianzen. Daran schließt die Schätzung der asymptotischen Kovarianzmatrix W des Parametervektors κ der reduzierten Form respektive deren konsistente Schätzung $\hat{W}_T$ an, die ebenfalls von der Fallzahl T abhängt. Diese wird insbesondere als Gewichtsmatrix zur Bestimmung der Strukturparameter in der nächsten Stufe benötigt.

In der abschließenden dritten Schätzstufe werden die Strukturparameter, die im Parametervektor ϑ zusammengefasst sind, auf Basis der multiplikativen Struktur der Parameter der reduzierten Form ermittelt. So besteht durch Formulierung der Parameter der reduzierten Form κ als beliebige, stetig differenzierbare Funktionen $\kappa = \kappa(\vartheta)$ von Strukturparametern ϑ die Möglichkeit, manifeste nicht-metrische endogene Variablen durch Normierung unbekannter Schwellenwerte und undefinierter Varianzen in die Modellstruktur zu integrieren. Zudem werden die Strukturparameter ϑ selbst als Funktionen $\vartheta = \vartheta(\tilde{\vartheta})$ von unrestringierten Fundamentalparametern, die im Vektor $\tilde{\vartheta}$ zusammengefasst sind, betrachtet. Auf diese Weise können Parameterrestriktionen in den Strukturparametern nahezu uneingeschränkt modelliert werden (vgl. Arminger et al. 1996: 3-15). Folglich werden die Parameter der reduzierten Form κ ebenfalls als Funktionen $\kappa = \kappa(\tilde{\vartheta})$ von Fundamentalparametern $\tilde{\vartheta}$ aufgefasst.

Unter Rückgriff auf die Minimum-Distanz-Methode wird nun der Vektor der Strukturparameter ϑ aus den Schätzern der Parameter der reduzierten Form $\hat{\kappa}_T$ ermittelt. Dazu wird die Distanz zwischen $\hat{\kappa}_T$ und $\kappa(\vartheta)$ minimiert, wobei in

---

44   Dabei werden die unbekannten Schwellenwerte in τ auf den Wert Null normiert und sind somit aus der Schätzung der reduzierten Form ausgeschlossen. Dem zufolge ist eine Parametrisierung der Schwellenwerte in der dritten Schätzstufe nicht erforderlich. Zudem werden die undefinierten Fehlervarianzen in Σ auf den Wert 1 fixiert.

$\kappa(\vartheta)$ die Strukturparameter als Funktionen von Fundamentalparametern formuliert sind. Der Vektor der Fundamentalparameter $\widetilde{\vartheta}$ respektiv dessen konsistente Schätzung $\widehat{\widetilde{\vartheta}}$ wird durch Minimierung der quadratischen Form:

$$Q_T(\widetilde{\vartheta}) = T\left(\hat{\kappa}_T - \kappa(\widetilde{\vartheta})\right)^T \hat{W}_T^{-1}\left(\hat{\kappa}_T - \kappa(\widetilde{\vartheta})\right) \tag{40}$$

ermittelt. Die für das simultane Probit-Modell notwendigen Berechnungen erfolgen mit dem Programm MEAN AND COVARIANCE STRUCTURE ANALYSIS (ME-COSA 3), das die dreistufige Schätzstrategie beinhaltet. Dabei wird zur Minimierung der quadratischen Funktion auf das Davidson-Fletcher-Powell-Verfahren zurückgegriffen. Das sequentielle Schätzverfahren gestattet neben Gleichheits-, Ausschluss- sowie Normierungsrestriktionen beliebige und damit auch unkonventionelle Restringierungen von Mittelwert- und Kovarianzstrukturen. Insbesondere besteht die Möglichkeit, nicht-lineare Restriktionen von Strukturparametern zu formulieren, wie diese hier im Rahmen des nicht-linearen simultanen Probit-Modells benötigt werden. Darüber hinaus führt die dreistufige Vorgehensweise zu einer konsistenten Schätzung sowohl der wahren Parameter der reduzierten Form als auch der wahren Fundamentalparameter (vgl. Küsters 1987; Schepers 1991).

4.3.3 Restriktionen in den Strukturparametern

Da auf Basis der Parameterschätzungen im Rahmen des linearen simultanen Probit-Modells die Koeffizienten in Γ und B nicht identifiziert sind, bleibt unklar, ob die Merkmale der Frau einen stärkeren Effekt auf und damit eine größere Relevanz für ihre bzw. seine Disposition besitzen als die exogenen Variablen des Mannes in Bezug auf seine bzw. ihre Disposition. Des Weiteren kann nicht beantwortet werden, ob die Disposition der Frau einen größeren Einfluss auf die Disposition des Mannes hat als umgekehrt. Uneindeutig bleibt ebenfalls, welcher Partner in einem stärkeren Ausmaß Einfluss auf die Entscheidung nimmt. Lediglich ersichtlich auf dieser Grundlage ist, ob einzelne Strukturparameter in Γ und B einen Wert (un-)gleich Null annehmen. Jedoch ist eine direkte Vergleichbarkeit der geschlechtsspezifischen Koeffizienten nicht gegeben.

Nur durch die Integration von Λ im Rahmen nicht-linearer Parameterrestriktionen innerhalb der Modellstruktur können zumindest die Strukturparameter β_{12} und β_{21} sowie der relative Einfluss beider Partner auf die Entscheidung β_{31}/β_{32} bzw. β_{32}/β_{31} identifiziert werden. Allerdings kann die Relation einzelner

Elemente von Λ nur unter der Voraussetzung ermittelt werden, wenn die nachstehende Hypothese (a) einem Modelltest standhält:

Hypothese (a): Die Effekte der exogenen Variablen der Frau auf ihre bzw. seine Disposition entsprechen den analogen Effekten der exogenen Variablen des Mannes auf seine bzw. ihre Disposition.

Auf die Strukturparameter in Γ bezogen bedeutet dies:

$$\gamma_{11} = \gamma_{22}, \quad \gamma_{13} = \gamma_{23}, \quad \gamma_{14} = \gamma_{24}, \quad \gamma_{15} = \gamma_{26}, \quad \gamma_{25} = \gamma_{16}, \quad \gamma_{17} = \gamma_{28}, \quad \gamma_{27} = \gamma_{18},$$

$$\gamma_{19} = \gamma_{2.10}, \quad \gamma_{1.11} = \gamma_{2.12}, \quad \gamma_{2.11} = \gamma_{1.12}, \quad \gamma_{1.13} = \gamma_{2.14} \text{ und } \gamma_{2.13} = \gamma_{1.14} \quad {}^{45}$$

Da die Parameter in Γ nicht identifiziert sind, kann Hypothese (a) nur mit Hilfe folgender Proportionalitätsrestriktion in Γ^* geprüft werden:

$$\gamma_{11}^* = \lambda\gamma_{22}^*, \quad \gamma_{13}^* = \lambda\gamma_{23}^*, \quad \gamma_{14}^* = \lambda\gamma_{24}^*, \quad \gamma_{15}^* = \lambda\gamma_{26}^*, \quad \gamma_{25}^* = \lambda^{-1}\gamma_{16}^*, \quad \gamma_{17}^* = \lambda\gamma_{28}^*,$$

$$\gamma_{27}^* = \lambda^{-1}\gamma_{18}^*, \quad \gamma_{19}^* = \lambda\gamma_{2.10}^*, \quad \gamma_{1.11}^* = \lambda\gamma_{2.12}^*, \quad \gamma_{2.11}^* = \lambda^{-1}\gamma_{1.12}^*, \quad \gamma_{1.13}^* = \lambda\gamma_{2.14}^* \text{ und}$$

$$\gamma_{2.13}^* = \lambda^{-1}\gamma_{1.14}^* \quad {}^{46}$$

Der Zusammenhang zwischen den Strukturparametern in Γ^* und Γ ist, wie bereits unter Gleichung 27 erläutert, definiert über $\gamma_{ij}^* = \gamma_{ij}/\lambda_i$ ($i = 1, 2, 3$; $j = 1, \ldots,$ 14). Da dem gemäß $\gamma_{ij} - \gamma_{ij}^* \cdot \lambda_i$ ist, ergibt sich für die analogen Parameter folgender identischer Ausdruck: $\gamma_{1j}^* \cdot \lambda_1 = \gamma_{2j}^* \cdot \lambda_2$. Somit entsprechen sich die paarweisen Parameter der ersten beiden Zeilen von Γ^* wie folgt:

$$\gamma_{1j}^* = \frac{\lambda_2}{\lambda_1} \cdot \gamma_{2j}^* = \lambda \cdot \gamma_{2j}^* \text{ bzw. } \gamma_{2j}^* = \frac{\lambda_1}{\lambda_2} \cdot \gamma_{1j}^* = \lambda^{-1} \cdot \gamma_{1j}^*$$

---

45 Der Proportionalitätsfaktor λ ist bereits identifiziert, wenn lediglich ein Parameterpaar der ersten beiden Zeilen in Γ restringiert wird. Jedoch resultiert daraus der Nachteil, dass für die verbleibenden unrestringierten Parameter uneindeutig bleibt, ob diese sich im paarweisen Vergleich (nicht) signifikant voneinander unterscheiden.

46 Die formulierte Proportionalitätsrestriktion bezüglich der direkten Effekte ausgehend von den bildungs- und berufsbiographischen Faktoren von Frau und Mann auf die Disposition des Partners ist vergleichbar mit der folgenden Parameterrestriktion in der ersten Zeile der Matrix Γ^*: $\gamma_{16}^* = \lambda\gamma_{25}^*$, $\gamma_{18}^* = \lambda\gamma_{27}^*$, $\gamma_{1.12}^* = \lambda\gamma_{2.11}^*$ sowie $\gamma_{1.14}^* = \lambda\gamma_{2.13}^*$.

In die Formulierung der Proportionalitätsrestriktion der analogen Γ^*-Parameter geht das Verhältnis $\lambda = \lambda_2/\lambda_1$ ein, da λ_i nicht identifiziert werden kann. Mit Hilfe dieser nicht-linearen Parameterrestriktion innerhalb der Modellstruktur wird geprüft, ob die analogen geschlechtsspezifischen Parameter in Γ^* in Bezug auf ihre Größe in einem konstant proportionalen Verhältnis zueinander stehen.

Wenn nun der Proportionalitätsfaktor λ den Wert 1 annimmt, kann inhaltlich daraus geschlussfolgert werden, dass nicht nur die analogen Parameter in Γ, sondern auch die in Γ^* identisch sind. Demnach stimmen λ_1 und λ_2 bzw. σ_1 und σ_2 überein. Ein Wert ungleich 1 impliziert zwar deckungsgleiche Parameter in Γ, allerdings proportionale Parameter in Γ^*. Dies gilt natürlich nur unter der Voraussetzung, dass Hypothese (a) nicht abgelehnt wird. In Bezug auf die analogen Parameter in Γ wird die Gleichheitsannahme geprüft, wogegen in Hinblick auf Γ^* die sich entsprechenden Parameter nicht zwangsläufig gleich, sondern auch proportional zueinander sein können und es sich auf dieser Ebene vornehmlich um eine Proportionalitätsrestriktion handelt.

Folglich sind die Strukturparameter β_{12} und β_{21} durch Integration von Λ in das Modell identifiziert, da unter Rückgriff auf $\beta_{ij}^* = \lambda_j \beta_{ij}/\lambda_i$ (Gleichung 28) folgt, dass $\beta_{12} = \beta_{12}^* \cdot \lambda^{-1}$ und $\beta_{21} = \beta_{21}^* \cdot \lambda$ ist. Demgegenüber sind nur implizit Rückschlüsse hinsichtlich der Einflussstärke beider Partner auf die Entscheidung möglich. Da das Verhältnis λ_3/λ_1 sowie λ_3/λ_2 nicht identifizierbar ist, können die Strukturparameter β_{31} und β_{32} nicht eindeutig geschätzt werden. Lediglich das Verhältnis der Parameter β_{31} und β_{32} zueinander kann über $\beta_{31}/\beta_{32} = \lambda \beta_{31}^*/\beta_{32}^*$ bzw. $\beta_{32}/\beta_{31} = \lambda^{-1}\beta_{32}^*/\beta_{31}^*$ ermittelt werden. Dieser Quotient gibt Aufschluss über den relativen Einfluss der Disposition von Frau und Mann auf die Entscheidung und lässt damit den Schluss zu, welcher Partner einen stärkeren Einfluss auf die Entscheidung nimmt.

In Anlehnung an Sobel und Arminger (1992) wird hier eine sukzessive Prüfung verschiedener Parameterrestriktionen in B vorgenommen, um Aufschluss darüber zu bekommen, ob deren Einbindung zu einer Verschlechterung des Modellfits führt und damit abzulehnen ist. Die in Hypothese (a) formulierte Proportionalitätsrestriktion in Γ^* bildet dabei die Basis aller weiteren Modelltests (siehe Hypothese (b) bis (f)), da ansonsten λ nicht identifiziert werden kann. Es wird simultan zur Gleichheitsrestriktion in Γ untersucht, ob die Effektparameter in B einerseits von Null (siehe Hypothese (b), (d) und (e)) und andererseits von der Gleichheitsannahme (siehe Hypothese (c) und (f)) abweichen. Dazu werden verschiedene Hypothesen bezüglich Parameterausschluss und Parametergleichheit sowie die daraus abgeleiteten nicht-linearen Modellrestriktionen einer statistischen Prüfung unterzogen, um damit Hinweise auf nicht-identische geschlechtsspezifische Einflüsse innerhalb des Modells zu erhalten. Wenn nun die Hypothesentests darauf hinweisen, dass die Null- und Gleichsetzung analoger Parameter von Frau und Mann in B nicht zu einer Verbesserung des Modellfits führen, dann ist der Effektparameter beider Partner bedeutsam und unter Rückgriff auf Λ ermittelbar.

Aufbauend auf Hypothese (a) wird mit folgender Hypothese (b) neben der Gleichheitsrestriktion in Γ die Ausschlussrestriktion der simultanen Effekte der Dispositionen beider Partner aufeinander geprüft:

Hypothese (b): Die Disposition des Mannes beeinflusst nicht die Disposition der Frau und/oder die Disposition der Frau beeinflusst nicht die Disposition des Mannes.

Auf die Strukturparameter in B bezogen bedeutet dies:

$\beta_{12} = 0$ und/oder $\beta_{21} = 0$

Indem die Parameter in B^* sukzessiv auf den Wert Null fixiert werden, kann die Hypothese (b) direkt getestet werden. Zunächst wird wie folgt die Und-Verknüpfung der identifizierten Strukturparameter untersucht:

$\beta_{12}^* = \beta_{21}^* = 0$

Daran schließt die folgende Oder-Verknüpfung der identifizierten Parameter in B^* an, die zwei separate Modelltests bilden:

(1) $\beta_{12}^* = 0$

und

(2) $\beta_{21}^* = 0$

Die Prüfung der Gleichheitsrestriktion der unter Hypothese (b) einbezogenen Parameter in B findet sich in der folgenden Hypothese (c):

Hypothese (c): Der Einfluss der Disposition des Mannes auf die Disposition der Frau entspricht dem Einfluss der Disposition der Frau auf die Disposition des Mannes und ist ungleich Null.

Auf die Strukturparameter in B bezogen bedeutet dies:

$$\beta_{12} = \beta_{21} \neq 0$$

Da allerdings die Parameter in B nicht identifiziert sind, kann die Hypothese nur mittels der folgenden Modellrestriktion in B^* unter Bezugnahme auf Gleichung 28, die den Zusammenhang zwischen den nicht-identifizierten und identifizierten Strukturparametern über $\beta_{ij}^* = \lambda_j \beta_{ij} / \lambda_i$ definiert, geprüft werden. Da $\beta_{12} = \beta_{12}^* \cdot \lambda_1 /$ λ_2 und $\beta_{21} = \beta_{21}^* \cdot \lambda_2 / \lambda_1$ ist, gilt für die Gleichheitsrestriktion:

$$\beta_{12}^* \cdot \frac{\lambda_1}{\lambda_2} = \beta_{21}^* \cdot \frac{\lambda_2}{\lambda_1}$$

Daraus folgt durch einfache Umstellung der Gleichung die Formulierung der Restriktion:

$$\beta_{12}^* = \beta_{21}^* \cdot \frac{\lambda_2}{\lambda_1} \cdot \frac{\lambda_2}{\lambda_1} \quad \text{bzw.} \quad \beta_{12}^* = \lambda^2 \beta_{21}^*$$

Die folgenden Hypothesen (d) und (e) knüpfen direkt an die Systematik der unter Hypothese (b) formulierten Ausschlussrestriktionen an und untersuchen, ob die geschlechtsspezifischen Parameter β_{31} und β_{32} einen Wert gleich Null annehmen:

Hypothese (d): Die Disposition der Frau beeinflusst nicht die Entscheidung des Paares.

Hypothese (e): Die Disposition des Mannes beeinflusst nicht die Entscheidung des Paares.

Bezogen auf die nicht-identifizierten Strukturparameter in B bedeutet dies:

$$\beta_{31} = 0$$

Für Hypothese (e) gilt folgende Parameterrestriktion:

$$\beta_{32} = 0$$

Die Restriktionen unter Hypothese (d) und (e) werden wie folgt in die Matrix B^* integriert:

$$\beta_{31}^* = 0$$

und

$$\beta_{32}^* = 0$$

Daran schließen drei Erweiterungen von Hypothese (d) und (e) durch Hinzunahme der unter Hypothese (b) formulierten Annahmen an. Zunächst werden Hypothese (d) und (e) simultan in Anlehnung an die Systematik unter Hypothese (b) wie folgt geprüft:

Hypothese
(d) und (e):   Die Disposition der Frau und die Disposition des Mannes beeinflussen nicht die Entscheidung des Paares.

Bezogen auf die nicht-identifizierten Strukturparameter in B bedeutet dies:

$$\beta_{31} = \beta_{32} = 0$$

Mit folgender Parameterrestriktion in B^* erfolgt die Prüfung dieses verschachtelten Modells:

$$\beta_{31}^* = \beta_{32}^* = 0$$

Daran schließt die simultane Prüfung der Hypothesen (b) und (d) wie folgt an:

Hypothese
(b) und (d):   Die Disposition des Mannes beeinflusst nicht die Disposition der Frau, und die Disposition der Frau beeinflusst nicht die Disposition des Mannes. Außerdem beeinflusst die Disposition der Frau nicht die Entscheidung des Paares.

Bezogen auf die Strukturparameter in B bedeutet dies:

$$\beta_{12} = \beta_{21} = \beta_{31} = 0$$

Für die in B^* integrierte Parameterrestriktion gilt dem zufolge:

$$\beta_{12}^* = \beta_{21}^* = \beta_{31}^* = 0$$

Abschließend werden Hypothese (b) und (e) wie folgt simultan geprüft:

Hypothese
(b) und (e):   Die Disposition des Mannes beeinflusst nicht die Disposition der Frau, und die Disposition der Frau beeinflusst nicht die Disposition des Mannes. Ferner beeinflusst die Disposition des Mannes nicht die Entscheidung des Paares.

Bezogen auf die Strukturparameter in B bedeutet dies:

$$\beta_{12} = \beta_{21} = \beta_{32} = 0$$

Die Matrix B^* wird demnach wie folgt restringiert:

$$\beta_{12}^* = \beta_{21}^* = \beta_{32}^* = 0$$

Neben diesen drei Modellen werden zwei weitere Modelle betrachtet, die die Gleichheitsannahme von β_{31} und β_{32} fokussieren. In Anlehnung an Hypothese (c) wird zunächst folgende Hypothese (f) geprüft:

Hypothese (f):   Der Einfluss der Disposition des Mannes auf die Entscheidung des Paares entspricht dem Einfluss der Disposition der Frau auf die Entscheidung des Paares und ist ungleich Null.

Auf die nicht-identifizierten Strukturparameter in B bezogen bedeutet dies:

$$\beta_{32} = \beta_{31} \neq 0$$

Mit Bezug auf Gleichung 28, die das Verhältnis der Parameter in B und B^* eindeutig bestimmt, folgt für die zu formulierende Gleichheitsrestriktion in B^*, da $\beta_{32} = \beta_{32}^* \cdot \lambda_3 / \lambda_2$ und $\beta_{31} = \beta_{31}^* \cdot \lambda_3 / \lambda_1$ ist, dass:

$$\beta_{32}^* \cdot \frac{\lambda_3}{\lambda_2} = \beta_{31}^* \cdot \frac{\lambda_3}{\lambda_1}$$

Durch einfache Umstellung der Gleichung resultiert folgende Formulierung der Restriktion:

$$\beta_{32}^* = \beta_{31}^* \cdot \frac{\lambda_3}{\lambda_1} \cdot \frac{\lambda_2}{\lambda_3} \quad \text{bzw.} \quad \beta_{32}^* = \lambda \beta_{31}^*$$

Hieraus wird anschaulich, dass die Strukturparameter β_{31} und β_{32} nicht eindeutig geschätzt werden können, da das Verhältnis λ_3/λ_1 sowie λ_3/λ_2 nicht identifizierbar ist. Lediglich das Verhältnis β_{32} und β_{31} kann ermittelt werden. Da $\beta_{32} = \beta_{32}^* \cdot \lambda_3 / \lambda_2$ und $\beta_{31} = \beta_{31}^* \cdot \lambda_3 / \lambda_1$ ist, gilt folgende Relation zwischen β_{32} und β_{31}:

$$\frac{\beta_{32}^*}{\beta_{31}^*} = \frac{\dfrac{\lambda_2}{\lambda_3}\beta_{32}}{\dfrac{\lambda_1}{\lambda_3}\beta_{31}} = \frac{\dfrac{\lambda_2}{\lambda_3} \cdot \dfrac{\lambda_3}{\lambda_1}\beta_{32}}{\beta_{31}} = \frac{\dfrac{\lambda_2}{\lambda_1} \cdot \beta_{32}}{\beta_{31}} = \lambda \beta_{32}/\beta_{31}$$

bzw. zwischen β_{31} und β_{32}:

$$\frac{\beta_{31}^*}{\beta_{32}^*} = \frac{\dfrac{\lambda_1}{\lambda_3}\beta_{31}}{\dfrac{\lambda_2}{\lambda_3}\beta_{32}} = \frac{\dfrac{\lambda_1}{\lambda_3} \cdot \dfrac{\lambda_3}{\lambda_2}\beta_{31}}{\beta_{32}} = \frac{\dfrac{\lambda_1}{\lambda_2} \cdot \beta_{31}}{\beta_{32}} = \lambda^{-1}\beta_{31}/\beta_{32}$$

Abschließend werden die Hypothesen (c) und (f) simultan wie folgt geprüft:

Hypothese
(c) und (f): Der Einfluss der Disposition des Mannes auf die Disposition der Frau entspricht dem Einfluss der Disposition der Frau auf die Disposition des Mannes und ist ungleich Null. Des Weiteren entspricht der Einfluss der Disposition des Mannes auf die Entscheidung des Paares dem Einfluss der Disposition der Frau auf die Entscheidung des Paares und ist ebenfalls ungleich Null.

Auf die nicht-identifizierten Strukturparameter in B bezogen bedeutet dies:

$$\beta_{12} = \beta_{21} \neq 0 \text{ und } \beta_{32} = \beta_{31} \neq 0$$

Die Prüfung des verschachtelten Modells erfolgt mit folgenden Parameterrestriktionen in B^*:

$$\beta_{12}^* = \lambda^2 \beta_{21}^* \text{ und } \beta_{32}^* = \lambda \beta_{31}^*$$

Der Untersuchung des Familiengründungsprozesses liegen demnach insgesamt sechs unterschiedliche Hypothesentypen zugrunde, die nur unter Bezugnahme nicht-linearer Parameterrestriktionen in der Modellstruktur geprüft werden können. Dabei umfassen die drei Hypothesen (b), (d) und (e) Ausschlussrestriktionen bezüglich der Parameter in B, um Aufschluss darüber zu gekommen, ob die Fixierung mindestens eines geschlechtsspezifischen Effektkoeffizienten auf den Wert Null zu einer signifikanten Verschlechterung des Modellfits führt. Des Weiteren finden sich in Hypothese (c) und (f) Gleichheitsrestriktionen bezüglich B formuliert, wobei die in Hypothese (a) formulierte Restriktion bezüglich Γ die Basis aller Modelltests bildet, um λ identifizieren zu können.

4.4 Überprüfung der Modellanpassung

Zunächst erfolgt eine Schätzung des linearen simultanen Probit-Modells. Daran schließt die Prüfung von Hypothese (a) im Rahmen eines nicht-linearen simultanen Probit-Modells an. Neben diesen beiden Modellen werden elf weitere Modelltests durchgeführt. Dabei handelt es sich um restriktivere nicht-lineare Modelle, denn in ihnen sind unterschiedliche Beschränkungen wie Gleichheits- und Ausschlussrestriktionen bezüglich B formuliert. Eine Übersicht der diesbezüglichen Modelltests findet sich in Tabelle 3 Hypothese (b) wird mittels drei Modelltests (siehe Modell 3 bis 5) geprüft. Hypothese (c) wird durch Modell 6 abgebildet. Modell 7, 8 und 12 stellen die Hypothesentests für (d), (e) und (f) dar. Darauf aufbauende Modelle mit erweiterten Parameterrestriktionen finden sich in Modell 9 bis 11 und 13. Die simultane Prüfung der Einzelhypothesen (d) und (e) wird durch Modell 9 repräsentiert, die von (b) und (d) sowie (b) und (e) durch Modell 10 und 11. Modell 13 stellt die Hypothesenkombination (c) und (f) dar.

Tabelle 3:   Übersicht zu den Modelltests

Modell	Hypothese	Parameterrestriktion
1	--	--
2	(a): $\gamma_{11} = \gamma_{22}, \ldots, \gamma_{2.13} = \gamma_{1.14}$	$\gamma_{11}^* = \lambda\gamma_{22}^*, \ldots, \gamma_{2.13}^* = \lambda^{-1}\gamma_{1.14}^*$
3	(b): $\beta_{12} = \beta_{21} = 0$	$\beta_{12}^* = \beta_{21}^* = 0$
4	(b): $\beta_{12} = 0$	$\beta_{12}^* = 0$
5	(b): $\beta_{21} = 0$	$\beta_{21}^* = 0$
6	(c): $\beta_{12} = \beta_{21} \neq 0$	$\beta_{12}^* = \lambda^2\beta_{21}^*$
7	(d): $\beta_{31} = 0$	$\beta_{31}^* = 0$
8	(e): $\beta_{32} = 0$	$\beta_{32}^* = 0$
9	(d) und (e): $\beta_{31} = \beta_{32} = 0$	$\beta_{31}^* = \beta_{32}^* = 0$
10	(b) und (d): $\beta_{12} = \beta_{21} = \beta_{31} = 0$	$\beta_{12}^* = \beta_{21}^* = \beta_{31}^* = 0$
11	(b) und (e): $\beta_{12} = \beta_{21} = \beta_{32} = 0$	$\beta_{12}^* = \beta_{21}^* = \beta_{32}^* = 0$
12	(f): $\beta_{32} = \beta_{31} \neq 0$	$\beta_{32}^* = \lambda\beta_{31}^*$
13	(c) und (f): $\beta_{12} = \beta_{21} \neq 0$, $\beta_{32} = \beta_{31} \neq 0$	$\beta_{12}^* = \lambda^2\beta_{21}^*$, $\beta_{32}^* = \lambda\beta_{31}^*$

Über die Güte der Modellanpassung bzw. Validität des Modells gibt die auf der Minimum-Distanz-Schätzung basierende Chi-Quadrat-Teststatistik mit der diesbezüglichen Anzahl von Freiheitsgraden (df) Aufschluss (vgl. Bollen 1989: 266). Die Freiheitsgrade ergeben sich dabei aus der Differenz der Anzahl der geschätzten Parameter der reduzierten Form und der geschätzten, linear unabhängigen Strukturparameter. Insgesamt resultieren 48 Parameterschätzungen aus der reduzierten Form und 34 Schätzungen auf Basis des linearen simultanen Probit-Modells. Das nicht-lineare simultane Probit-Modell (Modell 2) weist im Vergleich zum linearen simultanen Probit-Modell (Modell 1) elf Freiheitsgrade mehr auf, weil die ersten beiden Zeilen der Matrix Γ^* restringiert sind und damit 12 Parameter aus der Schätzung ausgeschlossen werden. Allerdings wird im nichtlinearen Modell λ als freier Parameter spezifiziert. Im restringierteren nichtlinearen Probit-Modell (Modell 3) werden 21 Strukturparameter ermittelt, da neben der Restriktion in Γ^* zwei Parameter in B^* auf den Wert Null fixiert sind. Hinzu kommt auch hier ein frei zu schätzender Parameter in der Matrix Λ.

Dazu werden aufgrund der Nichtschätzbarkeit der Fehlervarianzen der endogenen Variablen σ_{11} und σ_{33} auf den Wert 1 normiert, indem λ_1 und λ_3 auf den Wert 1 fixiert werden. Lediglich λ_2 wird als freier Parameter spezifiziert und geht in den Produktterm der nicht-linearen Modellrestriktionen ein.[47] Die Matrix Λ ist demnach wie folgt restringiert:

$$\Lambda = \begin{pmatrix} 1 & 0 & 0 \\ 0 & \lambda_2^{-1} & 0 \\ 0 & 0 & 1 \end{pmatrix}$$

Modell 9 und 13 umfassen 27 Freiheitsgrade, da zwei Parameter in B^* auf den Wert Null fixiert bzw. gleich gesetzt sind. Da beim Modelltest 4 bis 8 sowie 12 lediglich ein Parameter in B^* aus der Schätzung ausgeschlossen wird, weisen diese einen Freiheitsgrad weniger auf. Erweiterte Restriktionen finden sich im Modell 10 und 11, so dass hier die höchste Anzahl von Freiheitsgraden (df = 28) resultiert.

Auf Basis der Minimum-Distanz-Schätzung resultiert für das lineare Modell eine Chi-Quadrat-Teststatistik von 20.438 bei 14 Freiheitsgraden. Daneben ergibt sich für das nicht-lineare Modell ein Chi-Quadrat-Wert von 35.207 bei 25 Freiheitsgraden. Der theoretische Chi-Quadrat-Wert, der den kritischen Wert der Chi-Quadrat-Verteilung auf dem 5%-Niveau repräsentiert, beträgt 23.685 für Modell 1 und 37.653 für Modell 2. Für beide Modelle wird dem zufolge die Nullhypothese, dass das spezifizierte Modell auf Basis der vorliegenden Stichprobe die Parameter der reduzierten Form reproduziert, auf einem Signifikanzniveau von α = .05 nicht abgelehnt. Allerdings weist das Fitmaß beim Modell 3 bis 5 sowie 9 bis 11 deutlich erhöhte Werte auf. Dieser variiert zwischen 43.243 bei 26 Freiheitsgraden für Modell 4 und 116.042 bei 27 Freiheitsgraden für Modell 9. Die Einzelmodelle weisen damit einen inakzeptablen Gesamtfit auf, so dass die Nullhypothese auf dem 5%-Niveau abzulehnen ist. Auch Modell 7 übersteigt mit 39.752 (df = 26) leicht den kritischen Wert von 38.885. Der Chi-Quadrat-Wert der übrigen Modelle (Modell 6, 8, 12 und 13) variiert zwischen 35.571 bei 26 Freiheitsgraden für Modell 8 und 37.279 bei 27 Freiheitsgraden für Modell 13. Der kritische Wert wird bei diesen vier Modellen unterschritten, was für einen akzeptablen Modellfit spricht.

Die inferenzstatistische Beurteilung der spezifizierten Modelle deutet darauf hin, dass Hypothese (b) abzulehnen ist. Dem zufolge kann davon ausgegangen

---

[47]   Prinzipiell entspricht diese Vorgehensweise der Integration eines frei zu schätzenden Skalars in die Matrizen der Strukturparameter Γ^* und B^*. Allerdings führt dies zu einer Missspezifikation der Matrix Ω^* sowie einer fehlerhaften Schätzung der darin enthaltenen Elemente.

werden, dass der Effekt der Dispositionen beider Partner aufeinander signifikant von Null abweicht und damit eine wechselseitige Beeinflussung im Rahmen eines Interaktions- bzw. Annäherungsprozesses stattfindet. Auch die Hypothesenkombinationen (b) und (d) sowie (b) und (e), die darüber hinaus postulieren, dass die Disposition der Frau bzw. des Mannes keinen Einfluss auf die Entscheidung hat, sind auf Basis der Teststatistik abzulehnen. Die simultane Prüfung der Hypothesen (d) und (e) gelangt ebenfalls zu einer schlechten Gesamtanpassung. Dieses Ergebnis deutet darauf hin, dass ein Einfluss ausgehend von der Disposition der Frau sowie des Mannes auf die Entscheidung vorliegt und damit der Ausgang der Entscheidungsfindung bezüglich einer Erstelternschaft von beiden Partnern abhängt. Die relativ schlechte Anpassungsleistung von Hypothese (d) verdeutlicht dies insbesondere für die Disposition der Frau.

Jedoch kann auf Basis der Chi-Quadrat-Teststatistik nicht beurteilt werden, welches Modell die beste Anpassungsleistung an die Daten aufweist. Da die Freiheitsgrade zwischen 14 und 28 variieren, ist eine direkte Vergleichbarkeit des Chi-Quadrat-Wertes ausgeschlossen. Als Entscheidungskriterium bietet sich hierbei der Chi-Quadrat-Differenzentest an (vgl. Bollen 1989: 292). Über die Differenz der Chi-Quadrat-Teststatistik des paarweisen Modellvergleichs wird ermittelt, ob eine Zunahme des Chi-Quadrat-Wertes aufgrund erweiterter Modellrestriktionen durch eine Erhöhung der Freiheitsgrade hinreichend ausgeglichen wird.

Die Inspektion der Chi-Quadrat-Differenz zwischen dem linearen und nichtlinearen Probit-Modell verdeutlicht, dass die Modellrestriktion in Γ^* zu keiner deutlich schlechteren Modellanpassung führt. Da der Differenzwert 14.769 bei einer Zunahme von elf Freiheitsgraden beträgt, ist die Chi-Quadrat-Differenz auf dem 5%-Niveau nicht signifikant. Dem zufolge wird die Nullhypothese nicht verworfen bzw. Hypothese (a) nicht abgelehnt. Allerdings spiegelt die Differenz der Chi-Quadrat-Teststatistik der Modelle 3, 4 und 5 mit Modell 2 wider, dass Hypothese (b) eindeutig abzulehnen ist, da die Differenzwerte zwischen 8.036 ($df_{diff} = 1$) für Modell 4 und 23.526 ($df_{diff} = 2$) für Modell 3 variieren. Demgegenüber weist das inferenzstatistische Maß darauf hin, dass bei Modell 6 im Vergleich zu Modell 2 keine signifikante Chi-Quadrat-Differenz auf dem 5%-Niveau vorliegt, so dass Hypothese (c) nicht abzulehnen ist. Selbes gilt für Hypothese (e). Ein direkter Vergleich der zwei Modelle führt zu dem Ergebnis, dass Hypothese (e) respektive Modell 8 aufgrund des niedrigsten Chi-Quadrat-Wertes bei gleicher Anzahl von Freiheitsgraden zu bevorzugen ist. Des Weiteren zeigen die Detailergebnisse der Hypothesenprüfung (c), dass eine Gleichsetzung von β_{12} und β_{21} zu einer nicht signifikanten Schätzung von β_{32} führt. Somit ist die Gleichheitsrestriktion eindeutig zu verwerfen. Jedoch resultiert bei der simultanen Prüfung von Hypothese (d) und (e) ein extrem hoher Chi-Quadrat-Wert von

116.042. Selbes gilt für die simultane Prüfung von Hypothese (b) und (d) sowie (b) und (e). Auch zeigt der Chi-Quadrat-Differenzwert, dass Hypothese (d) respektive Modell 7 zu einer signifikanten Modellverschlechterung führt. Dieses Gesamtergebnis deutet darauf hin, dass β_{31} und β_{32} signifikant von Null abweichen und damit Hypothese (d) sowie (e) ebenfalls nicht weiter zu berücksichtigen sind. Die Betrachtung der Chi-Quadrat-Differenz des Modells 12 mit Modell 2 bzw. Modell 8 verdeutlicht, dass Hypothese (f) nicht abzulehnen ist. Gleiches gilt für das abschließende Modell 13, das die simultane Prüfung von Hypothese (c) und (f) enthält.

Unter Rückgriff auf die R^2-Statistik, die ebenfalls Aufschluss über die Anpassungsgüte des Modells gibt, zeigt sich ein leicht anderes Bild. Dabei ist R^2 definiert als der Anteil an erklärter Varianz jeder einzelnen endogenen Variablen des simultanen Gleichungssystems. Da allerdings die Varianz der endogenen Variablen nicht direkt aus den Daten generiert werden kann, wird sie wie folgt auf Basis der geschätzten Strukturparameter ermittelt:

$$V(\eta) = (I - B)^{-1}\Gamma \cdot V(x) \cdot \Gamma^T (I - B)^{-1T} + (I - B)^{-1}\Omega(I - B)^{-1T} \quad , \tag{41}$$

wobei

$$\Theta = (I - B)^{-1}\Gamma \cdot V(x) \cdot \Gamma^T (I - B)^{-1T}$$

und

$$\Psi = (I - B)^{-1}\Omega(I - B)^{-1T}$$

ist. Dabei stellt die Matrix Θ den Teil der Kovarianzmatrix $V(\eta)$ der endogenen Variablen dar, der durch die exogenen Variablen erklärt wird. Ψ repräsentiert den nicht auf x zurückführenden Teil der Kovarianzmatrix von η. Beide Komponenten gehen wie folgt in die Bestimmung von R^2 für jede Gleichung der simultanen Systems ein:

$$R^2 = 1 - \frac{diag(\Psi)}{diag(V(\eta))} \tag{42}$$

Modell 12 weist im Vergleich zum Modell 13 einen höheren erklärten Varianzanteil sowohl für die Disposition der Frau ($R^2 = .146$) und die Disposition des Mannes ($R^2 = .209$) als auch für die Entscheidung des Paares ($R^2 = .155$) auf.

Die Werte liegen für Modell 13 bei .139 für η_1 und .140 für η_2 sowie .152 für η_3. Insbesondere zeigt sich eine deutliche Differenz bezüglich der Erklärungskraft der Disposition des Mannes. Dem zufolge wird Modell 12 bzw. Hypothese (f) bevorzugt. Es können damit auf Basis der Modellspezifikation 14.6% der Varianz der Disposition der Frau und 20.9% der Disposition des Mannes sowie 15.5% des generativen Verhaltens des Paares determiniert werden.[48] Insbesondere trägt das Gesamtmodell zur Erklärung der Disposition des Mannes bei.

4.5 Interpretation der Ergebnisse

Das Modell beinhaltet Parameterrestriktionen bezüglich Γ^* und B^*. Daraus kann inhaltlich geschlussfolgert werden, dass (1) die geschlechtsspezifischen Effekte der exogenen Variablen auf die Disposition von Frau und Mann sich nicht signifikant voneinander unterscheiden, (2) die Disposition der Frau und des Mannes sich nicht gleichwertig beeinflussen und (3) die Disposition der Frau und die Disposition des Mannes einen gleichwertigen Effekt auf die Entscheidung des Paares haben, wobei die Parameter Werte ungleich Null annehmen.

Zunächst zeigen die Parameterschätzungen der reduzierten Form in Tabelle 4, die in die Bestimmung der Strukturparameter eingehen, dass die Vorzeichen der Regressionskoeffizienten in Π zumeist den theoretischen Erwartungen entsprechen. Hinsichtlich des psychisch-emotionalen Wertes von Kindern resultieren durchgängig signifikant positive Effekte. D.h. die persönliche Nutzenerwartung einer Elternschaft erhöht eindeutig den eigenen Kinderwunsch als auch den des Partners und erweist sich als förderlich in Hinblick auf die Familiengründung. Auch das generative Verhalten des persönlichen Umfeldes des Paares sowie die Partnerschaftsdauer vor Eintritt in die Ehe stehen in einem positiven Zusammenhang mit dem Kinderwunsch beider Partner. Jedoch zeigen sich lediglich signifikante Effekte hinsichtlich des generativen Verhaltens des Paares, wobei mit steigender Partnerschaftsdauer, wie theoretisch angenommen, ein reduziertes Familiengründungsverhalten zu beobachten ist. Beim Verbleib in den Bildungsinstitutionen zeigt sich, wie erwartet, eine durchgängig signifikant negative Effektstruktur. Des Weiteren verdeutlichen die Parameter der reduzierten Form, dass das Bildungsniveau mit Ausnahme von π_{37} in einem positiven Zu-

---

[48] Die Spezifikation eines Entscheidungsmodells, in dem keine direkten geschlechtsspezifischen Effekte der bildungs- und berufsbiographischen Faktoren auf die Disposition des jeweils anderen Partners angenommen werden, führt zu einer wesentlich schlechteren Modellanpassung aufgrund eines hohen Chi-Quadrat-Wertes von 43.710 bei 30 Freiheitsgraden. Jedoch zeigt sich nur ein leicht verminderter R^2-Wert für η_1 von .141 und eine Erhöhung um .030 für η_2. Keine Veränderung ist für η_3 zu verzeichnen.

sammenhang mit dem Kinderwunsch als auch dem generativen Verhalten steht, wobei die Effekte vernachlässigbar sind. Allerdings geht die Hervorhebung des Lebensbereichs Freunde und Freizeit beider Partner entgegen der theoretischen Annahme mit einem erhöhten Kinderwunsch einher. Wiederum wirkt dies reduzierend auf die Wahrscheinlichkeit einer Erstelternschaft. Auch zeigen sich divergierende Effekte hinsichtlich des jeweils anderen Partners. Allerdings erweisen sich die Effekte ebenfalls als nicht signifikant. Ein ähnliches Bild ist beim Merkmal kurzfristige berufliche Aufstiegsambitionen zu verzeichnen. Der Einfluss der Frau erweist sich als eindeutig kinderwunsch- und familiengründungsreduzierend und der des Mannes als tendenziell förderlich für seinen und ihren Kinderwunsch. Mit Arbeitslosigkeit konfrontiert (worden) zu sein führt zu einer Verstärkung des eigenen Kinderwunsches und zu einer Senkung der Geburtenwahrscheinlichkeit. Jedoch wirkt die Arbeitslosigkeitserfahrung des Mannes negativ auf den Kinderwunsch der Frau. Umgekehrt zeigt sich wiederum ein positiver Zusammenhang. Die Regressionskonstanten mit Ausnahme von δ_3 und die Korrelationen bzw. Kovarianzen der Fehler erweisen sich als signifikant. Die teilweise nicht signifikante Effektstruktur insbesondere des generativen Verhaltens des persönlichen Umfeldes (x_3), der Partnerschaftsdauer vor Eintritt in die Ehe (x_4), des Bildungsniveaus (x_7 und x_8), des Stellenwerts des Bereichs Freizeit und Freunde (x_9 und x_{10}), der kurzfristigen beruflichen Aufstiegsambitionen des Mannes (x_{12}) sowie der Arbeitslosigkeitserfahrung des Mannes (x_{14}) bezüglich des Kinderwunsches von Frau und Mann in der reduzierten Form des Modell bleibt nicht ohne Konsequenzen für die Schätzung der Strukturparameter.

Tabelle 4:   Parameterschätzung und reproduzierte Parameter der reduzierten
             Form auf Basis des Modells 12

Parameter	Parameterschätzung der reduzierten Form	Parameter	Reproduzierte Parameter der reduzierten Form
δ_1	-1.004^{***}	δ_1^*	$-.636$
δ_2	-1.203^{***}	δ_2^*	$-.776$
δ_3	$-.622^*$	δ_3^*	$-.932$
Psychisch-emotionaler Wert von Kindern (x_1 und x_2)			
π_{11}	$.206^{***}$	π_{11}^*	$.223$
π_{21}	$.125^{***}$	π_{21}^*	$.147$
π_{31}	$.170^{***}$	π_{31}^*	$.190$
π_{12}	$.131^{***}$	π_{12}^*	$.086$

π_{22}	$.236^{***}$	π^*_{22}	$.183$
π_{32}	$.130^{***}$	π^*_{32}	$.145$
Generative Verhalten des persönlichen Umfeldes des Paares (x_3)			
π_{13}	$.118$	π^*_{13}	$.146$
π_{23}	$.046$	π^*_{23}	$.156$
π_{33}	$.222^{**}$	π^*_{33}	$.159$
Partnerschaftsdauer vor Eintritt in die Ehe (x_4)			
π_{14}	$.033$	π^*_{14}	$-.013$
π_{24}	$.004$	π^*_{24}	$-.014$
π_{34}	$-.062^{**}$	π^*_{34}	$-.014$
In Ausbildung (x_5 und x_6)			
π_{15}	$-.341^{***}$	π^*_{15}	$-.341$
π_{25}	$-.490^{***}$	π^*_{25}	$-.333$
π_{35}	$-.436^{***}$	π^*_{35}	$-.351$
π_{16}	$-.209^{*}$	π^*_{16}	$-.293$
π_{26}	$-.235^{**}$	π^*_{26}	$-.345$
π_{36}	$-.249^{**}$	π^*_{36}	$-.336$
Bildungsniveau (x_7 und x_8)			
π_{17}	$.006$	π^*_{17}	$.003$
π_{27}	$.014$	π^*_{27}	$.009$
π_{37}	$-.000$	π^*_{37}	$.007$
π_{18}	$.006$	π^*_{18}	$.012$
π_{28}	$.009$	π^*_{28}	$.007$
π_{38}	$.028^{*}$	π^*_{38}	$.010$
Stellenwert des Bereichs Freizeit und Freunde (x_9 und x_{10})			
π_{19}	$.013$	π^*_{19}	$-.062$
π_{29}	$.030$	π^*_{29}	$-.041$
π_{39}	$-.093$	π^*_{39}	$-.053$

$\pi_{1.10}$	-.030	$\pi^*_{1.10}$	-.024
$\pi_{2.10}$	.029	$\pi^*_{2.10}$	-.051
$\pi_{3.10}$	-.191	$\pi^*_{3.10}$	-.040
Kurzfristige berufliche Aufstiegsambitionen (x_{11} und x_{12})			
$\pi_{1.11}$	-.320***	$\pi^*_{1.11}$	-.196
$\pi_{2.11}$	-.191	$\pi^*_{2.11}$	-.130
$\pi_{3.11}$	-.505***	$\pi^*_{3.11}$	-.167
$\pi_{1.12}$	.002	$\pi^*_{1.12}$	-.076
$\pi_{2.12}$	.011	$\pi^*_{2.12}$	-.161
$\pi_{3.12}$	-.019	$\pi^*_{3.12}$	-.128
Arbeitslosigkeitserfahrung (x_{13} und x_{14})			
$\pi_{1.13}$	.239**	$\pi^*_{1.13}$	.122
$\pi_{2.13}$	.012	$\pi^*_{2.13}$	-.015
$\pi_{3.13}$	-.055	$\pi^*_{3.13}$	.049
$\pi_{1.14}$	-.027	$\pi^*_{1.14}$	-.097
$\pi_{2.14}$	.084	$\pi^*_{2.14}$	.042
$\pi_{3.14}$	-.019	$\pi^*_{3.14}$	-.022
σ_{12}	.840***	σ^*_{12}	.840
σ_{13}	.434***	σ^*_{13}	.442
σ_{23}	.458***	σ^*_{23}	.454

Mit * *gekennzeichnete Werte sind auf dem* $\alpha = .10$ *Testniveau signifikant von Null verschieden.*
Mit ** *gekennzeichnete Werte sind auf dem* $\alpha = .05$ *Testniveau signifikant von Null verschieden.*
Mit *** *gekennzeichnete Werte sind auf dem* $\alpha = .01$ *Testniveau signifikant von Null verschieden.*

Außerdem zeigen die Ergebnisse der reduzierten Form, dass vereinzelt höhere Abweichungen der reproduzierten Parameter des nicht-linearen Probit-Modells an die Parameter der reduzierten Form vorliegen. Die größten Unterschiede finden sich bei δ^*_1, δ^*_2 und $\pi^*_{3.13}$. Auch sind Differenzen bezüglich der Vorzeichen der geschätzten Parameter zu verzeichnen. Insbesondere weisen die restringierten Parameter π^*_{14}, π^*_{24}, π^*_{19}, $\pi^*_{2.10}$, $\pi^*_{2.12}$ und $\pi^*_{2.13}$ auf Basis des geschätzten Parameter in B^* und Γ^* negative Vorzeichen auf. Damit wird entsprechend der

theoretischen Annahmen ein negativer Zusammenhang zwischen der Partnerschaftsdauer vor Eintritt in die Ehe, der Betonung des Lebensbereichs Freizeit
und Freunde beider Partner auf den jeweiligen Kinderwunsch sowie einen kinderwunschreduzierenden Effekt ausgehend von kurzfristigen beruflichen Aufstiegsambitionen für den Mann generiert. Auch zeigt sich ein negativer Effekt
der Arbeitslosigkeitserfahrung der Frau auf den Kinderwunsch des Mannes sowie ein positiver Effekt auf die Wahrscheinlichkeit einer Elternschaft (siehe
$\pi^*_{3.13}$).

Die Betrachtung der geschätzten Strukturparameter des Modells 12 verdeutlicht, dass einige Parameterschätzungen sich auf dem 5%-Niveau nicht signifikant von Null unterscheiden. Neben den Strukturparametern μ^*_1 sowie ω^*_{12} und

ω^*_{23} resultieren nicht signifikante Effektparameter in Γ^*. Diese beziehen sich,
wie bereits in der reduzierten Form ersichtlich, auf den Einfluss des generativen
Verhaltens des persönlichen Umfeldes des Paares (γ^*_{13} und γ^*_{23}), der Partnerschaftsdauer vor Eintritt in die Ehe (γ^*_{14} und γ^*_{24}), des Bildungsniveaus (γ^*_{17} und
γ^*_{28}), des Stellenwerts des Bereichs Freizeit und Freunde (γ^*_{19} und $\gamma^*_{2.10}$) auf die
Disposition von Frau und Mann. Des Weiteren zeigen sich auf dem 5%-Niveau
durchgängig nicht signifikante direkte Effekte ausgehend von den bildungs- und
berufsbiographischen Faktoren des Partners auf die Disposition von Frau und
Mann. Der Verbleib in den Bildungsinstitutionen (γ^*_{16} und γ^*_{25}), das Bildungsniveau (γ^*_{18} und γ^*_{27}), kurzfristige berufliche Aufstiegsambitionen ($\gamma^*_{1.12}$ und $\gamma^*_{2.11}$)
sowie Arbeitslosigkeitserfahrung ($\gamma^*_{1.14}$ und $\gamma^*_{2.13}$) von Frau und Mann erweisen
sich als irrelevant für die Disposition des Partners.

Ferner zeigt der asymptotische Standardfehler (s.e.), dass der Proportionalitätsfaktor λ mit einem Wert von 1.221 auf dem 1%-Niveau signifikant ist. Auch
für die anderen nicht-linearen Modelle resultiert durchgängig eine signifikante
Schätzung für λ, wobei der Wert zwischen .522 für Modell 5 und 1.850 für Modell 4 variiert. Zumeist schwanken jedoch die Schätzungen um den Wert 1. Der
Wert des Proportionalitätsfaktors des hier vorliegenden Modells verdeutlicht,
dass η_2 über eine leicht höhere Varianz verfügt als η_1. Dem zufolge sind die
analogen geschlechtsspezifischen Parameter in Γ^* nicht identisch, sondern differieren um diesen konstanten Term. Die nachstehende Abbildung 6 veranschaulicht die vom Programm vorgenommenen Parameterschätzungen in Γ^* des nicht-
linearen Probit-Modells.

Abbildung 6:   Die ermittelte Einflussstruktur der exogenen Variablen auf die Disposition von Frau und Mann

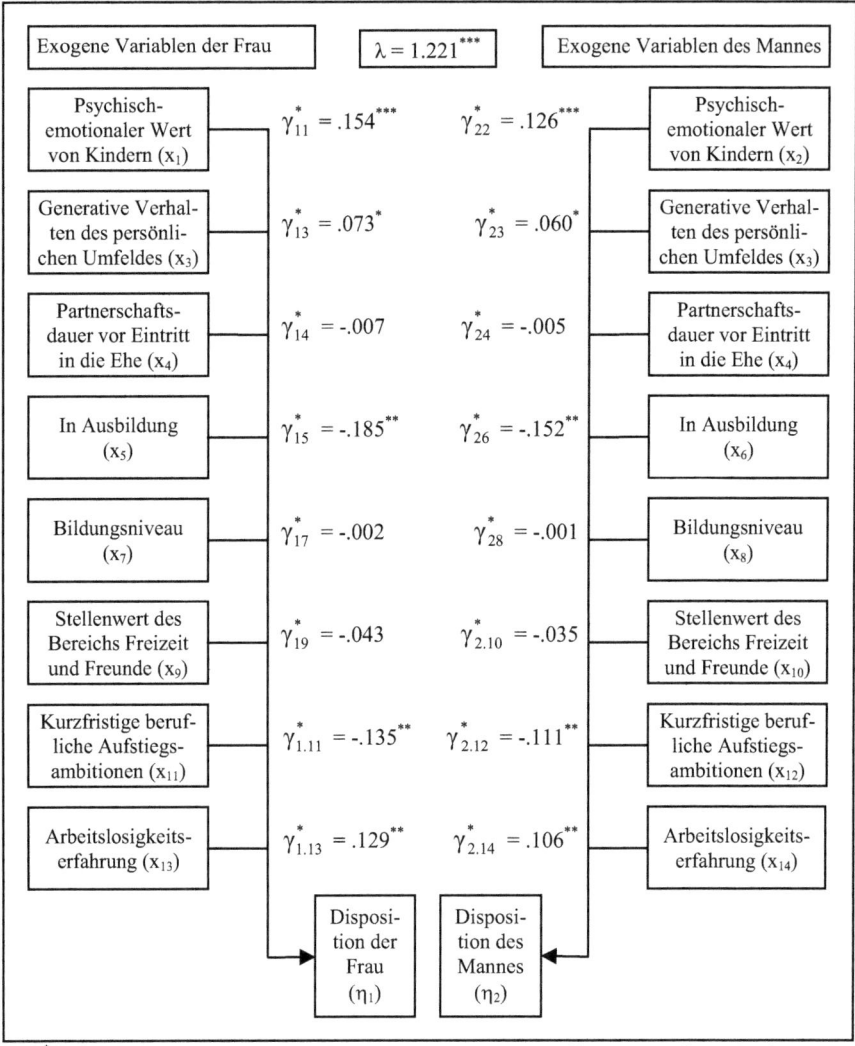

Mit * *gekennzeichnete Werte sind auf dem* α = .10 *Testniveau signifikant von Null verschieden.*
Mit ** *gekennzeichnete Werte sind auf dem* α = .05 *Testniveau signifikant von Null verschieden.*
Mit *** *gekennzeichnete Werte sind auf dem* α = .01 *Testniveau signifikant von Null verschieden.*

Die analogen Parameter in Γ^* weichen um den konstanten Faktor 1.221 voneinander ab, wobei die Effektkoeffizienten in Γ sich nicht signifikant unterscheiden. Damit bestimmen die im Modell berücksichtigten exogenen Variablen im selben Ausmaß die Disposition des Mannes als auch der Frau. Es gilt demnach folgende Relation der analogen geschlechtsspezifischen Effektkoeffizienten:

$$\frac{\gamma_{1j}}{\gamma_{2j}} = \frac{\gamma_{1j}^*}{\gamma_{2j}^*} \cdot \lambda^{-1} = 1 \quad (j = 1, \ldots, 14)$$

Die Parameter in Γ^*, die den direkten Einfluss der exogenen Variablen auf die jeweilige Disposition wiedergeben, zeigen für beide Partner ein hinsichtlich der Einflussrichtung einheitliches Bild. Der psychisch-emotionale Wert von Kindern (x_1 und x_2) weist einen signifikant positiven Einfluss auf die Dispositionen beider Partner auf. D.h. mit steigender Nutzenerwartung von Kindern erhöht sich die Disposition respektive der Kinderwunsch. Mit einem ausgeprägten generativen Verhalten des persönlichen Umfeldes des Paares (x_3) steigen ebenfalls die Dispositionen beider Partner, allerdings erweisen sich die geschlechtsspezifischen Effekte als sehr niedrig und lediglich auf dem 10%-Niveau signifikant. Das generative Verhalten des persönlichen Umfeldes trägt damit kaum zur Erklärung des Familiengründungsprozesses bei. Selbes gilt für den nicht signifikanten negativen Effekt ausgehend von der Partnerschaftsdauer vor Eintritt in die Ehe (x_4), dem Bildungsniveau (x_7 und x_8) sowie dem Stellenwert des Bereichs Freizeit und Freunde (x_9 und x_{10}). Es zeigt sich zum einen lediglich die Tendenz, dass mit zunehmender Partnerschaftsdauer vor Eintritt in die Ehe die Disposition auf einem niedrigen Niveau verharrt. Paare, die sich trotz langjähriger stabiler Beziehung nicht für eine Familiengründung entschieden haben, weisen nach Eheschließung weiterhin eine reduzierte Familiengründungsbereitschaft auf. Auch zeigt sich tendenziell für beide Partner eine mit steigendem Ausbildungsniveau einhergehende reduzierte Disposition zur Erstelternschaft. So weist der Mann, entgegen der theoretischen Annahme, einen negativen Bildungseffekt auf. Die Betonung des Bereichs Freizeit und Freunde für das eigene Leben weist ebenfalls tendenziell einen kinderwunschreduzierenden Effekt auf. Abgesehen davon zeigt sich für beide Partner, wie aus vielen empirischen Untersuchungen bereits bestätigt, ein negativer Institutionen- bzw. Bildungsbeteiligungseffekt. Noch im Aus- und Weiterbildungssystem verankert zu sein (x_5 und x_6), reduziert eindeutig den Kinderwunsch von Frau und Mann. Damit kann eindeutig ein Institutioneneffekt (bzw. Aufschubeffekt) nachgewiesen werden, der wesentlich bedeutsamer ist als der Bildungsniveaueffekt. Berufliche Aufstiegsambitionen (x_{11} und x_{12}) bezogen auf die nächsten zwei Jahre, reduzieren ebenfalls die Dispositionen beider Partner. Jedoch resultiert ein positiver Effekt vergangener bzw. gegenwärtiger Arbeitslosigkeitserfahrung auch für den Mann (x_{13} und x_{14}). Dem zufolge fungiert ein erhöhter Kinderwunsch als kompensatorischer Faktor für berufliche Negativerlebnisse.

Damit bestätigen sich alle eingangs postulierten theoretisch angenommenen Einflüsse in Hinblick auf die vermutete Richtung des statistischen Zusammenhangs für die Frau, jedoch nicht für den Mann. Entgegen der theoretischen Annahmen resultiert beim Mann ein positiver Effekt ausgehend vom Bildungsniveau sowie von Arbeitslosigkeitserfahrungen. Insgesamt zeigt sich, dass das Verweilen im Aus- und Weiterbildungssystem die größte Relevanz für den Aufschub der Familiengründung erst kürzlich verheirateter Paare besitzt. Der psychisch-emotionale Wert von Kindern weist den zweitstärksten Effekt auf den gewünschten Zeitpunkt einer Erstelternschaft auf, wobei dieser den Kinderwunsch fördert. Kurzfristige berufliche Aufstiegsambitionen und vergangene bzw. derzeitige unfreiwillige Nichterwerbstätigkeit erweisen sich als nicht ganz so bedeutsam für den Aufschub der Erstelternschaft wie der Institutioneneffekt sowie der erwartete Nutzen von Kindern. Als statistisch nicht maßgeblich bzw. nicht signifikant auf dem 5%-Niveau sind das generative Verhalten des persönlichen Umfeldes des Paares, die Partnerschaftsdauer vor Eintritt in die Ehe, das Bildungsniveau als auch die subjektive Bewertung des Lebensbereichs Freizeit und Freunde. Damit erweisen sich die bildungs- und berufsbiographischen Faktoren von Frau und Mann mit Ausnahme des Bildungsniveaus als relevant für ihre/seine Disposition.

Auch zeigen sich Effekte ausgehend von den bildungs- und berufsbiographischen Variablen von Frau und Mann auf die Disposition des Partners. Die in Abbildung 7 ausgewiesenen analogen Parameter in Γ^* weichen auch hier um den konstanten Faktor 1.221 voneinander ab, wobei die Effektkoeffizienten in Γ sich nicht signifikant unterscheiden. Die im Modell berücksichtigten bildungs- und berufsbiographischen Variablen der Frau und des Mannes bestimmen ebenfalls im selben Ausmaß die Disposition des Partners. Jedoch zeigt sich, dass lediglich der Effekt unfreiwilliger Nichterwerbstätigkeit (x_{13} und x_{14}) auf dem 10%-Niveau signifikant ist. Berufliche Negativerlebnisse von Frau und Mann weisen demzufolge einen dispositionsreduzierenden Effekt auf den Partner aus. Auch zeigt sich in der Tendenz ein negativer Institutioneneffekt (x_5 und x_6). D.h. das Verweilen im Aus- und Weiterbildungssystem geht mit einem verminderten Kinderwunsch einher. Keine Effekte gehen vom Bildungsniveau (x_7 und x_8) sowie von beruflichen Aufstiegsambitionen des Partners (x_{11} und x_{12}) aus, wobei in der Tendenz ein positiver Bildungseffekt aufgrund erhöhter Ressourcenausstattung des Partners und ein negativer Aufstiegsambitioneneffekt, der auf etwaige unsichere berufliche Veränderungen zurück zu führen ist, zu beobachten ist. Insgesamt entsprechen die Vorzeichen der Parameterschätzungen den theoretischen Annahmen.

Abbildung 7: Die ermittelte Einflussstruktur der exogenen Variablen auf die Disposition des Partners

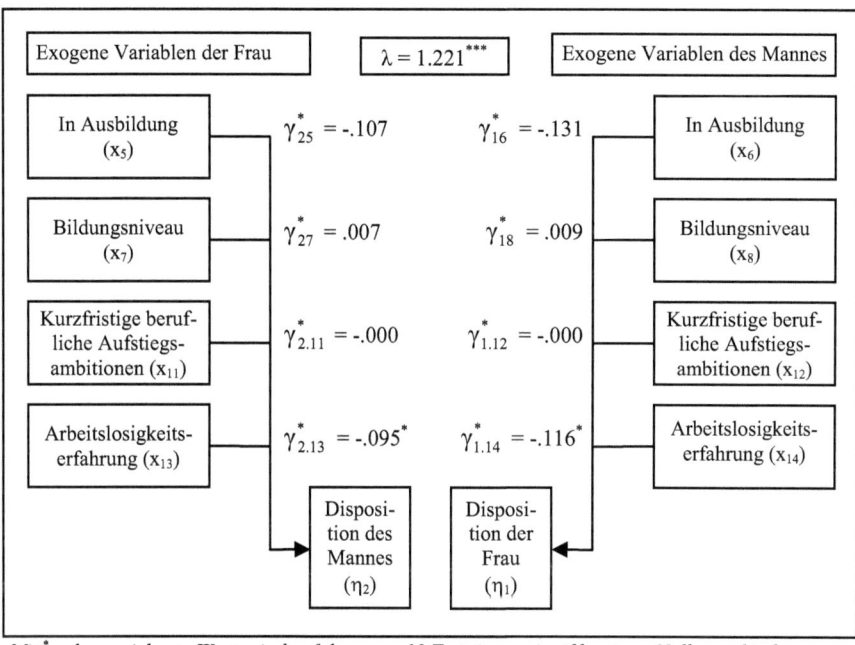

Mit * *gekennzeichnete Werte sind auf dem* $\alpha = .10$ *Testniveau signifikant von Null verschieden.*
Mit ** *gekennzeichnete Werte sind auf dem* $\alpha = .05$ *Testniveau signifikant von Null verschieden.*
Mit *** *gekennzeichnete Werte sind auf dem* $\alpha = .01$ *Testniveau signifikant von Null verschieden.*

Des Weiteren gibt das nicht-lineare Probit-Modell Auskunft über die Ausgestaltung der simultanen Beeinflussung beider Partner und des letztendlichen Entscheidungsverlaufs. Dazu ist in Abbildung 8 die Effektstruktur der endogenen latenten Variablen ausgewiesen.

Abbildung 8:   Die ermittelte Einflussstruktur der Disposition von Frau und
Mann

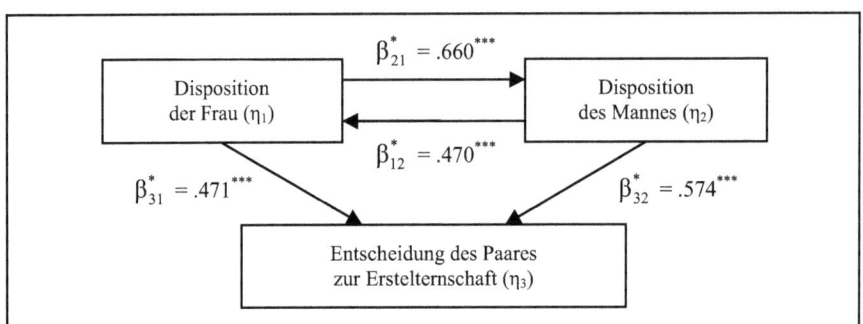

*Mit * gekennzeichnete Werte sind auf dem $\alpha = .10$ Testniveau signifikant von Null verschieden.*
*Mit ** gekennzeichnete Werte sind auf dem $\alpha = .05$ Testniveau signifikant von Null verschieden.*
*Mit *** gekennzeichnete Werte sind auf dem $\alpha = .01$ Testniveau signifikant von Null verschieden.*

Die geschätzten Strukturparameter in B^*, die den direkten Einfluss der endogenen latenten Variablen aufeinander wiedergeben, zeigen folgendes Bild: Sowohl
die Disposition der Frau (β_{31}^*) als auch die des Mannes (β_{32}^*) haben einen positiven Effekt auf die Entscheidung des Paares. Daneben beeinflussen sich die Dispositionen beider Partner (β_{21}^* und β_{12}^*) wechselseitig positiv. Unter Rückgriff
auf λ sind folgende Parameter in B identifiziert:

$$\beta_{21} = \beta_{21}^* \cdot \lambda = 0.660 \cdot 1.221 = 0.806$$

und

$$\beta_{12} = \beta_{12}^* \cdot \lambda^{-1} = \frac{0.470}{1.221} = 0.385$$

Daraus wird deutlich, dass die Disposition der Frau (β_{21}) einen stärkeren Einfluss
auf die Disposition des Mannes (β_{12}) hat als umgekehrt. Der Effekt der Frau stellt
dem zufolge mehr als das Zweifache des Effekts des Mannes dar. Dabei erweisen sich die Effekte als signifikant auf dem 1%-Niveau. Die Frau nimmt damit
einen dominanteren Stellenwert im Interaktions- bzw. Annäherungsprozess ein.

   Das Modell beinhaltet zudem die Gleichheitsrestriktion, dass die Dispositionen beider Partner die Entscheidung des Paares gleichwertig beeinflussen. Das
Verhältnis der Parameter β_{31} und β_{32} zueinander ergibt folglich den Wert 1:

$$\frac{\beta_{31}}{\beta_{32}} = \lambda\beta^*_{31}/\beta^*_{32} = \frac{1.221 \cdot 0.471}{0.574} = 1$$

bzw.

$$\frac{\beta_{32}}{\beta_{31}} = \lambda^{-1}\beta^*_{32}/\beta^*_{31} = \frac{0.819 \cdot 0.574}{0.471} = 1$$

Das Modell spiegelt einen paritätischen Entscheidungsverlauf wider, da weder die Frau noch der Mann den Ausgang der Entscheidung dominieren.

Die Parameterschätzungen in Γ^* zeigen, dass das Bildungsniveau (siehe γ^*_{27} und γ^*_{18}) sowie berufliche Aufstiegsambitionen ($\gamma^*_{2.11}$ und $\gamma^*_{1.12}$) der Frau und des Mannes keine direkten Auswirkungen auf die Disposition des Partners haben. Der Ausschluss beider Variablen aus der Modellstruktur führt nun, wie aus Abbildung 9 ersichtlich, zu einer signifikanten Schätzung des Institutioneneffekts. Auch berufliche Negativerlebnisse erweist sich nun auf dem 5%-Niveau als signifikant. Alle anderen Parameterschätzungen des Modells verweilen mehr oder weniger auf konstantem Niveau. Die beiden analogen Effektparameter verdeutlichen, dass unsichere zukünftige Berufsperspektiven des Partners aufgrund einer noch nicht abgeschlossenen Berufsausbildung bzw. Weiterbildung sowie unfreiwilliger Unterbrechungen in der Erwerbsbiographie sich hemmend auf die Disposition des Partners auswirken.

Abbildung 9: Die ermittelte Einflussstruktur der exogenen Variablen auf die
Disposition des Partners

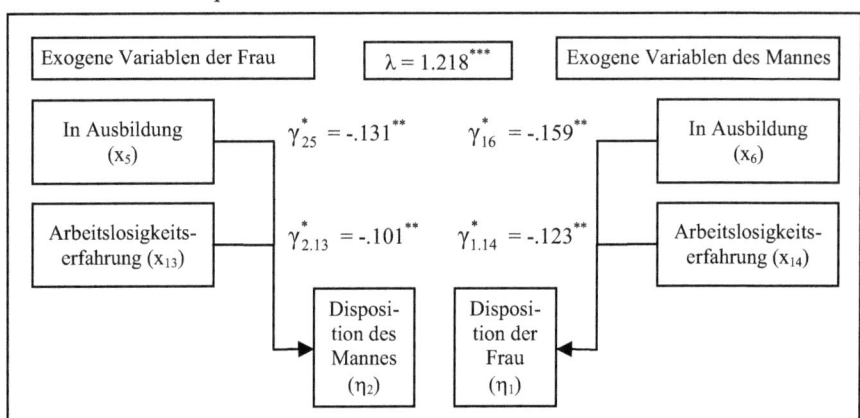

*Mit * gekennzeichnete Werte sind auf dem $\alpha = .10$ Testniveau signifikant von Null verschieden.*
*Mit ** gekennzeichnete Werte sind auf dem $\alpha = .05$ Testniveau signifikant von Null verschieden.*
*Mit *** gekennzeichnete Werte sind auf dem $\alpha = .01$ Testniveau signifikant von Null verschieden.*

Das Modell verfügt dabei über eine gute Anpassungsleistung aufgrund eines
Chi-Quadrat-Wertes in Höhe von 36.792 bei 28 Freiheitsgraden. Auch zeigt sich
keine deutlich reduzierte R^2-Stastistik. Der erklärte Varianzanteil für η_1 beträgt
14.6%, für η_2 20.8% und für η_3 15.5%.

Ferner ergibt der Ausschluss der Merkmale Partnerschaftsdauer vor Eintritt
in die Ehe, Bildungsniveau sowie Stellenwert des Bereichs Freizeit und Freunde
beider Partner im Rahmen des Modells 12, die in diesem Modell zu nicht signifikanten Effekten in Hinblick auf die Disposition von Frau und Mann geführt
haben, eine gute Modellanpassung. Der Chi-Quadrat-Wert beträgt 21.482 bei 16
Freiheitsgraden, da 33 Parameterschätzungen auf Basis der reduzierten Form
resultieren und ferner 17 Strukturparameter ermittelt werden. Auch führt die
Modellmodifikation nur teilweise zu einer Reduktion des erklärten Varianzanteils. 14.8% der Varianz der Disposition der Frau können auf Basis dieser Modellstruktur erklärt werden. Des Weiteren resultiert für η_2 ein erklärter Varianzanteil in Höhe von 20.6% und für η_3 ein Wert von 14.4%. Dieses Ergebnis verdeutlicht, dass die Partnerschaftsdauer, das Bildungsniveau sowie der Stellenwert von Freizeit und Freunden keine Relevanz für die eigene Disposition besitzt. Dies trifft auch für die Disposition des Partners zu. Die Effekte der verbleibenden Variablen auf die Disposition von Frau und Mann differieren dabei, wie
aus Abbildung 10 ersichtlich, nur unwesentlich zu dem Ausgangsmodell.

Abbildung 10: Die ermittelte Einflussstruktur der exogenen Variablen auf die
Disposition von Frau und Mann

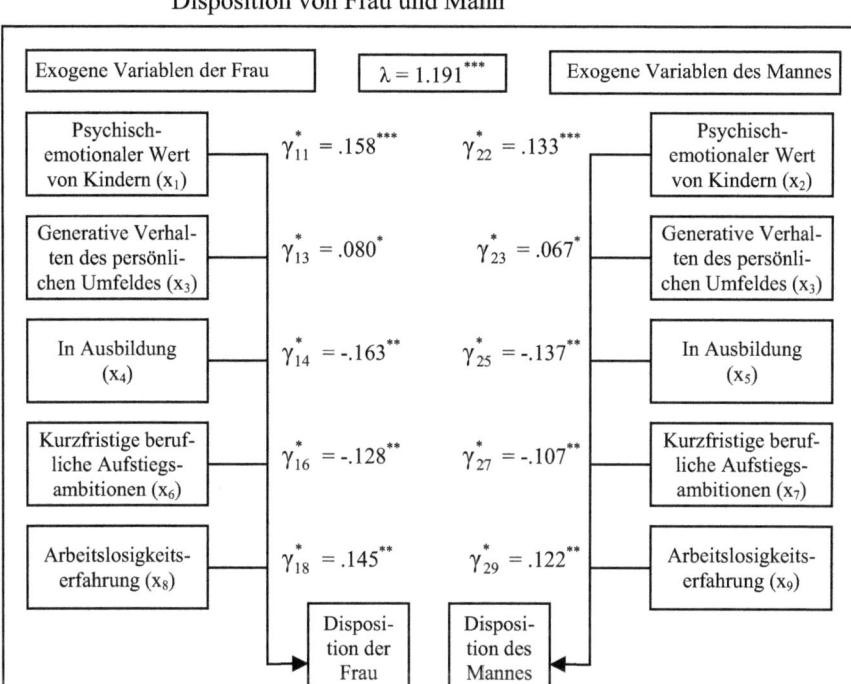

Mit * *gekennzeichnete Werte sind auf dem* $\alpha = .10$ *Testniveau signifikant von Null verschieden.*
Mit ** *gekennzeichnete Werte sind auf dem* $\alpha = .05$ *Testniveau signifikant von Null verschieden.*
Mit *** *gekennzeichnete Werte sind auf dem* $\alpha = .01$ *Testniveau signifikant von Null verschieden.*

Der Verbleib in den Bildungsinstitutionen, berufliche Aufstiegsambitionen und
der Proportionalitätsfaktor λ weisen leicht verringerte Werte, unfreiwillige
Nichterwerbstätigkeit hingegen einen leicht erhöhten Einfluss auf. Die Unterschiede der direkten Effekte der im Modell verbliebenen bildungs- und berufsbiographischen Faktoren auf die Disposition des Partners sind, wie Abbildung 11
veranschaulicht, ebenfalls unbedeutend.

Abbildung 11: Die ermittelte Einflussstruktur der exogenen Variablen auf die
Disposition des Partners

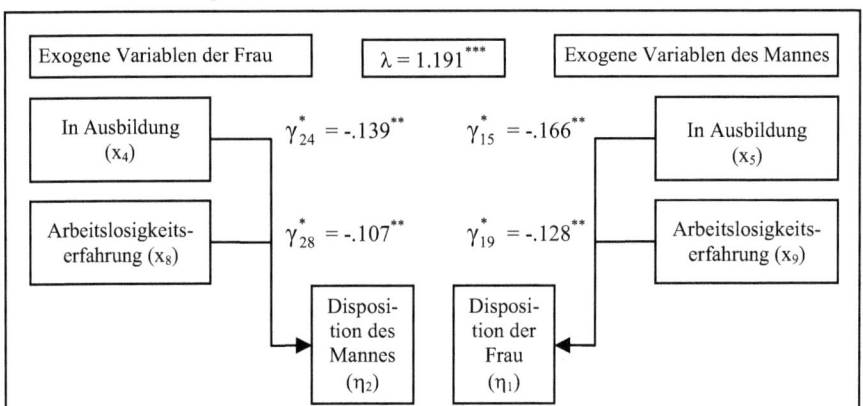

Mit * *gekennzeichnete Werte sind auf dem* $\alpha = .10$ *Testniveau signifikant von Null verschieden.*
Mit ** *gekennzeichnete Werte sind auf dem* $\alpha = .05$ *Testniveau signifikant von Null verschieden.*
Mit *** *gekennzeichnete Werte sind auf dem* $\alpha = .01$ *Testniveau signifikant von Null verschieden.*

Des Weiteren zeigen sich, wie aus der nachstehenden Abbildung 12 ersichtlich, ein um .172 verringerter Effekt der Disposition der Frau auf die Disposition des Mannes und ein um .068 erhöhter Effekt der Disposition des Mannes auf die Disposition der Frau. Dem zufolge ergibt sich eine verringerte Relation, denn der Effekt der Frau stellt nur noch das 1.4-fache des Effekts des Mannes dar. Auch die Parameter der dritten Zeile der Matrix B* verdeutlichen einen leicht verminderten Einfluss der Dispositionen beider Partner auf die Entscheidung des Paares.

Abbildung 12: Die ermittelte Einflussstruktur der Disposition von Frau und Mann

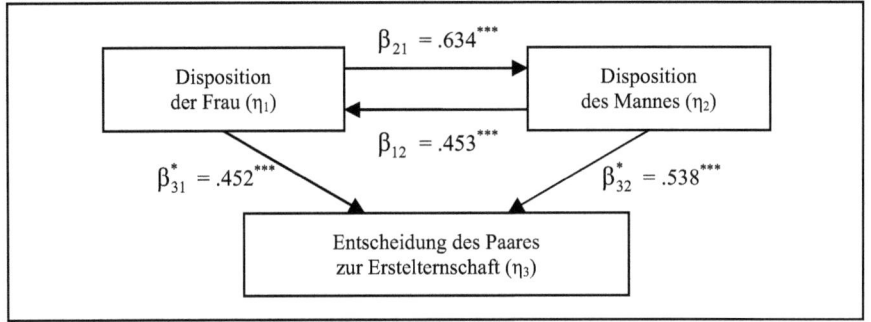

Mit * *gekennzeichnete Werte sind auf dem* $\alpha = .10$ *Testniveau signifikant von Null verschieden.*
Mit ** *gekennzeichnete Werte sind auf dem* $\alpha = .05$ *Testniveau signifikant von Null verschieden.*
Mit *** *gekennzeichnete Werte sind auf dem* $\alpha = .01$ *Testniveau signifikant von Null verschieden.*

Die Integration eines direkten Effekts ausgehend vom Stellenwert des Bereichs Freizeit und Freunde auf die Disposition des Partners in dem im ersten Schritt modifizierten Modell, wie dies in Abbildung 9 ausgewiesen ist, führt ebenfalls zu einer nicht signifikanten sowie niedrigen Schätzung von -.045 (s.e. = .081). Die Anpassungsleistung dieses Modells erweist sich aufgrund eines Chi-Quadrat-Wertes von 36.482 bei 27 Freiheitsgraden ebenfalls als akzeptabel. Die Schätzung dieses Parameters führt entsprechend zu einer leichten Erhöhung von R^2 für η_2 auf .210. Des Weiteren zeigt sich, dass die Spezifikation eines direkten Effekts des Wertes von Kindern von Frau und Mann auf den Partner im Rahmen derselben Modellstruktur ebenfalls zu einer nicht signifikanten Parameterschätzung in Höhe von -.035 (s.e. = .067) führt. Die Chi-Quadrat-Teststatistik ergibt einen Wert von 36.568 ebenfalls bei 27 Freiheitsgraden. Allerdings führt die Modellspezifikation zu einer deutlichen Reduktion der R^2-Statistik insbesondere für η_2 auf .172.

Die Gesamtbetrachtung zeigt, dass die Berücksichtigung direkter Effekte der im Modell enthaltenen exogenen Variablen auf die Disposition des Partners von großer Wichtigkeit ist. Denn die Prüfung des Ausgangmodells unter Ausschluss dieses Effekttyps gelangt zu einer (nahezu) inakzeptablen Modellanpassung aufgrund eines Chi-Quadrat-Wertes in Höhe von 43.710 bei 30 Freiheitsgraden. Die Schätzung von R^2 ergibt Werte von .141 für η_1, .239 für η_2 sowie .155 für η_3.

4.6 Resümee

Die Ergebnisse des nicht-linearen Probit-Modells verdeutlichen, dass sowohl die Disposition bzw. der Kinderwunsch der Frau als auch die Disposition des Mannes einen eigenständigen und gleichsam identischen Effekt auf die Entscheidung zur Familiengründung ausüben. Neben den Verhaltensintentionen beider Partner tragen der psychisch-emotionale Wert von Kindern sowie der normative Druck von außen bzw. Leitbilder, die sich aus dem generativen Verhalten des persönlichen Umfeldes generieren, zu einer Erklärung der generativen Entscheidung des Paares bei, wobei die Positiveffekte über die individuelle Disposition vermittelt werden. Zudem führen situative bildungs- und berufsbiographische Faktoren wie der Verbleib in den Bildungsinstitutionen sowie berufliche Aufstiegsambitionen zu einem Aufschub der Familiengründung - zumindest bis zur Beendigung der Ausbildung bzw. Etablierung einer höheren beruflichen Position. So bestätigt sich entlang ökonomischer Ansätze der Institutioneneffekt und Karriereambitioneneffekt, die erwerbsbezogene Unsicherheiten sowie Opportunitätskosten implizieren. Auch kommt der Institutioneneffekt über die Individualebene hinaus zum Tragen, denn es zeigt sich, dass die Bildungsbeteiligung die Verhaltensintention des jeweils anderen Partners direkt negativ beeinflusst und damit den Aufschubeffekt verstärkt. Hingegen erweisen sich Diskontinuitäten in der Erwerbsarbeit in Form von Arbeitslosigkeit für beide Partner als förderlich für die Realisierung von Elternschaft. Dieser Effekt lässt sich für die Frau über die Opportunitätskostenannahme bzw. einen Kompensationseffekt, d.h. einer Hinwendung zu familialen Zielvorstellungen, erklären. Auch beim Mann scheint in Hinblick auf berufliche Instabilitäten bzw. Negativerlebnisse ein Kompensationsmechanismus zu greifen und gleichsam zu dominieren. Ferner ist zu beobachten, dass Diskontinuitäten in der Erwerbsbiographie des jeweils anderen Partners einen Aufschub von Elternschaft fördern. Es kann angenommen werden, dass die auf Haushaltsebene resultierenden ökonomischen Restriktionen diesen Negativeffekt zentral bedingen. So lässt sich der Zeitpunkt einer Erstelternschaft in ehelichen Paarbeziehungen einerseits auf strukturelle bzw. ökonomische Rahmenbedingungen zurückführen und andererseits auf die generative Verhaltensintention, dem erwarteten Nutzenargument von Kindern sowie generativen Leitbildern bzw. Normen.

Demgegenüber zeigt sich für die Partnerschaftsdauer vor Eintritt in die Ehe kein signifikanter Effekt auf die individuelle Disposition sowie auf das generative Verhalten. Somit steht der Zeitpunkt der Eheschließung in keinem Zusammenhang zum Zeitpunkt der Erstelternschaft. Ebenso unbedeutend erweist sich das Bildungsniveau für die individuelle Disposition als auch für die des Partners. Die Annahme, dass bei höher gebildeten Frauen aufgrund erhöhter Opportunitätskosten ein Aufschub von Elternschaft - zumindest bis zur Etablierung einer adäquaten beruflichen Position - zu erwarten ist, lässt sich hier nicht bestätigen. Auch das Bildungsniveau des Mannes, das aufgrund eines höheren Einkommens eine erhöhte Familiengründungsbereitschaft impliziert, erweist sich in der dyadischen Betrachtung als nicht erklärungskräftig. So wird unabhängig vom Bildungsniveau eine baldige Erstelternschaft (nicht) angestrebt sowie (nicht) umgesetzt. Zudem bedingen sich die Verhaltensintention und das generative Verhalten nicht durch die Ressourcenausstattung des Partners. Ferner erweisen sich außerfamiliale Wertorientierungen als irrelevant für das generative Verhalten. Entsprechend steht eine ausgeprägte Freizeitorientierung nicht in Konkurrenz zu familialen Zielvorstellungen.

Auf Basis der im nicht-linearen Probit-Modell eingebetteten Prädiktoren können jedoch lediglich 14.4% der Varianz der Entscheidung des Paares zur Erstelternschaft aufgeklärt werden. Dabei zeigt sich, dass die Dispositionen bzw. Kinderwünsche beider Partner, die wiederum in einer engen Beziehung zu situativen bildungs- und berufsbiographischen Rahmenbedingungen und individuellen sowie gesellschaftlichen Wertorientierungen stehen, im erheblichen Maße die Entscheidung determinieren. Allerdings trägt die Modellstruktur mit einem R^2-Wert von 20.6% insbesondere zur Erklärung der Disposition des Mannes bei. Entsprechend resultiert ein deutlich niedriger erklärter Varianzanteil für die Disposition der Frau (R^2 = 14.8%). Diese Differenzen in der Erklärungsleistung bedingen sich im Wesentlichen dadurch, dass die Disposition der Frau in einem weitaus stärkeren Maße die Disposition des Mannes beeinflusst respektive den Interaktions- bzw. Annäherungsprozess dominiert. D.h. eine ausgeprägte bzw. verminderte Disposition der Frau zur Erstelternschaft fördert eine ausgeprägte bzw. verminderte Disposition des Mannes. In umgekehrter Richtung zeigt sich ebenfalls dieser Effekt, jedoch in abgeschwächter Form.

Die Gesamtergebnisse zum Familiengründungsprozess unter Berücksichtigung beider Partner im Rahmen eines Zwei-Wellen-Designs verdeutlichen, dass die geschlechtsspezifischen Lebenssituationen einen eigenständigen Erklärungsbeitrag für das generative Verhalten in Partnerschaften leisten. Dabei bestimmen die analogen Merkmale beider Partner gleichwertig die Entscheidung zur Erstelternschaft. Neben der Wichtigkeit einer dyadischen Betrachtungsweise bestätigt sich die Relevanz des Interaktions- bzw. Annäherungsprozesses zwischen beiden Partnern auf der intentionalen Ebene für die Untersuchung des Geburtenverhaltens.

5 Multi-Decision-Modellierung des Familiengründungsprozesses und des Erwerbsverhaltens der Frau

Die Entscheidung zur Familiengründung steht in einer sehr engen Zusammenhang zu Entscheidungsfindungsprozessen, die im Wesentlichen die innerpartnerschaftliche Aufgabenallokation im Kontext der Erstelternschaft betreffen (vgl. Ott 2001). Die daraus resultierende Vereinbarkeitsproblematik der Lebensbereiche Familie und Beruf begründet sich im Wesentlichen auf der Bildungsexpansion und der damit einhergehenden gestiegenen Bildung sowie Erwerbsbeteiligung der Frau. D.h. die Interdependenz zwischen generativen und erwerbsbiographischen Entscheidungen betrifft insbesondere die Frau und bleibt nicht ohne Konsequenzen für ihr Erwerbsverhalten. Zwar stehen Paaren grundsätzlich verschiedene Vereinbarkeitskonzepte zur Verfügung, jedoch erweisen sich nur wenige Modelle auch aufgrund ökonomischer Restriktionen wie dem durchschnittlich niedrigeren Verdienst sowie Einkommenserzielungskapazitäten der Frau als praktikabel. So manifestiert sich die Vereinbarkeitsproblematik insbesondere bei höher gebildeten Frauen, da sie zumeist einer Vollzeiterwerbstätigkeit nachgehen. Für sie impliziert zudem die Entscheidung zur Familiengründung die meisten Opportunitätskosten. So zeigen sich trotz Pluralisierung der Lebensgestaltungsoptionen deutliche geschlechtsspezifische Differenzierungen im Erwerbsverhalten im Zuge einer Erstelternschaft. Während Männer weiterhin einer Vollzeitbeschäftigung nachgehen, reduzieren oder unterbrechen Frauen in der Regel die Erwerbstätigkeit. Das male-breadwinner-Modell sowie male-breadwinner-weibliche-Hinzuverdiener-Modell repräsentieren die gängigen Vereinbarkeitsmodelle, die sich in Abhängigkeit des Alters und der Anzahl der Kinder auch wechselseitig ablösen. Gleichsam stellen die beiden Modelle berufsbiographische Langzeitkonzepte für die Frau dar.

Um nun diese enge Verknüpfung zwischen den Lebensbereichen Familiengründung und Erwerbsverhalten der Frau simultan zu betrachten, wird die Modellstruktur zur Familiengründung in einem nächsten Schritt erweitert. Im Rahmen eines Multi-Decision-Designs wird untersucht, inwieweit die zeitgleiche Entscheidung zur Erstelternschaft mit der Entscheidung des Paares zur Reduktion der Erwerbsbeteiligung bzw. zum Verweilen in Nicht-Vollzeitbeschäftigung der Frau einhergeht und diese durch beide Partner beeinflusst wird. Dazu wird die trivariate Verteilung, die die Disposition der Frau (η_1), die Disposition des Mannes (η_2) und die Entscheidung zur Familiengründung (η_3) umfasst, um eine weitere endogene latente Variable (η_4) erweitert, die ebenfalls als kontinuierlich aufgefasst wird. Zudem wird analog zur Untersuchung der Entscheidung zur Familiengründung die Ausprägung der Disposition von Frau und Mann mit denselben metrischen und nicht-metrischen exogenen manifesten Variablen beider Partner, die den persönlichen Kontext der Entscheidung abbilden, in Zusammenhang gebracht. Die nachstehende Abbildung 13 verdeutlicht das zu prüfende theoretische Modell.

Abbildung 13: Entscheidung zur Erstelternschaft und zeitgleiche Entscheidung zum Erwerbsverhalten der Frau

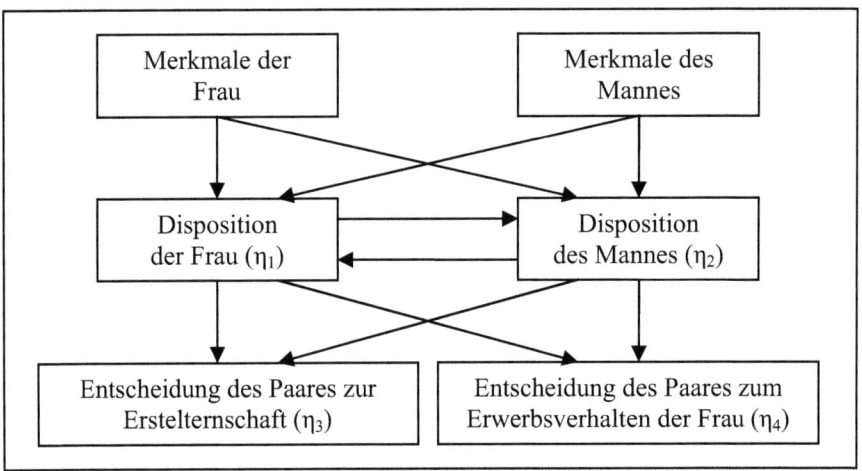

Es wird angenommen, dass die Disposition der Frau und die Disposition des Mannes nicht nur einen Einfluss auf die generative Entscheidung sondern ebenfalls einen Effekt auf das Erwerbsverhalten der Frau ausüben und damit erwerbsbiographische Veränderungen zu Ungunsten der Frau begünstigen. Diverse Untersuchungen haben nachgewiesen, dass zumindest der Kinderwunsch der Frau ihre Berufsorientierung negativ beeinflusst (vgl. z.B. von Rosenstiel et al. 1986: 144). Die Auswirkung des Kinderwunsches des Partners auf die Erwerborientierung der Frau bleibt hingegen unklar. Dieser Zusammenhang deckt sich auch mit dem Ergebnis, dass Frauen - unabhängig von ihrem Bildungsniveau - eine Vollzeitbeschäftigung im Zuge der Familiengründung nur marginal präferieren bzw.

intendieren. Für Männer kommt demgegenüber eine Aufgabe der eigenen Erwerbstätigkeit nicht in Betracht. Jedoch präferieren sie die Vorstellung einer teilzeit- oder nicht erwerbstätigen Partnerin (vgl. Abele 2005; Hakim 2000). So deuten die Studien darauf hin, dass das faktische Erwerbsverhalten der Frau nicht nur strukturell bzw. ökonomisch erklärbar ist, sondern auch auf der intentionalen Ebene angelegt ist. Daher kann vermutet werden, dass mit steigendem Kinderwunsch auch des Partners die Frau eher dazu neigt, die Erwerbstätigkeit zu reduzieren bzw. nicht zu erhöhen. Entsprechend spiegelt sich das intendierte Verhalten im faktischen Verhalten bei gleichzeitigem Eintritt in die Erstelternschaft wider. Zudem kann die geschlechtsspezifische Spezialisierung auf Erwerbs- und Hausarbeit bzw. die traditionelle Arbeitsteilung aus verhandlungstheoretischer Sicht als „impliziter Vertrag" (Ott 1999: 181) verstanden werden, der dazu dient, die Opportunitätskosten bzw. langfristigen Einschränkungen der erwerbsbiographischen Gestaltungsoptionen der Frau zu kompensieren, indem eine paritätische Verteilung der innerpartnerschaftlichen Nutzengewinne vereinbart wird.

Bei den hier simultan betrachteten Entscheidungen einerseits zur Familiengründung und andererseits zum Erwerbsverhalten der Frau im Multi-Decision-Modell wird keine einseitig gerichtete oder wechselseitige Einflussnahme zwischen η_3 und η_4 spezifiziert, da auf Basis bisheriger Forschungserkenntnisse nicht nur uneindeutig bleibt, wie sich beide Entscheidungen im zeitlichen Verlauf anordnen bzw. welche Entscheidung zeitlich voraus geht (vgl. Bernhardt 1993; Schröder 2005; Schröder/Brüderl 2008). Auch kann nicht ausgeschlossen, dass es sich bei dem nachgewiesenen Zusammenhang lediglich um eine Scheinkorrelation handelt und zudem unbeobachtete Heterogenität vorliegt (vgl. Schröder 2005). So kann im Folgenden auch aufgrund der zeitgleichen Messung des Familiengründungsverhaltens und Erwerbsverhaltens der Frau eine zeitverzögerte Wirkung nicht untersucht werden und bleibt im Rahmen dieser Modellkonzeption entsprechend unberücksichtigt.

5.1 Messung der endogenen latenten Variable Erwerbsverhalten der Frau

In der hier untersuchten Population zeigen sich bereits zwei Jahre nach Eheschließung deutliche Verschiebungen im Erwerbsverhalten der Frau. Wie aus Tabelle 5 ersichtlich, gehen zum ersten Befragungszeitpunkt 714 (81%) Frauen hauptberuflich einer Erwerbstätigkeit nach und sind darüber hinaus überwiegend (93%) vollzeiterwerbstätig. Lediglich 166 (19%) Frauen sind hingegen nicht oder nur nebenberuflich erwerbstätig. Allerdings zeigt sich im zeitlichen Verlauf, dass 313 (36%) Frauen den Erwerbsumfang reduzieren und lediglich 55 (6%)

Frauen den Erwerbsumfang erhöhen. Daneben verweilen 512 (58%) Frauen auf konstantem Niveau, wobei dies insbesondere den Bereich der Haupterwerbstätigkeit betrifft. Insgesamt nimmt jedoch der Anteil der hauptberuflich erwerbstätigen Frauen zum zweiten Befragungszeitpunkt 1990 rapide ab und gleichzeitig erhöht sich der Anteil der Nichterwerbstätigen.

Tabelle 5: Das Erwerbsverhalten der Frau zum Zeitpunkt 1988 und 1990

		1. Welle (1988)				
		nicht erwerbstätig	nebenberuflich erwerbstätig	hauptberuflich erwerbstätig	keine Angabe	Σ
2. Welle (1990)	nicht erwerbstätig	92	13	265	1	371
	nebenberuflich erwerbstätig	7	6	35	--	48
	hauptberuflich erwerbstätig	40	8	414	3	465
	Σ	139	27	714	4	884

So kann angenommen werden, dass die beobachteten Veränderungen im Erwerbsverhalten der Frau zum zweiten Befragungszeitpunkt in einer engen Verbindung zum generativen Verhalten des Paares stehen. Entsprechend folgt die Messung des Erwerbsverhaltens der Frau der auch andernorts vielfach nachgewiesenen Beobachtung, dass die Entscheidung zur Erstelternschaft zumeist mit einer Reduktion der Erwerbsbeteiligung der Frau einhergeht (vgl. Calhoun 1994; Drobnič et al. 1999; Franz 1985; Henkens et al. 2002; van der Lippe 2001; Waldfogel et al. 1999). Gleichsam wird berücksichtigt, dass nicht erwerbstätige Frauen aufgrund verminderter Opportunitätskosten bzw. Vereinbarkeitsproblematik eine erhöhte Wahrscheinlich zur Familiengründung aufweisen (vgl. Kreyenfeld 2001).

Auf Basis der Angabe der Frau zum ersten und zweiten Befragungszeitpunkt wird eruiert, ob die Frau faktisch den zeitlichen Umfang ihre Erwerbsarbeit reduziert. Die Operationalisierung der endogenen latenten Variablen orientiert sich zudem an der Annahme, dass die Entscheidung zur Familiengründung zugleich mit einem Verweilen in einer Nichterwerbstätigkeit bzw. Teilzeitbeschäftigung der Frau einhergeht. Entsprechend wird angenommen, dass Frauen, die zwei Jahre nach Eheschließung (noch) keine Familie gründen, entweder in einer Vollzeitbeschäftigung verweilen oder den zeitlichen Umfang der Erwerbs-

arbeit erhöhen.[49] Des Weiteren wird für diejenigen, die zum zweiten Befragungszeitpunkt aufgrund von Erziehungsurlaub nicht berufstätig sind, ermittelt,
ob und in welchem Umfang diese in den Beruf zurückkehren möchten. Zumeist
streben sie eine Rückkehr, vornehmlich ausgehend von einer Vollzeit- in die
Teilzeitbeschäftigung, an. Dies findet sich in der Konstruktion dahingehend
verankert, dass ermittelt wird, ob die Frau nach Ablauf des Erziehungsurlaubs
ein Verweilen in Nichterwerbstätigkeit bzw. Teilzeitbeschäftigung oder eine
Reduktion des zeitlichen Umfangs der Erwerbsarbeit einschließlich der Nichter-
werbsarbeit intendiert oder aber auch in die Vollzeiterwerbstätigkeit zurück zu
kehren beabsichtigt oder den zeitlichen Umfang erhöhen möchte. So wird das
endogene latente Merkmal ›Entscheidung des Paares zum Erwerbsverhalten der
Frau‹ über ein dichotomes Item mit den Ausprägungen (0) nein stellvertretend
für das Verweilen bzw. die Rückkehr in die Vollzeitbeschäftigung oder der Erhöhung des zeitlichen Umfangs der Erwerbsarbeit und (1) ja stellvertretend für
das Verweilen bzw. die Rückkehr in die Nichterwerbstätigkeit bzw. Teilzeitbeschäftigung oder der Reduktion des zeitlichen Umfangs der Erwerbsarbeit gemessen, wobei sowohl das faktische als auch intendierte Verhalten der Frau
berücksichtigt wird. Das hier betrachtete Multi-Decision-Modell enthält neben
den ursprünglichen drei endogenen latenten Variablen folgendes weitere Kon-
strukt, das ebenfalls über einen Indikator operationalisiert wird:

η_4:   Entscheidung des Paares zum Erwerbsverhalten der Frau
y_4:   Reduktion der Erwerbsbeteiligung oder Verweilen in Nicht-Vollzeitbe-
       schäftigung mit den Ausprägungen (0) nein und (1) ja.

Nachstehend findet sich in Tabelle 6 die Verteilung des dichotomen Items ausgewiesen sowie eine Darstellung des gemeinsamen Auftretens beider Entscheidungen zum zweiten Befragungszeitpunkt 1990. In der hier untersuchten Population zeigt sich eine enge Verbindung zwischen dem generativen Verhalten des
Paares und dem Erwerbsverhalten der Frau.

---

[49]   Die wesentlich differenziertere Frage zum zeitlichen Umfang der Erwerbsbeteiligung zum
       Zeitpunkt 1988 sowie 1990 findet keine Verwendung, da diese eklatant viele Fehlwerte aus-
       weist.

Tabelle 6:   Die Entscheidung zur Erstelternschaft und zeitgleiche Entscheidung zur Reduktion der Erwerbsbeteiligung oder zum Verweilen in Nicht-Vollzeitbeschäftigung der Frau

| | | 2. Welle (1990) | | |
		nein	ja	Σ
2. Welle (1990)	nicht schwanger	389	42	431
	schwanger bzw. Kind vorhanden	114	339	453
	Σ	503	381	884

Die untersuchten Paare folgen vornehmlich dem male-breadwinner-Modell, wobei 25% der (werdenden) Mütter weiterhin einer Vollzeitbeschäftigung nachgehen möchten bzw. den zeitlichen Umfang der Erwerbsarbeit zu erhöhen beabsichtigen. 42 Frauen, die sich zum zweiten Befragungszeitpunkt nicht für eine Erstelternschaft entschieden haben, möchten in Nichterwerbstätigkeit oder Teilzeitbeschäftigung verweilen oder den zeitlichen Umfangs der Erwerbsarbeit reduzieren. Es kann davon ausgegangen werden, dass diese Entscheidung mit einer bevorstehenden Schwangerschaft korrespondiert. Jedoch kann - und dies wird auch nicht im Folgenden Bestandteil der Forschungsfrage sein - nicht untersucht werden, ob die generative Entscheidung eine Veränderung im Erwerbsverhalten der Frau nach sich zieht oder die berufsbiographische Entscheidung dem Geburtenverhalten zeitlich voraus geht.

5.2 Überprüfung der Modellanpassung zum Erwerbsverhalten der Frau

Aufgrund der Komplexität dieses Modells wird eine zweistufige Vorgehensweise gewählt, die das Auffinden der bestmöglichen Zusammenhangsstruktur vereinfacht. In einem ersten Schritt wird die Entscheidung bezüglich des weiblichen Erwerbverhaltens unabhängig von der Entscheidung einer Erstelternschaft betrachtet und untersucht, welches Parameterrestriktion in Bezug auf das Ausgangsmodell zur besten Modellanpassung führt. Erst in einem zweiten Schritt werden beide Entscheidungen simultan einer statistischen Prüfung unterzogen. Die dreistufige Schätztechnik, die bereits zur Ermittlung der Parameter im Modell zum Familiengründungsprozess angewendet wurde, wird adaptiert.

Die Parameterschätzungen der reduzierten Form der ersten beiden Zeilen von δ und Π sowie des Parameters σ_{12} entsprechen denen aus dem Modell zur Erstelternschaft (siehe Tabelle 4) und finden sich in der nachstehenden Tabelle 7 nicht erneut aufgeführt. Folgend sind nur alle zusätzlichen Schätzungen betreffend das Erwerbsverhalten der Frau ausgewiesen. Dabei zeigt sich, dass der psychisch-emotionale Wert von Kindern, das generative Verhalten des persönlichen Umfeldes des Paares sowie der Verbleib in den Bildungsinstitutionen beider Partner bedeutsam für die Reduktion der Erwerbsbeteiligung bzw. das Verweilen in Nicht-Vollzeitbeschäftigung der Frau sind. Demgegenüber üben die Partnerschaftsdauer, der Stellenwert des Bereichs Freizeit und Freunde und die Arbeitslosigkeitserfahrung keinen signifikanten Effekt aus. Jedoch scheint zumindest das Bildungsniveau des Mannes einen positiven Effekt auszuüben und fördert damit eine Reduktion der Erwerbsbeteiligung bzw. ein Verweilen in Nicht-Vollzeitbeschäftigung der Partnerin. Auch berufliche Aufstiegsambitionen der Frau wirken, jedoch negativ, auf ihr Erwerbsverhalten.

Tabelle 7:   Parameterschätzung der reduzierten Form

Parameter	Parameterschätzung
δ_3	-1.299^{***}
Psychisch-emotionaler Wert von Kindern (x_1 und x_2)	
π_{31}	$.141^{***}$
π_{32}	$.072^{*}$
Generative Verhalten des persönlichen Umfeldes des Paares (x_3)	
π_{33}	$.249^{**}$
Partnerschaftsdauer vor Eintritt in die Ehe (x_4)	
π_{34}	$-.000$
In Ausbildung (x_5 und x_6)	
π_{35}	$-.524^{***}$
π_{36}	$-.210^{*}$
Bildungsniveau (x_7 und x_8)	
π_{37}	$-.018$
π_{38}	$.035^{**}$
Stellenwert des Bereichs Freizeit und Freunde (x_9 und x_{10})	
π_{39}	$.041$
$\pi_{3.10}$	$.069$
Kurzfristige berufliche Aufstiegsambitionen (x_{11} und x_{12})	
$\pi_{3.11}$	$-.398^{***}$
$\pi_{3.12}$	$.047$
Arbeitslosigkeitserfahrung (x_{13} und x_{14})	
$\pi_{3.13}$	$-.096$
$\pi_{3.14}$	$-.002$
σ_{13}	$.288^{***}$
σ_{23}	$.249^{***}$

Mit * gekennzeichnete Werte sind auf dem $\alpha = .10$ Testniveau signifikant von Null verschieden.
Mit ** gekennzeichnete Werte sind auf dem $\alpha = .05$ Testniveau signifikant von Null verschieden.
Mit *** gekennzeichnete Werte sind auf dem $\alpha = .01$ Testniveau signifikant von Null verschieden.

Es werden auch hier 13 Modelltests durchgeführt, wobei Modell 3, 5, 9, 10 und 11 aufgrund eines zu hohen Chi-Quadrat-Wertes eindeutig abzulehnen sind. Der Chi-Quadrat-Wert variiert bei diesen fünf Modellen zwischen 42.848 bei df = 26 für Modell 5 und 77.709 bei df = 27 für Modell 9. Der Chi-Quadrat-Differenzentest verdeutlicht zudem, dass Modell 2 mit einem Chi-Quadrat-Wert von 29.197 bei 25 Freiheitsgraden verglichen mit Modell 1 mit einem Chi-Quadrat-Wert von 15.513 bei 14 Freiheitsgraden zu keiner signifikanten Modellverschlechterung führt. Ein Vergleich des Modell 2 mit Modell 4 (Chi-Quadrat = 37.274, df = 26) führt zu einer Ablehnung des Modells 4. Jedoch stellt Modell 6 (Chi-Quadrat = 29.984, df = 26) im Vergleich zu Modell 2 das zu bevorzugende Modell dar. Auch weist Modell 7 (Chi-Quadrat = 34.868, df = 26) eine wesentlich schlechtere Modellanpassung auf als Modell 6. Wiederum weist Modell 8 (Chi-Quadrat = 29.302) bei gleicher Anzahl von Freiheitsgraden eine leicht bessere Modellanpassung auf als Modell 6. Auch Modell 12 (Chi-Quadrat = 31.422, df = 26) und 13 (Chi-Quadrat = 32.409, df = 26) führen im Vergleich zu Modell 6 und 8 zu keiner signifikanten Modellverschlechterung. Die R^2-Statistik in Tabelle 8 verdeutlicht, dass Modell 12 insbesondere für die Dispositionen beider Partner den höchsten erklärten Varianzanteil aufweist und damit zu präferieren ist.[50] Jedoch wird die Entscheidung zum Erwerbsverhalten der Frau im Gegensatz zur Familiengründung lediglich zu 10.2% determiniert. Der erklärte Varianzanteil für η_1 und η_2 fällt in diesem Entscheidungsmodell allerdings höher aus.

Tabelle 8: R^2-Statistik der konkurrierenden Modelle

	$R^2_{\eta_1}$	$R^2_{\eta_2}$	$R^2_{\eta_3}$
Modell 6	.147	.147	.106
Modell 8	.152	.204	.109
Modell 12	.152	.215	.102
Modell 13	.146	.148	.098

---

[50]   Modell 8 weist zwar einen höheren erklärten Varianzanteil für η_3 auf. Jedoch verdeutlichen die Detailergebnisse in Γ^*, dass alle direkten Effekte ausgehend von den bildungs- und berufsbiographischen Faktoren von Frau und Mann auf die Disposition des Partners durchweg zu nicht signifikanten Schätzungen führen. Ansonsten zeigen sich keine wesentlichen Unterschiede in den Schätzungen im Vergleich zu Modell 12.

5.3 Interpretation der Ergebnisse

Die geschätzten Parameter in Γ^*, wie sie in Abbildung 14 ausgewiesen sind, zeigen folgendes Bild: Der psychisch-emotionale Wert von Kindern, das generative Verhalten des persönlichen Umfeldes des Paares, der Verbleib in den Bildungsinstitutionen sowie die Arbeitslosigkeitserfahrung erweisen sich in diesem Modell ebenfalls als bedeutsam für die Dispositionen beider Partner. Das Merkmal kurzfristige berufliche Aufstiegsambitionen unterschreitet jedoch knapp die 10%-Hürde (s.e. = .064). So stellt unfreiwillige Nichterwerbstätigkeit im Gegensatz zum Entscheidungsmodell bezüglich der Erstelternschaft einen wichtigeren Prädiktor dar als berufliche Aufstiegsambitionen. Auch hier verdeutlichen die Ergebnisse, dass die Partnerschaftsdauer, das Bildungsniveau und der Stellenwert des Bereichs Freizeit und Freunde irrelevant für den Entscheidungsprozess und damit aus dem Modell auszuschließen sind. Dabei resultieren für die Partnerschaftsdauer, das Bildungsniveau und der Stellenwert des Bereichs Freizeit und Freunde entgegen dem Familiengründungsprozess Parameterschätzungen mit positiven Vorzeichen. Auch steht dies konträr zu den Effektschätzungen der reduzierten Form betreffend die Partnerschaftsdauer und das Bildungsniveau der Frau. Auch berufliche Aufstiegsambitionen des Mannes erweisen sich in der reduzierten Form als förderlich für die Reduktion der Erwerbsbeteiligung der Frau bzw. das Verweilen in höchstens Teilzeitbeschäftigung. Insgesamt unterscheiden sich die identifizierten Strukturparameter sowie der Proportionalitätsfaktor λ nur unwesentlich zur Spezifikation des Familiengründungsverhaltens des Paares.

Abbildung 14: Die ermittelte Einflussstruktur der exogenen Variablen auf die Disposition von Frau und Mann

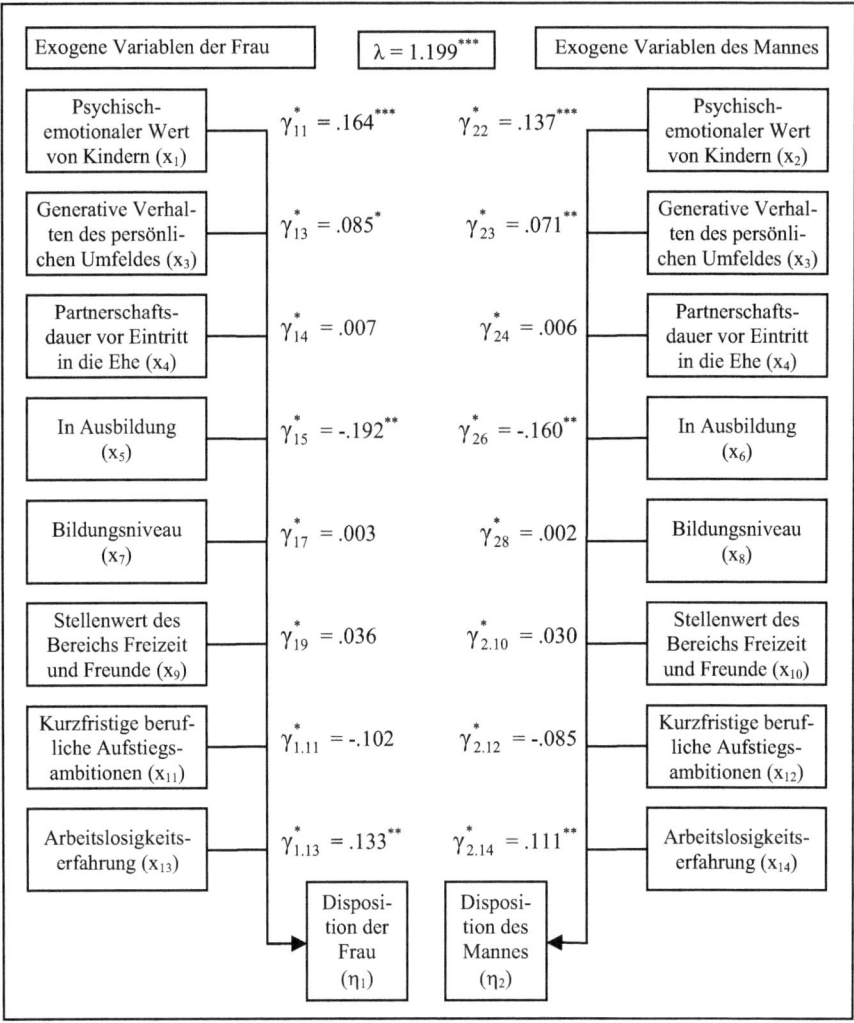

Mit * *gekennzeichnete Werte sind auf dem α = .10 Testniveau signifikant von Null verschieden.*
Mit ** *gekennzeichnete Werte sind auf dem α = .05 Testniveau signifikant von Null verschieden.*
Mit *** *gekennzeichnete Werte sind auf dem α = .01 Testniveau signifikant von Null verschieden.*

Des Weiteren wird aus der nachstehenden Abbildung 15 deutlich, dass der Verbleib in den Bildungsinstitutionen sowie unfreiwillige Nichterwerbstätigkeit von Frau und Mann mindestens auf dem 10%-Niveau signifikante Effekte auf die Disposition des Partners aufweisen. Das Bildungsniveau und kurzfristige berufliche Aufstiegsambitionen stellen ebenfalls unbedeutende Prädiktoren dar und werden aus dem Modell eliminiert.

Abbildung 15: Die ermittelte Einflussstruktur der exogenen Variablen auf die Disposition des Partners

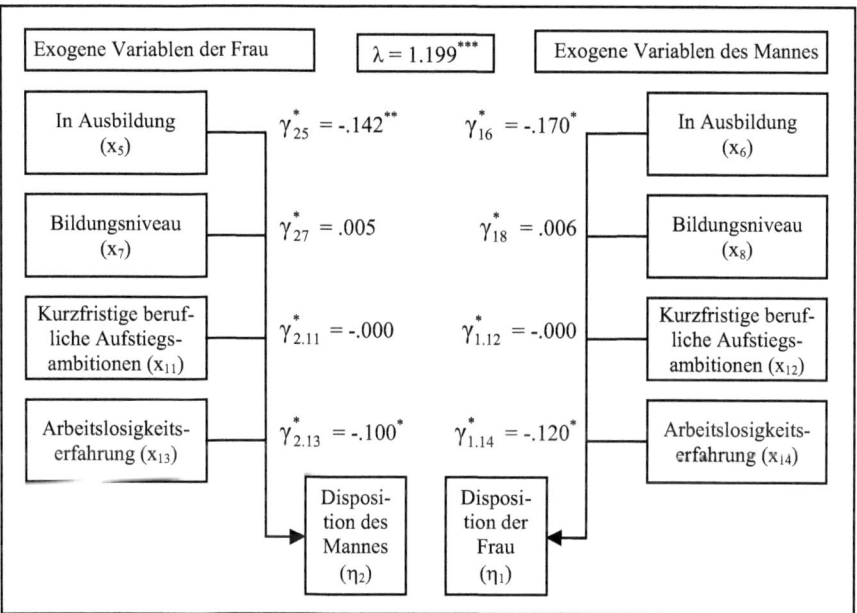

*Mit * gekennzeichnete Werte sind auf dem α = .10 Testniveau signifikant von Null verschieden.*
*Mit ** gekennzeichnete Werte sind auf dem α = .05 Testniveau signifikant von Null verschieden.*
*Mit *** gekennzeichnete Werte sind auf dem α = .01 Testniveau signifikant von Null verschieden.*

Auch in diesem Entscheidungsmodell weist die Disposition der Frau (β_{21}) einen stärkeren Einfluss auf die Disposition des Mannes (β_{12}) auf als umgekehrt. Jedoch zeigt sich in Abbildung 16 eine leicht verminderte Effektstruktur, wobei die Relation der Parameter β_{21} und β_{12} nahezu identisch zum Familiengründungsprozess ist. Der Effekt der Frau stellt in diesem Modell das Zweifache des Effekts des Mannes dar. Dabei erweisen sich die Effekte zumeist als signifikant auf dem 1%-Niveau. Auch hier dominiert die Frau eindeutig den Interaktions- bzw. Annäherungsprozess. Darüber hinaus beeinflussen die Dispositionen beider Partner die Entscheidung des Paares gleichwertig. Entsprechend resultiert für das Verhältnis der Parameter β_{31} und β_{32} zueinander der Wert 1.

Abbildung 16: Die ermittelte Einflussstruktur der Disposition von Frau und Mann

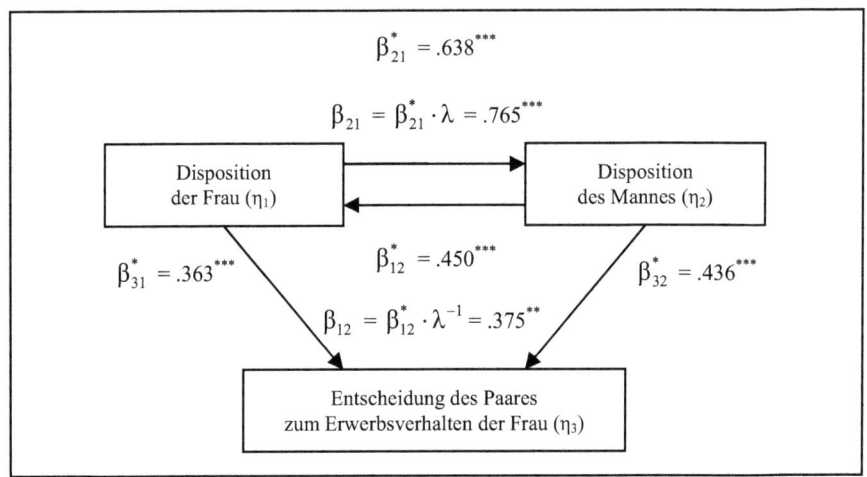

*Mit * gekennzeichnete Werte sind auf dem $\alpha = .10$ Testniveau signifikant von Null verschieden.*
*Mit ** gekennzeichnete Werte sind auf dem $\alpha = .05$ Testniveau signifikant von Null verschieden.*
*Mit *** gekennzeichnete Werte sind auf dem $\alpha = .01$ Testniveau signifikant von Null verschieden.*

Der Ausschluss der direkten Effekte ausgehend von der Partnerschaftsdauer vor Eintritt in die Ehe, dem Bildungsniveau und dem Stellenwert des Bereichs Freizeit und Freunde von Frau und Mann auf ihre/seine Disposition im Rahmen des Modells 12 führt zu einer etwas schlechteren Modellanpassung wie im Fall des Familiengründungsprozesses. Der Chi-Quadrat-Wert ergibt 25.052 bei 16 Freiheitsgraden. Auch ist eine leichte Reduktion des erklärten Varianzanteils dahin gehend zu verzeichnen, dass aufgrund des Ausschlusses der exogenen Variablen nun lediglich 15.0% der Varianz der Disposition der Frau, 20.9% der Disposition des Mannes sowie 9.7% der Entscheidung auf Basis dieser Modellstruktur erklärt werden können.

Die Detailergebnisse in Γ^* zeigen, dass der Effekt kurzfristiger Aufstiegsambitionen auf die Dispositionen beider Partner nun signifikant, zumindest auf dem 10%-Niveau, ist. Auch der Einfluss des Verbleibs in den Bildungsinstitutionen sowie der Arbeitslosigkeitserfahrung von Frau und Mann auf die Disposition des Partners erweist sich als signifikant auf dem Testniveau von $\alpha = .05$. Fer-

ner sind nur marginale Veränderungen in der Gesamteffektstruktur zu beobachten. Auch fällt die Schätzung für λ nur unwesentlich niedriger aus.

5.4 Resümee

Die Untersuchung der Entscheidung des Paares zum Erwerbsverhalten der Frau
bestätigt eindeutig, dass neben der Disposition bzw. dem Kinderwunsch der Frau
die Disposition des Mannes einen eigenständigen sowie identischen Effekt auf
die weibliche Erwerbsorientierung ausübt. Dieser Einfluss lässt sich insbesondere darauf zurückführen, dass der psychisch-emotionale Wert von Kindern sowie
der normative Druck von außen, die entsprechend in einem erhöhten Kinderwunsch zum Ausdruck kommen, das Erwerbsverhalten der Frau bedingen. So
begründet sich das berufsbiographische Verhalten der Frau zu Ungunsten ihrer
zukünftigen Gestaltungsoptionen nicht nur strukturell bzw. ökonomisch, sondern
steht in einer engen Verbindung zur generativen Verhaltensintention sowie zum
erwarteten Nutzen und Leitbildern des direkten Umfeldes beider Partner. Im
Rahmen der ökonomischen Argumentationslinie spielen jenseits der Einkom-
mensungleichheit zwischen den Geschlechtern situative Rahmenbedingungen
wie der Aufenthalt in den Bildungsinstitutionen, der einer traditionellen Arbeitsteilung - zumindest bis zur Beendigung - entgegensteht, eine wichtige Rolle.
Analog tragen die persönlichen Karriereambitionen beider Partner, die ebenfalls
Unsicherheiten, jedoch in Hinblick auf die Berufsposition, implizieren, zur Erklärung des Erwerbsverhaltens bei. Als individuell förderlich erweist sich hingegen, vermittelt über den Kinderwunsch, das Erleben beruflicher Misserfolge in
Form von Arbeitslosigkeit. Dieser Effekt ist für die Frau über die verminderte
Opportunitätskostenstruktur erklärbar. Für den Mann scheinen Diskontinuitäten
in der Erwerbsarbeit keinen Anlass zu einer anderen Arbeitsteilung zu geben.
Allerdings zeigt sich, dass berufliche Diskontinuitäten des jeweils anderen Partners dem traditionellen Muster entgegen wirkt, da die daraus resultierenden ökonomischen Restriktionen auf Ebene des Gesamthaushaltes eine solche Aufgabenallokation nicht zulassen.
    Zudem zeigt sich, dass die bisherige Partnerschaftsdauer, die aus verhand-
lungstheoretischer Sicht als das Vertrauen in die partnerschaftlich getroffenen
Vereinbarungen hinsichtlich der Distribution der Nutzengewinne verstanden
werden kann und damit für die Konfliktbehaftetheit der Klärung der Entscheidung zur innerpartnerschaftlichen Arbeitsteilung steht (vgl. Auspurg/Abrahams
2007), keinen signifikanten direkten Effekt, resultierend aus der reduzierten
Form, sowie keinen signifikanten indirekten Effekt aus der strukturellen Form
auf das Erwerbsverhalten der Frau aufweist. Da nur verheiratete Paare in die

Betrachtung eingehen, kann geschlossen werden, dass die Entscheidung zur Eheschließung hinreichendes Vertrauen generiert und damit eine traditionelle Arbeitsteilung begünstigt. Auch das Bildungsniveau der Frau erweist sich entgegen der Annahme, dass bei höher gebildeten Frauen erheblichere Opportunitätskosten resultieren, als nicht erklärungskräftig. Dies korrespondiert mit dem Ergebnis, dass unabhängig vom individuellen Bildungsniveau eine Vollzeitbeschäftigung für die Frau nicht angestrebt (vgl. Abele 2005) und gleichsam nicht umgesetzt wird. Das Bildungsniveau des Mannes, das ein höheres Einkommen impliziert, trägt zwar auf Basis der reduzierten Form zu einer traditionellen Arbeitsteilung bei. Jedoch erweist sich dieser Effekt in der strukturellen Form als irrelevant für die Entscheidung. Demnach gestaltet sich das Erwerbsverhalten der Frau unabhängig von der Ressourcenausstattung des Partners, sondern ist weitestgehend intentional intendiert. Da der Mann - unabhängig vom eigenen Bildungsniveau sowie vom dem der Partnerin - insbesondere das male-breadwinner-Konzept präferiert, steht die Bildung beider Partner in keinem signifikanten Zusammenhang zum Erwerbsverhalten der Frau. Ebenfalls tragen die persönlichen Freizeitorientierungen nicht zur Erklärung des Erwerbsverhaltens bei.

Insgesamt können im Rahmen dieser Modellstruktur 9.7% der Varianz der Entscheidung zum Erwerbsverhalten der Frau aufgeklärt werden, wobei die Dispositionen bzw. Kinderwünsche beider Partner einen erheblichen Erklärungsbeitrag leisten. Zudem erweisen sich einerseits die situativen Rahmenbedingungen Verbleib in den Ausbildungsinstitutionen, Karriereambitionen und berufliche Diskontinuitäten sowie andererseits die familialen Wertorientierungen und der soziale Druck, die ihren Effekt indirekt vermitteln, als bedeutsam. Jedoch trägt das Modell insbesondere zur Varianzaufklärung der Disposition des Mannes bei. Deutlich reduziert fällt auch der Wert mit 15.0% für die Disposition der Frau aus. Dieser Unterschied kann wesentlich darauf zurückgeführt werden, dass die Disposition der Frau in einem weitaus stärkeren Maße die Disposition des Mannes beeinflusst.

5.5 Das simultane Strukturgleichungssystem

Da sich auf Basis der Untersuchung des Familiengründungsverhaltens des Paares einerseits und des Erwerbverhaltens der Frau andererseits deckungsgleiche nicht signifikante Effekte ausgehend von den exogenen Variablen Partnerschaftsdauer, Bildungsniveau und Stellenwert des Bereichs Freizeit und Freunde von Frau und Mann auf ihre/seine Disposition sowie ausgehend von den bildungs- bzw. berufsbiographischen Prädiktoren Bildungsniveau und berufliche Aufstiegsambitionen von Frau und Mann auf die Disposition des Partners ergeben haben, finden diese bei der simultanen Betrachtung beider Entscheidungen im Rahmen eines Multi-Decision-Designs keine Berücksichtigung. Damit umfasst das zu prüfende Modell folgende fünf exogene Variablen betreffend beide Partner: Psychisch-emotionaler Wert von Kindern (x_1 und x_2), generative Verhalten des persönlichen Umfeldes des Paares (x_3), Verbleib in den Bildungsinstitutionen (x_4 und x_5), kurzfristige berufliche Aufstiegsambitionen (x_6 und x_7) sowie Arbeitslosigkeitserfahrung (x_8 und x_9). Weiterhin wird davon ausgegangen, dass der Verbleib in den Bildungsinstitutionen und unfreiwillige Nichterwerbstätigkeit einen Einfluss auf die Disposition des Partners ausübt. Graphisch stellt sich das zu prüfende Multi-Decision-Modell wie folgt dar:

Abbildung 17: Entscheidung zur Erstelternschaft und zeitgleiche Entscheidung zum Erwerbsverhalten der Frau

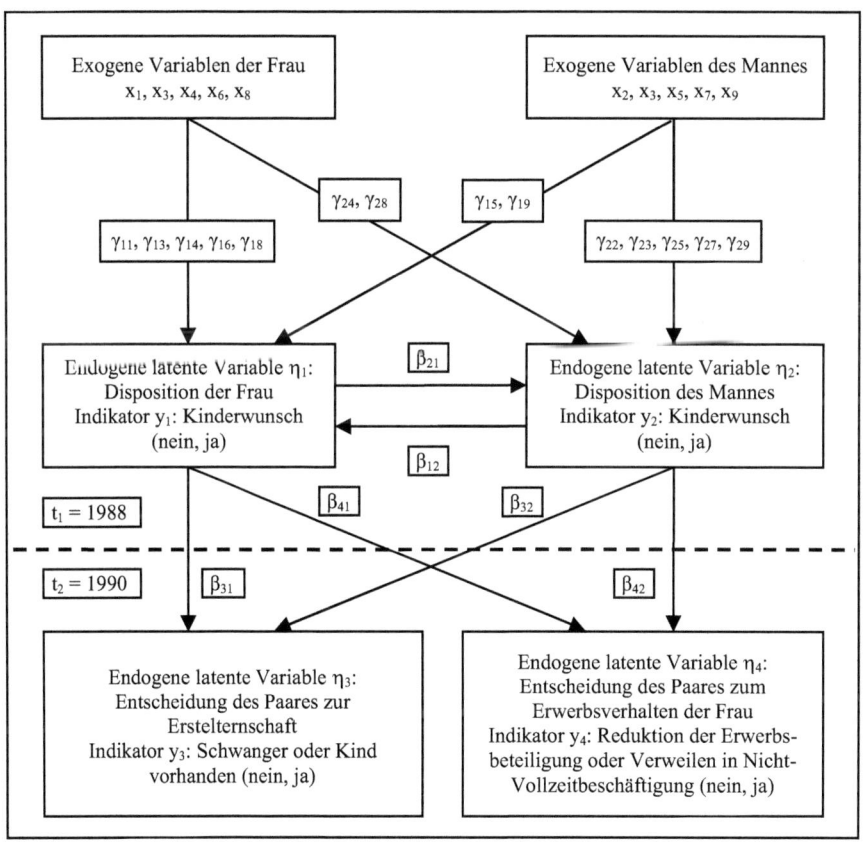

Multiple Entscheidungsprozesse können im Rahmen des Basismodells durch eine Erhöhung von ›m‹ in Gleichung 1 implementiert werden.[51] Da zwei Entscheidungen simultan untersucht werden, umfasst das hier betrachtete Strukturmodell nun vier Einzelgleichungen. Dabei umfassen die Vektoren η, μ sowie ε vier Elemente. Daneben beinhaltet die Matrix B, wie in Abbildung 17 ersichtlich, folgende sechs Strukturparameter:

$$
B = \begin{pmatrix} 0 & \beta_{12} & 0 & 0 \\ \beta_{21} & 0 & 0 & 0 \\ \beta_{31} & \beta_{32} & 0 & 0 \\ \beta_{41} & \beta_{42} & 0 & 0 \end{pmatrix}
\tag{43}
$$

Die Matrix Γ umfasst folgende 14 Strukturparameter und weist aufgrund der Integration von η_4 in das Modell nun folgende Form auf:

$$
\Gamma = \begin{pmatrix} \gamma_{11} & 0 & \gamma_{13} & \gamma_{14} & \gamma_{15} & \gamma_{16} & 0 & \gamma_{18} & \gamma_{19} \\ 0 & \gamma_{22} & \gamma_{23} & \gamma_{24} & \gamma_{25} & 0 & \gamma_{27} & \gamma_{28} & \gamma_{29} \\ 0 & 0 & 0 & 0 & 0 & 0 & 0 & 0 & 0 \\ 0 & 0 & 0 & 0 & 0 & 0 & 0 & 0 & 0 \end{pmatrix}
\tag{44}
$$

In dem hier betrachteten Modell werden zunächst 46 Parameter der reduzierten Form ermittelt. Dabei entfallen vier Regressionskonstanten auf die Matrix δ, 36 Regressionskoeffizienten auf Π und sechs Fehlerkorrelationen auf Σ. Die Fehlervarianzen sind aufgrund ihrer Nichtschätzbarkeit auf den Wert 1 normiert. Daneben werden 30 linear unabhängige Strukturparameter geschätzt. Dabei entfallen vier Regressionskonstanten auf den Vektor μ, 14 Effektkoeffizienten auf die Matrix Γ, sechs Parameter auf die Matrix B und sechs Kovarianzen der Fehlerterme auf die Matrix Ω, da die vier Varianzen in Ω bekannte Funktionen von B und der Kovarianzmatrix der reduzierten Form Σ darstellen.

---

[51]   Die Komponente ›m‹ steht für die Anzahl der endogenen latenten Variablen (η_i) des Modells.

5.5.1 Restriktionen in den Strukturparametern

Die Matrix Λ besitzt in der vorliegenden Spezifikation mit vier endogenen Variablen folgende Form:

$$\Lambda = \begin{pmatrix} \lambda_1^{-1} & 0 & 0 & 0 \\ 0 & \lambda_2^{-1} & 0 & 0 \\ 0 & 0 & \lambda_3^{-1} & 0 \\ 0 & 0 & 0 & \lambda_4^{-1} \end{pmatrix}, \tag{45}$$

wobei auch hier lediglich die Relation λ_2 zu λ_1, kurz λ, identifizierbar ist. Unter Rückgriff auf Λ werden sukzessiv Parameterrestriktionen wie Gleichheits- bzw. Proportionalitäts- und Ausschlussrestriktionen in Γ und B integriert, um Rückschlüsse auf die Effektstruktur vornehmen zu können.

Im Folgenden werden sukzessiv, wie aus Tabelle 9 zu entnehmen ist, 25 Modelltests durchgeführt, wobei 24 Modelle Parameterrestriktionen enthalten. Dabei entspricht die Systematik der Terminologie der Einzelprüfungen beider Entscheidungen.

Tabelle 9: Übersicht zu den Modelltests

Modell	Hypothese	Parameterrestriktion
1	--	--
2	(a): $\gamma_{11} = \gamma_{22}, \ldots, \gamma_{28} = \gamma_{19}$	$\gamma_{11}^* = \lambda \gamma_{22}^*, \ldots, \gamma_{28}^* = \lambda^{-1} \gamma_{19}^*$
3	(b): $\beta_{12} = \beta_{21} = 0$	$\beta_{12}^* = \beta_{21}^* = 0$
4	(b): $\beta_{12} = 0$	$\beta_{12}^* = 0$
5	(b): $\beta_{21} = 0$	$\beta_{21}^* = 0$
6	(c): $\beta_{12} = \beta_{21} \neq 0$	$\beta_{12}^* = \lambda^2 \beta_{21}^*$
7	(d_1): $\beta_{31} = 0$	$\beta_{31}^* = 0$
8	(e_1): $\beta_{32} = 0$	$\beta_{32}^* = 0$
9	(d_1) und (e_1): $\beta_{31} = \beta_{32} = 0$	$\beta_{31}^* = \beta_{32}^* = 0$
10	(b) und (d_1): $\beta_{12} = \beta_{21} = \beta_{31} = 0$	$\beta_{12}^* = \beta_{21}^* = \beta_{31}^* = 0$
11	(b) und (e_1): $\beta_{12} = \beta_{21} = \beta_{32} = 0$	$\beta_{12}^* = \beta_{21}^* = \beta_{32}^* = 0$

12	(f_1): $\beta_{32} = \beta_{31} \neq 0$	$\beta^*_{32} = \lambda\beta^*_{31}$
13	(c) und (f_1): $\beta_{12} = \beta_{21} \neq 0$, $\beta_{32} = \beta_{31} \neq 0$	$\beta^*_{12} = \lambda^2\beta^*_{21}$, $\beta^*_{32} = \lambda\beta^*_{31}$
14	(d_2): $\beta_{41} = 0$	$\beta^*_{41} = 0$
15	(e_2): $\beta_{42} = 0$	$\beta^*_{42} = 0$
16	(d_2) und (e_2): $\beta_{41} = \beta_{42} = 0$	$\beta^*_{41} = \beta^*_{42} = 0$
17	(d_1) und (d_2): $\beta_{31} = \beta_{41} = 0$	$\beta^*_{31} = \beta^*_{41} = 0$
18	(e_1) und (e_2): $\beta_{32} = \beta_{42} = 0$	$\beta^*_{32} = \beta^*_{42} = 0$
19	(d_1), (d_2), (e_1) und (e_2): $\beta_{31} = \beta_{32} = \beta_{41} = \beta_{42} = 0$	$\beta^*_{31} = \beta^*_{32} = \beta^*_{41} = \beta^*_{42} = 0$
20	(b) und (d_2): $\beta_{12} = \beta_{21} = \beta_{41} = 0$	$\beta^*_{12} = \beta^*_{21} = \beta^*_{41} = 0$
21	(b) und (e_2): $\beta_{12} = \beta_{21} = \beta_{42} = 0$	$\beta^*_{12} = \beta^*_{21} = \beta^*_{42} = 0$
22	(f_2): $\beta_{42} = \beta_{41} \neq 0$	$\beta^*_{42} = \lambda\beta^*_{41}$
23	(f_1) und (f_2): $\beta_{32} = \beta_{31} \neq 0$, $\beta_{42} = \beta_{41} \neq 0$	$\beta^*_{32} = \lambda\beta^*_{31}$, $\beta^*_{42} = \lambda\beta^*_{41}$
24	(c) und (f_2): $\beta_{12} = \beta_{21} \neq 0$, $\beta_{42} = \beta_{41} \neq 0$	$\beta^*_{12} = \lambda^2\beta^*_{21}$, $\beta^*_{42} = \lambda\beta^*_{41}$
25	(c), (f_1) und (f_2): $\beta_{12} = \beta_{21} \neq 0$, $\beta_{32} = \beta_{31} \neq 0$, $\beta_{42} = \beta_{41} \neq 0$	$\beta^*_{12} = \lambda^2\beta^*_{21}$, $\beta^*_{32} = \lambda\beta^*_{31}$, $\beta^*_{42} = \lambda\beta^*_{41}$

Dementsprechend liegen der Untersuchung des Multi-Decision-Modells ebenfalls sechs unterschiedliche Hypothesentypen zugrunde. Dabei bildet Hypothese (a) auch hier die Basis aller weiteren Modelltests, um λ identifizieren zu können. Da nun jeweils zwei geschlechtsspezifische Effektparameterparameter zu ermitteln sind, findet eine Gruppierung von Hypothese (d), (e) und (f) in Teilhypothesen statt. Hypothese (d_1) umfasst die Ausschlussrestriktion des Einflusses der Disposition der Frau auf die Entscheidung zur Erstelternschaft (β_{31}). Entsprechend bildet Hypothese (d_2) die Ausschlussrestriktion des Einflusses der Disposition der Frau auf die Entscheidung zum Erwerbsverhalten der Frau (β_{41}). Hypothese (e_1) fokussiert den Einfluss der Disposition des Mannes auf die Entscheidung zur Erstelternschaft (β_{32}) und (e_2) den Einfluss auf die Entscheidung zum Erwerbsverhalten der Frau (β_{42}). Hypothese (f_1) umfasst die Gleichsetzung der Strukturparameter β_{31} und β_{32} und Hypothese (f_2) die der Parameter β_{41} und β_{42}.

Aus der Gleichheitsrestriktion von β_{41} und β_{42}, wie diese unter (f$_2$) neu eingeführt ist, folgt mit Bezug auf Gleichung 28 für die zu formulierende Restriktion in B^*, da $\beta_{42} = \beta_{42}^* \cdot \lambda_4 / \lambda_2$ und $\beta_{41} = \beta_{41}^* \cdot \lambda_4 / \lambda_1$ ist, dass:

$$\beta_{42}^* \cdot \frac{\lambda_4}{\lambda_2} = \beta_{41}^* \cdot \frac{\lambda_4}{\lambda_1}$$

Es resultiert folgende Formulierung der Restriktion durch Umstellung der Gleichung:

$$\beta_{42}^* = \beta_{41}^* \cdot \frac{\lambda_4}{\lambda_1} \cdot \frac{\lambda_2}{\lambda_4} \quad \text{bzw.} \quad \beta_{42}^* = \lambda \beta_{41}^*$$

Da das Verhältnis λ_4/λ_1 sowie λ_4/λ_2 nicht identifizierbar ist, sind die Strukturparameter β_{41} und β_{42} nicht eindeutig schätzbar. Lediglich das Verhältnis β_{42} und β_{41} kann ermittelt werden. Da $\beta_{42} = \beta_{42}^* \cdot \lambda_4 / \lambda_2$ und $\beta_{41} = \beta_{41}^* \cdot \lambda_4 / \lambda_1$ ist, gilt folgende Relation zwischen β_{42} und β_{41}:

$$\frac{\beta_{42}^*}{\beta_{41}^*} = \frac{\dfrac{\lambda_2}{\lambda_4}\beta_{42}}{\dfrac{\lambda_1}{\lambda_4}\beta_{41}} = \frac{\dfrac{\lambda_2}{\lambda_4}\cdot\dfrac{\lambda_4}{\lambda_1}\beta_{42}}{\beta_{41}} = \frac{\dfrac{\lambda_2}{\lambda_1}\cdot\beta_{42}}{\beta_{41}} = \lambda\beta_{42}/\beta_{41}$$

bzw. zwischen β_{41} und β_{42}:

$$\frac{\beta_{41}^*}{\beta_{42}^*} = \frac{\dfrac{\lambda_1}{\lambda_4}\beta_{41}}{\dfrac{\lambda_2}{\lambda_4}\beta_{42}} = \frac{\dfrac{\lambda_1}{\lambda_4}\cdot\dfrac{\lambda_4}{\lambda_2}\beta_{41}}{\beta_{42}} = \frac{\dfrac{\lambda_1}{\lambda_2}\cdot\beta_{41}}{\beta_{42}} = \lambda^{-1}\beta_{41}/\beta_{42}$$

In Anlehnung an die bisherige Vorgehensweise werden in Modell 3 bis 13 zunächst Ausschluss- bzw. Gleichheitsrestriktionen bezüglich B eingeführt. Die Struktur entspricht der in Tabelle 3 aufgeführten Restriktionen und bezieht sich damit lediglich auf die Entscheidung zur Erstelternschaft, jedoch unter gleichzeitiger Berücksichtigung der Entscheidung zum Erwerbsverhalten der Frau. Modell 14 bis 16 sowie 20 bis 22 und 24 umfasst analog dazu die Einführung von Parameterrestriktionen in B mit dem Fokus auf η_4. Modell 17 bis 19 sowie 23 und 25 dienen zur simultanen Prüfung von Hypothese $(d_{1,2})$ und/oder $(e_{1,2})$ sowie $(f_{1,2})$.

5.6 Überprüfung der Modellanpassung zum Familiengründungsprozess und Erwerbsverhalten der Frau

Die folgende Tabelle 10 gibt nun Aufschluss über die Anpassungsgüte der Einzelmodelle.

Tabelle 10: Übersicht zur Güte der Modellanpassung

Modell	χ^2	df	$R^2_{\eta_1}$	$R^2_{\eta_2}$	$R^2_{\eta_3}$	$R^2_{\eta_4}$
1	14.519	16	.154	.170	.164	.106
2	27.892	22	.151	.203	.152	.096
3	53.105	24	.081	.084	.114	.086
4	34.453	23	.139	.343	.145	.098
5	42.973	23	.105	.047	.129	.087
6	28.724	23	.146	.147	.150	.094
7	32.177	23	.155	.294	.152	.093
8	28.963	23	.150	.175	.152	.097
9	115.255	24	.083	.087	.000	.006
10	70.580	25	.081	.085	.089	.067
11	59.814	25	.082	.085	.106	.086
12	28.432	23	.151	.221	.152	.095
13	30.042	24	.145	.147	.148	.091
14	32.310	23	.154	.267	.150	.091
15	28.006	23	.151	.196	.152	.096
16	75.329	24	.123	.139	.058	.000
17	33.065	24	.155	.297	.152	.093
18	29.236	24	.150	.177	.151	.096
19	118.698	26	.085	.088	.000	.000
20	69.036	25	.082	.085	.094	.056
21	55.760	25	.083	.086	.110	.082
22	29.075	23	.151	.223	.151	.094
23	29.086	24	.151	.225	.151	.094
24	30.724	24	.145	.146	.147	.090
25	30.917	25	.144	.146	.147	.090

Es zeigt sich zunächst auf Basis der Chi-Quadrat-Teststatistik, dass die eingeführten Parameterrestriktionen, mit Ausnahme von Modell 3, 5, 9, 10, 11, 16, 19,
20 und 21, mit einer akzeptablen Modellanpassung einhergehen. Dieses Ergebnis
deutet zunächst darauf hin, dass Hypothese (b) und damit die Annahme, dass die
Dispositionen beider Partner sich nicht wechselseitig beeinflussen, abzulehnen
ist. Darüber hinaus zeigt sich, dass die Hypothesenkombinationen (b) und $(d_{1,2})$
sowie (b) und $(e_{1,2})$ ebenfalls auf Basis der Teststatistik nicht haltbar sind. Dem
zufolge kann davon ausgegangen werden, dass sowohl die Disposition der Frau
als auch die des Mannes einen Einfluss auf beide Entscheidungen haben. Die
schlechte Anpassungsleistung der simultanen Prüfung der Hypothesen $(d_{1,2})$ und
$(e_{1,2})$ spricht ebenfalls für die Annahme, dass beide Partner den Ausgang der hier
betrachteten Entscheidungen bestimmen. Dieses vorläufige Gesamtergebnis
korrespondiert mit dem aus der separaten Betrachtung beider Entscheidungsprozesse.

Der Chi-Quadrat-Differenzentest im Rahmen des linearen und nicht-linearen Probit-Modells zeigt, dass die eingeführte Modellrestriktion in Γ^* zwar zu
einer schlechteren Modellanpassung führt, diese jedoch zumindest nicht auf dem
1%-Niveau signifikant und damit Hypothese (a) nicht abzulehnen ist. Des Weiteren zeigt ein Vergleich des nicht-linearen Probit-Modells mit den Modellen, die
im Vergleich dazu einen Freiheitsgrad mehr ausweisen (df = 23), also Modell 4,
6, 7, 8, 12, 14, 15 und 22, dass mit Ausnahme von Modell 7 und 14 keine signifikante Chi-Quadrat-Differenz auf dem 5%-Niveau vorliegt. Jedoch weisen Modell 12 und 15 die im direkten Vergleich beste Anpassung auf, wobei die R^2-
Statistik auf einen höheren erklärten Varianzanteil insbesondere für η_2 bei Modell 12 respektive Hypothese (f_1) hindeutet und damit zu bevorzugen ist. Dieses
Zwischenergebnis deckt sich mit den getesteten Einzelhypothesen im Rahmen
des Familiengründungsprozesses. Der erklärte Varianzanteil fällt in diesem Modell jedoch für η_1 bis η_3 ein wenig höher aus. Ein Vergleich des Modells 12 mit
den restringierteren Modellen 13, 17, 18, 23, 24 und 25 zeigt, dass Modell 13,
18, 23 und 24 eine adäquate Modellanpassung aufweisen. Mit Ausnahme von
Modell 23 respektive Hypothese $(f_{1,2})$ geht die Einführung verschiedener in diesen Modellen eingebetteter Restriktionen mit einer erheblichen Reduktion des
erklärten Varianzanteils, insbesondere für η_2, einher. Des Weiteren führt Modell
13 zu einer nicht signifikanten Schätzung von β_{42}^*. Im Modell 24 erweist sich
β_{32}^* ebenfalls als nicht signifikant auf dem 5%-Niveau. Damit stellt Modell 23
eindeutig das zu präferierende Modell dar. Ein Vergleich dieses Modells mit
dem abschließenden Modell 25 zeigt ebenfalls keine signifikante Modellverschlechterung. Jedoch geht dieses Modell mit einer erheblichen Reduktion des
erklärten Varianzanteils einher. Damit bestätigt sich in der simultanen Betrach-

tung beider Entscheidungen im Rahmen eines Multi-Decision-Designs die bereits nachgewiesene Effektstruktur aus der Einzelbetrachtung.

5.7 Interpretation der Ergebnisse

Auch in diesem Modell zeigt sich auf Basis der eingeführten Parameterrestriktionen in Γ^* und B^*, dass die analogen exogenen Variablen von Frau und Mann gleichwertig die Dispositionen beider Partner beeinflussen. Des Weiteren bestimmen die Dispositionen beider Partner im selben Ausmaß sowohl die Entscheidung zur Erstelternschaft als auch die Entscheidung zum Erwerbsverhalten der Frau. Jedoch beeinflussen sich die Dispositionen beider Partner im Rahmen des Interaktions- bzw. Annäherungsprozesses nicht gleichwertig.

Die identifizierten Strukturparameter in μ^*, Γ^*, B^* sowie Λ erweisen sich als signifikant auf dem 5%-Niveau. Lediglich für ω_{12}^*, ω_{23}^* und ω_{24}^* resultieren nicht signifikante Schätzungen. Darüber hinaus ergibt sich für alle spezifizierten nicht-linearen Modelle eine signifikante Schätzung für λ, wobei der Wert zwischen .554 für Modell 5 und 1.853 für Modell 4 variiert. Jedoch schwanken auch hier die Schätzungen zumeist um den Wert 1. Der in diesem Modell ermittelte Proportionalitätsfaktor von 1.247 fällt unwesentlich höher aus als in der Einzelbetrachtung. Der Wert verdeutlicht auch hier, dass η_2 über eine leicht höhere Varianz verfügt als η_1 und dem zufolge die analogen Parameter in Γ^* um diesen konstanten Term voneinander abweichen. Aus der nachstehenden Abbildung 18 wird deutlich, dass die Parameterschätzungen zu den bisherigen Ergebnissen lediglich marginal differieren ohne Einfluss auf die Effektstruktur zu nehmen. Allerdings zeigt sich in der simultanen Betrachtung beider Entscheidungen, dass nun der Effekt des generativen Verhaltens des persönlichen Umfeldes des Paares sich als signifikant auf dem 5%-Niveau erweist. Auch der Effekt kurzfristiger beruflicher Aufstiegsambitionen auf die Dispositionen beider Partner findet hier Bestätigung.

Abbildung 18: Die ermittelte Einflussstruktur der exogenen Variablen auf die Disposition von Frau und Mann

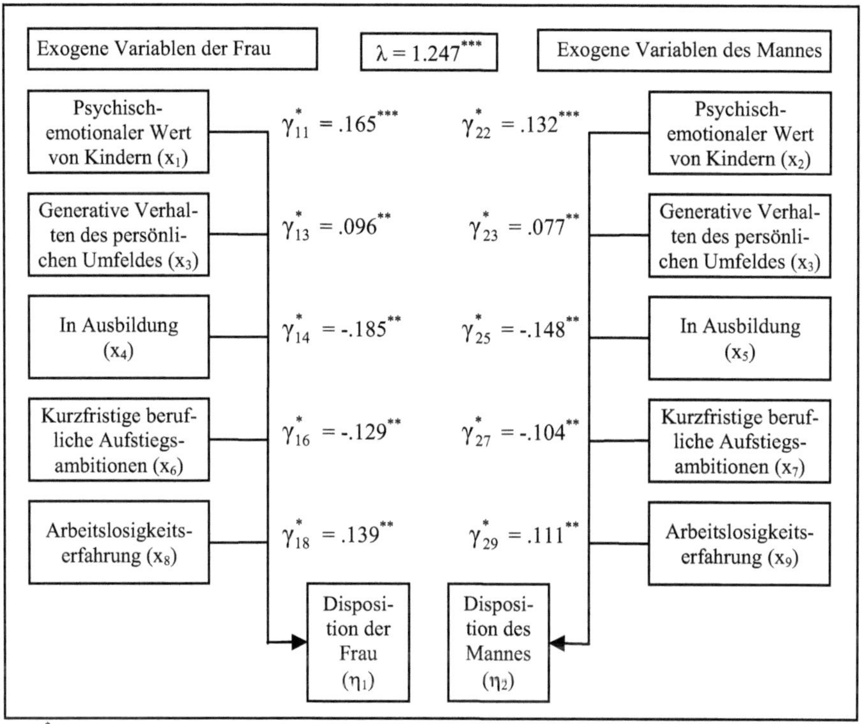

Exogene Variablen der Frau	$\lambda = 1.247^{***}$	Exogene Variablen des Mannes
Psychisch-emotionaler Wert von Kindern (x_1)	$\gamma_{11}^* = .165^{***}$ $\gamma_{22}^* = .132^{***}$	Psychisch-emotionaler Wert von Kindern (x_2)
Generative Verhalten des persönlichen Umfeldes (x_3)	$\gamma_{13}^* = .096^{**}$ $\gamma_{23}^* = .077^{**}$	Generative Verhalten des persönlichen Umfeldes (x_3)
In Ausbildung (x_4)	$\gamma_{14}^* = -.185^{**}$ $\gamma_{25}^* = -.148^{**}$	In Ausbildung (x_5)
Kurzfristige berufliche Aufstiegsambitionen (x_6)	$\gamma_{16}^* = -.129^{**}$ $\gamma_{27}^* = -.104^{**}$	Kurzfristige berufliche Aufstiegsambitionen (x_7)
Arbeitslosigkeitserfahrung (x_8)	$\gamma_{18}^* = .139^{**}$ $\gamma_{29}^* = .111^{**}$	Arbeitslosigkeitserfahrung (x_9)
	Disposition der Frau (η_1) Disposition des Mannes (η_2)	

Mit * *gekennzeichnete Werte sind auf dem* $\alpha = .10$ *Testniveau signifikant von Null verschieden.*
Mit ** *gekennzeichnete Werte sind auf dem* $\alpha = .05$ *Testniveau signifikant von Null verschieden.*
Mit *** *gekennzeichnete Werte sind auf dem* $\alpha = .01$ *Testniveau signifikant von Null verschieden.*

Auch die direkten Effekte der bildungs- und berufsbiographischen Variablen von Frau und Mann auf die Disposition des Partners erweisen sich in der simultanen Betrachtung, wie Abbildung 19 veranschaulicht, als stabil. Die Werte der identifizierten Parameter liegen auch hier nahe an den geschätzten Parametern aus der Einzelbetrachtung. Die Effektparameter verdeutlichen auch in diesem Modell, dass unsichere zukünftige Berufsperspektiven des Partners sich hemmend auf die eigene Disposition auswirken. Eigene unfreiwillige Unterbrechungen in der Erwerbsbiographie weisen zwar einerseits einen positiven Effekt auf die eigene Disposition aus. Andererseits wirken diese kinderwunschhemmend in Bezug auf den Partner. Dieser Effekt erweist sich zwar als nicht so bedeutsam wie der Einfluss auf die eigene Disposition, jedoch ist dieser relevanter als der Einfluss des generativen Verhaltens des persönlichen Umfeldes des Paares. Selbes gilt für den Effekt ausgehend von noch nicht abgeschlossener Berufsausbildung bzw. Weiterbildung.

Abbildung 19: Die ermittelte Einflussstruktur der exogenen Variablen auf die Disposition des Partners

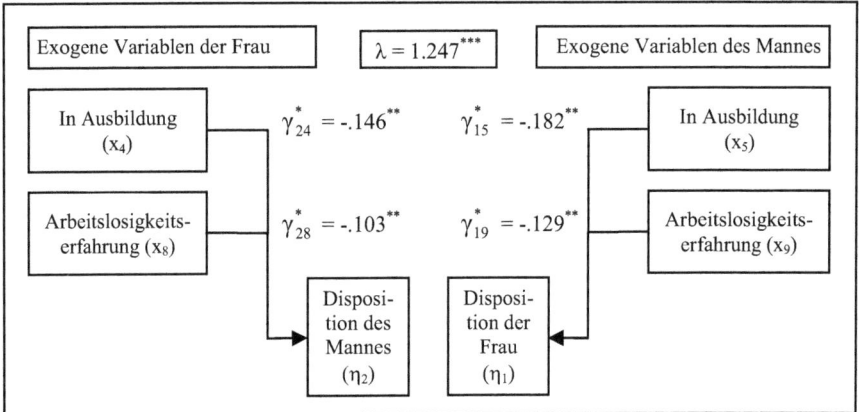

Mit * *gekennzeichnete Werte sind auf dem* $\alpha = .10$ *Testniveau signifikant von Null verschieden.*
Mit ** *gekennzeichnete Werte sind auf dem* $\alpha = .05$ *Testniveau signifikant von Null verschieden.*
Mit *** *gekennzeichnete Werte sind auf dem* $\alpha = .01$ *Testniveau signifikant von Null verschieden.*

Die Strukturparameter in B^* bestätigen ebenfalls den bereits ermittelten Zusammenhang zwischen den endogenen latenten Variablen aus der Einzelbetrachtung, der, wie aus Abbildung 20 ersichtlich ist, durchweg auf dem 1%-Niveau signifikant ist.

Abbildung 20: Die ermittelte Einflussstruktur der Disposition von Frau und
Mann

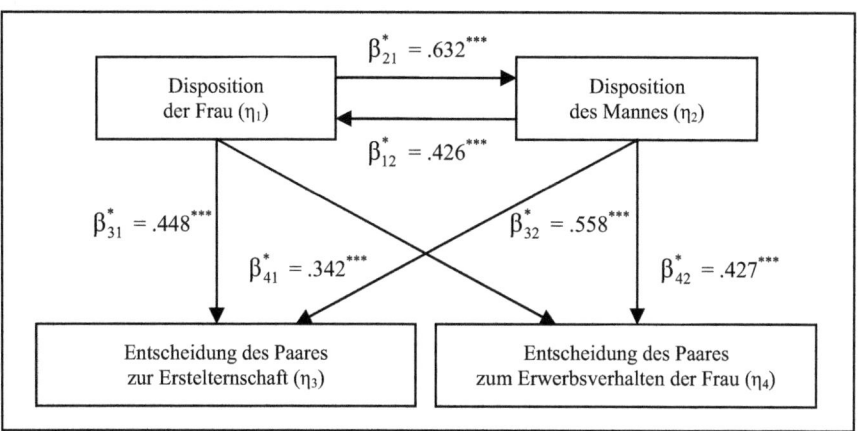

*Mit * gekennzeichnete Werte sind auf dem $\alpha = .10$ Testniveau signifikant von Null verschieden.*
*Mit ** gekennzeichnete Werte sind auf dem $\alpha = .05$ Testniveau signifikant von Null verschieden.*
*Mit *** gekennzeichnete Werte sind auf dem $\alpha = .01$ Testniveau signifikant von Null verschieden.*

Dabei können die Strukturparameter β_{21} und β_{12} unter Rückgriff auf λ wie folgt identifiziert werden:

$$\beta_{21} = \beta_{21}^* \cdot \lambda = 0.632 \cdot 1.247 = 0.788$$

und

$$\beta_{12} = \beta_{12}^* \cdot \lambda^{-1} = \frac{0.426}{1.247} = 0.341$$

Auch in der simultanen Betrachtung beider Entscheidungen weist die Disposition der Frau einen wesentlich stärkeren Effekt auf die Disposition des Mannes (β_{21}) auf als umgekehrt (β_{12}). Dabei stellt sich β_{21} im Multi-Decision-Modell erhöhter und β_{12} niedriger dar als in der separaten Untersuchung. Dabei erweist sich der Strukturparameter β_{21} als signifikant auf dem 1%- und β_{12} zumindest auf dem 5%-Niveau. Aus der Relation beider Parameter zueinander wird ersichtlich, dass der Effekt der Frau knapp dem 2.3-fachen des Effekts des Mannes entspricht.
     Des Weiteren zeigen die Ergebnisse, dass die Dispositionen beider Partner die Entscheidung des Paares zur Erstelternschaft und zum Erwerbsverhalten der

Frau gleichermaßen bestimmen. Dem entsprechend resultiert für das Verhältnis der Parameter β_{31} und β_{32} sowie β_{41} und β_{42} zueinander wie folgt der Wert 1:

$$\frac{\beta_{31}}{\beta_{32}} = \lambda\beta_{31}^{*}/\beta_{32}^{*} = \frac{1.247 \cdot 0.448}{0.558} = 1$$

bzw.

$$\frac{\beta_{32}}{\beta_{31}} = \lambda^{-1}\beta_{32}^{*}/\beta_{31}^{*} = \frac{0.802 \cdot 0.558}{0.448} = 1$$

sowie

$$\frac{\beta_{41}}{\beta_{42}} = \lambda\beta_{41}^{*}/\beta_{42}^{*} = \frac{1.247 \cdot 0.342}{0.427} = 1$$

bzw.

$$\frac{\beta_{42}}{\beta_{41}} = \lambda^{-1}\beta_{42}^{*}/\beta_{41}^{*} = \frac{0.802 \cdot 0.427}{0.342} = 1$$

Die Entscheidung zur Erstelternschaft verbunden mit der zeitgleichen Entscheidung zum Erwerbsverhalten der Frau folgt eindeutig, wie dies bereits in der Einzelbetrachtung extrahiert wurde, einem paritätischen Entscheidungsverlauf. Die Paare der untersuchten Population, die sich spätestens zwei Jahre nach Eheschließung für eine Erstelternschaft entscheiden, folgen eindeutig dem male-breadwinner-Modell und damit einer traditionellen Arbeitsteilung. Jedoch wird auch ersichtlich, dass die gewählte Aufgabenallokation von beiden Partnern gleichermaßen bestimmt wird.

5.8 Resümee

Die simultane Betrachtung beider Entscheidungsverläufe macht deutlich, dass im Rahmen ehelicher Paarbeziehungen insbesondere situative bildungs- und berufsbiographische Faktoren die eigene Disposition als auch die Disposition des Partners mitbestimmen. Unsichere zukünftige Berufsperspektiven aufgrund einer noch nicht abgeschlossenen Berufsausbildung bzw. Weiterbildung resultierend aus einer geplanten beruflichen Veränderung führen zu einem reduzierten Kinderwunsch als auch zum Aufschub einer erstmaligen Elternschaft. Gleichsam wird die Entscheidung in Richtung traditionelle Arbeitsteilung aufgeschoben. Unfreiwillige Unterbrechungen in der Erwerbsbiographie wirken zwar kinderwunschförderlich, jedoch gilt dies nicht für die Disposition des Partners. Dieser Negativeffekt verdeutlicht den hohen Stellenwert der Lebenssituation des Partners für die eigene Haltung zur Elternschaft und dem damit verbundenen generativen Verhalten des Paares. Auch dem Institutioneneffekt kommt eine hohe Relevanz für die Disposition des Partners zu. Daneben begünstigen eine positive Werthaltung von Kindern und das generative Verhalten des persönlichen Umfeldes einen erhöhten Kinderwunsch und damit eine baldige Realisierung von Elternschaft sowie eine traditionelle Arbeitsteilung. Das Geburtenverhalten sowie das Erwerbsverhalten der Frau sind demnach rückführbar auf bildungsexpansorische Aspekte wie berufliche Unsicherheiten und Diskontinuitäten sowie wertewandelbezogene Argumente wie (außer-)familiale Orientierungen. Jedoch erklären die Faktoren weitaus stärker das generative Verhalten als die innerpartnerschaftliche Arbeitsteilung. Dies bedingt sich dadurch, dass die Dispositionen beider Partner stärker das generative Verhalten determinieren als das Erwerbsverhalten. Denn unter Rückgriff auf die R^2-Statistik zeigt sich, dass die Entscheidung zur Familiengründung mit 15.1% im weitaus größeren Umfang aufgeklärt werden kann als die erwerbsbiographische Entscheidung betreffend die Frau, deren erklärter Varianzanteil lediglich 9.4% umfasst. Zudem zeigt ein erweiterter Modelltest, bei dem die Strukturparameter β_{31}, β_{32}, β_{41} und β_{42} als gleichgewichtig formuliert werden, dass die Modellanpassung auf Basis des Chi-Quadrat-Differenzentests als signifikant schlechter zu bewerten ist.[52]

Im Rahmen des hier zur Anwendung gekommenen Zwei-Wellen-Designs, in dem die Individualmerkmale zeitgleich zu den Dispositionen beider Partner erhoben wurden, bleibt allerdings uneindeutig, welche Relevanz den Faktoren für die individuelle Disposition im zeitlichen Verlauf zukommt. Zudem konnte nicht abgebildet, wie sich der innerpartnerschaftliche Interaktions- bzw. Annäherungsprozess über Zeit gestaltet. Um den Entscheidungsprozess differenzierter betrachten zu können, bedarf es einer Modellerweiterung um die zeitliche Komponente (Multi-Wave-Design), die im Folgenden vorgenommen und für die Untersuchung des Familienerweiterungsprozesses eingesetzt wird.

---

[52]   Der Chi-Quadrat-Wert des Modells beträgt 34.244 bei 25 Freiheitsgraden.

6 Multi-Wave-Modellierung des Familienerweiterungsprozesses

Die Untersuchung des Familienerweiterungsprozesses in ehelichen Paarbeziehungen folgt explizit einer paritätenspezifischen Betrachtungsweise. So wird im Folgenden analog zum Basismodell, das den Familiengründungsprozess bzw. die Geburt eines ersten Kindes fokussiert, der Übergang in die Zweitelternschaft bzw. die Geburt eines zweiten Kindes - als Teil des Familienerweiterungsprozesses und entsprechend innerpartnerschaftlich getroffener generativer Entscheidungen - betrachtet. Auch hier bildet das Basismodell die konzeptionelle Grundlage, in dem der persönliche Kontext, abgebildet über Individualmerkmale, von Frau und Mann sowie die individuellen Dispositionen neben der Entscheidung zur Geburt eines zweiten Kindes Berücksichtigung finden. Das Modell ist zudem als Multi-Wave-Design angelegt und beinhaltet somit eine Erweiterung um die zeitliche Komponente. So wird hier die Geburt eines zweiten Kindes unter Rückgriff auf relevante Informationen zum gewünschten Zeitpunkt einer Erst- sowie weiterer Elternschaft zu verschiedenen Erhebungszeitpunkten spezifiziert. Da auf dieser Basis zum einen die individuellen Rahmenbedingungen von Frau und Mann der Messung des intentionalen Verhaltens beider Partner zeitlich vorangestellt sind und zum anderen die individuelle Verhaltensintention in der Längsschnittperspektive betrachtet wird, ist es möglich, den generativen Entscheidungsprozess in seiner Komplexität abzubilden.

Die Modellerweiterung basiert zum einen auf der Annahme, dass der innerpartnerschaftliche Interaktions- bzw. Annäherungsprozess, der zur Bestärkung bzw. Generierung eines Konsenses auf Ebene der Verhaltensintentionen beider Partner dient, nicht nur temporär bzw. zu einem der Entscheidung vorangehenden Zeitpunkt, sondern außerdem über Zeit stattfindet. Dabei impliziert die Prozesshaftigkeit der Interaktion, dass sich die wechselseitige Einflussnahme beider Partner aufeinander im zeitlichen Verlauf verändern kann. So lässt sich der Entwicklungsprozess der Entscheidungsfindung nachzeichnen. Zum anderen kann die (In-)Stabilität der individuellen Verhaltensintention von Frau und Mann durch die Modellstruktur abgebildet werden. Da der Kinderwunsch sowohl im Kontext eines Aufschubs von Elternschaft als auch einer bereits realisierten Erstelternschaft intraindividuellen Veränderungsprozessen unterliegen kann, wird im

Folgenden der Zusammenhang der zeitversetzten Dispositionen auf der Individualebene inspiziert (vgl. Helfferich 2001; Huinink 1990; Ruckdeschel 2004; Schneider 1994; Vaskovics 1994).

Zudem wird angenommen, dass sowohl die individuelle Disposition zur baldigen Familiengründung als auch die Disposition zur baldigen Familienerweiterung gewichtige Prädiktoren für die zeitnahe Realisierung einer Zweitelternschaft darstellen. Dies impliziert, dass der Prozess des Übergangs in die Zweitelternschaft bereits im frühzeitigen Wunsch zur Erstelternschaft angelegt und entsprechend zu berücksichtigen ist. Denn Studien belegen auf Ebene des faktischen Verhaltens, dass der Zeitpunkt der Erstgeburt ein maßgeblicher Prädiktor für die Geburt eines zweiten bzw. weiteren Kindes darstellt. Es zeigt sich dergestalt ein Einfluss, dass die Geburt eines zweiten Kindes umso wahrscheinlicher wird, je jünger das bereits vorhandene Kind ist (vgl. Kreyenfeld 2002; Kreyenfeld/Huinink 2003). Zudem werden bei der Untersuchung des Zeitpunktes der ersten Familienerweiterung deutliche Unterschiede zwischen dem Geburtenabstand im Lebenslauf (individual spacing) und dem im Partnerschaftsverlauf (family spacing) nachgewiesen. So gestaltet sich das family spacing zwischen dem ersten und zweiten Kind kürzer als das individual spacing (vgl. Klein 2003). Diese Differenz in den Geburtenabständen wird insbesondere auf das Ausmaß der Instabilität von Partnerschaften zurückgeführt. D.h. stabile Partnerschaften fördern nicht nur den Familiengründungsprozess, sondern münden eher in die Geburt eines zweiten Kindes. So wird im Rahmen der hier vorliegenden Modellspezifikation bereits auf Ebene der Verhaltensintention die Bedeutsamkeit der Geburt eines ersten Kindes für den Prozess der Familienerweiterung in stabilen Partnerschaften untersucht.

So liegt dem hier betrachteten Entscheidungsprozess zum Übergang in die Zweitelternschaft, wie aus Abbildung 21 ersichtlich, eine multivariate Verteilung vor. Diese setzt sich zusammen aus der Disposition der Frau (η_1 und η_3) und der Disposition des Mannes (η_2 und η_4) resultierend aus den ersten beiden Erhebungszeitpunkten 1988 und 1990 und der Entscheidung des Paares zur Familienerweiterung (η_5) bezogen auf den dritten Befragungszeitpunkt 1992. Dabei werden die fünf als kontinuierlich aufgefassten endogenen latenten Variablen mit denselben metrischen und nicht-metrischen exogenen manifesten Variablen beider Partner, die sich im Rahmen der Untersuchung zum Übergang in die Erstelternschaft als erklärungskräftig erwiesen haben und analog zum Basismodell die individuellen Kontexte der generativen Entscheidung zum Zeitpunkt 1988 bilden, pfadanalytisch verknüpft. Die theoretisch angenommene Einflussnahme der exogenen Variablen auf die individuelle Verhaltensintention von Frau und

Mann zu den Zeitpunkten 1988 und 1990 korrespondiert entsprechend mit den bereits formulierten Annahmen im Basismodell.[53]

So wird auf Basis dieser Konzeption ersichtlich, ob bedeutsame Prädiktoren für die Disposition sowie Entscheidung zur Familiengründung ebenfalls einen Erklärungsbeitrag für die Verhaltensintention und Geburt eines zweiten Kindes leisten. Auch kann ermittelt werden, inwieweit die Individualmerkmale beider Partner zeitverzögert Einfluss auf die individuelle Disposition nehmen. Denn es kann nicht davon ausgegangen werden, dass Determinanten des Kinderwunsches sowie generativen Verhaltens uneingeschränkte Gültigkeit für die gesamte fertile Phase besitzen. Vielmehr muss vermutet werden, dass unterschiedliche Faktoren zum einen für den Familiengründungsprozess und zum anderen für den Familienerweiterungsprozess relevant sind. So kann Klein (1989b) etwa nachweisen, dass das Bildungsniveau der Frau zwar auf die Geburt eines ersten Kindes einen negativen Effekt hat, allerdings für die Geburt eines zweiten Kindes unbedeutend ist. Gleiches ist für die kinderwunschrelevanten Prädiktoren anzunehmen.

Abbildung 21: Entscheidungsprozess zum Übergang in die Zweitelternschaft

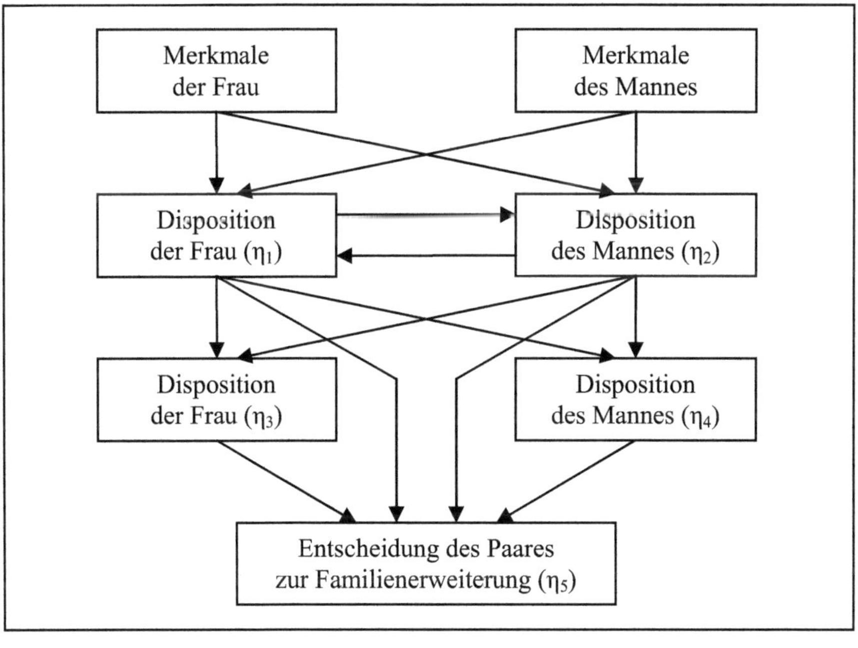

In Kapitel 4.1.2.2 ›Vermutete Einflussnahme der exogenen manifesten Variablen‹ findet sich eine detaillierte Darstellung der Zusammenhangshypothesen.

Das zu prüfende theoretische Modell enthält nicht nur die wechselseitige Beeinflussung der Disposition von Frau und Mann zum Zeitpunkt 1988, sondern außerdem die intra- sowie interindividuelle respektive wechselseitige Einflussnahme der Dispositionen beider Partner über Zeit. Auch wirken die Dispositionen beider Partner zu den verschiedenen Messzeitpunkten direkt auf die gemeinsam getroffene generative Entscheidung des Paares.

Im Rahmen dieser Zusammenhangsstruktur zwischen den endogenen latenten Variablen nehmen die exogenen manifesten Merkmale beider Partner direkt Einfluss auf die individuelle Disposition zum ersten Erhebungszeitpunkt. Auch werden hier direkte Effekte ausgehend von den Rahmenbedingungen von Frau und Mann auf die Disposition des jeweils anderen Partners spezifiziert. Darüber hinaus wirken diese indirekt auf die Dispositionen beider Partner zum zweiten Messzeitpunkt und auf die Entscheidung zur Familienerweiterung. Damit wird auch eine zeitverzögerte Wirkung der Rahmenbedingungen beider Partner auf die individuelle Disposition zum Zeitpunkt 1990 sowie auf die Geburt eines zweiten Kindes zum Zeitpunkt 1992 spezifiziert. Entsprechend erhält man Aufschluss über die Relevanz der Individualmerkmale beider Partner im zeitlichen Verlauf.

6.1 Messung der endogenen latenten Variablen

Analog zum Familiengründungsverhalten findet bei der Betrachtung des Familienerweiterungsverhaltens die Zeitbezogenheit des Kinderwunsches zur Erfassung der Dispositionen beider Partner Berücksichtigung. Dabei werden neben der Disposition von Frau und Mann zum ersten Erhebungszeitpunkt 1988[54] auch die individuelle Dispositionen zum zweiten Befragungszeitpunkt 1990 betrachtet. Allerdings weicht die Frageformulierung der zeitbezogenen Items zum Kinderwunsch betreffend den zweiten Befragungszeitpunkt (deutlich) von der ersten Befragung ab. Auch differiert die Frageformulierung nach der bereits realisierten Kinderzahl im Rahmen des zweiten Befragungszeitpunktes.

So kann bei noch kinderlosen Ehepaaren zum Befragungszeit 1990 lediglich auf Basis der Angabe ›Wissen Sie schon, wann Sie Ihr erstes Kind bekommen möchten?‹ mit den Ausprägungen (0) nein, dazu habe ich (noch) keine Vorstellung, (1) nein, aber zur Zeit möchte ich jedenfalls noch kein Kind, (2) nein, das plane ich nicht, (3) ja, aber erst wenn bestimmte Voraussetzungen oder Ziele erreicht sind, bzw. in ca. … Jahren und (4) ja, möglichst bald (noch innerhalb von zwei Jahren) inspiziert werden, ob in den nächsten zwei Jahren ein Kind

---

[54]   In Kapitel 4.1.1 ›Messung der endogenen latenten Variablen‹ findet sich eine detaillierte Konstruktionsbeschreibung.

erwünscht wird. Falls die Person angibt, in ein oder zwei Jahren innerhalb der Antwortkategorie 3 oder möglichst bald (noch innerhalb von zwei Jahren) eine Familie gründen zu wollen, wird der Wert 1 stellvertretend für den Wunsch nach baldiger Familiengründung und ansonsten 0 vergeben. Bei Ersteltern zum zweiten Befragungszeitpunkt 1990 wird auf Basis der Angabe ›Falls Sie sich weitere Kinder wünschen, wann möchten Sie das nächste Kind bekommen?‹ mit den Antwortkategorien (1) wir erwarten unser nächstes Kind, (2) innerhalb der nächsten zwei Jahre, (3) später und (4) weiß ich noch nicht ebenfalls ermittelt, ob eine baldige Zweitelternschaft intendiert wird. Personen, die innerhalb der nächsten zwei Jahre ein weiteres Kind wünschen, bekommen den Wert 1 und ansonsten den Wert 0 zugewiesen. Nach Zusammenführung der beiden Variablen wird insbesondere auf Basis der Angabe ›Haben Sie sich schon prinzipiell entschieden, ob Sie einmal ein Kind haben möchten (ganz unabhängig davon, wann das sein soll)?‹ mit den Ausprägungen (0) ja, für mich steht fest, dass ich keine Kinder haben will, (1) ja, für mich steht fest, dass ich einmal Kinder haben möchte, (2) nein, ich kann noch nicht sagen, ob ich einmal Kinder haben möchte und (3) ich/mein Partner kann keine Kinder bekommen für die zum Zeitpunkt 1990 noch Kinderlosen eine Eliminierung der fehlenden Werte vorgenommen. Unter Rückgriff auf die Frage ›Wie viele Kinder wünschen Sie sich noch?‹ mit den Antwortkategorien (1) kein weiteres Kind, (1) 1 weiteres Kind, (3) 1-2 weitere Kinder, (4) 2 weitere Kinder, (5) 2-3 weitere Kinder, (6) 3 oder mehr weitere Kinder und (7) weiß ich noch nicht, erfolgt selbiges für die Ersteltern zum Zeitpunkt 1990. So wird - sofern die Befragten angeben kein (weiteres) Kind zu wollen bzw. es noch nicht zu wissen oder aber auch eine Elternschaft nicht realisieren zu können - der Wert 0 vergeben. Allerdings kann auf dieser Grundlage bei 108 Fällen die Item-Nonresponse-Problematik auf den zentralen Indikatorvariablen zum individuellen Kinderwunsch nicht behoben werden. Da die Untersuchung einem balancierten Design folgt und in nahezu allen Fällen (N = 97) für beide Partner keine Angabe resultiert, verbleibt für die Betrachtung des Familienerweiterungsprozesses nunmehr 776 Paare von den ursprünglich 884 Paaren. Des Weiteren wird im Rahmen der vorliegenden Variablenkonstruktion zum gewünschten Zeitpunkt eines (weiteren) Kindes davon ausgegangen, dass der Wunsch nach baldiger Familiengründung bzw. -erweiterung auch gleichzeitig als wichtig eingestuft wird. Im Folgenden wird dieses Item daher als inhaltlich gleichbedeutend mit dem Item zur Messung der individuellen Disposition zum Zeitpunkt 1988 behandelt.

Entsprechend dem so geäußerten Kinderwunsch von Frau und Mann aus den Erhebungszeitpunkten 1988 (y_1 und y_2) und 1990 (y_3 und y_4) werden die vier endogenen latenten Variablen Disposition der Frau und des Mannes zum Zeitpunkt 1988 (η_1 und η_2) und 1990 (η_3 und η_4) indiziert. Dabei sind die Indikatoren

y_1, y_2, y_3 und y_4 binär kodiert und erfassen, ob beide Partner möglichst zwei bzw. vier Jahre nach Eheschließung (k)ein (weiteres) Kind wünschen. Darüber hinaus wird als weitere endogene latente Variable die Entscheidung des Paares zur Zweitelternschaft (η_5) betrachtet. Diese wird über eine erneute Schwangerschaft spätestens zum dritten Befragungszeitpunkt 1992 oder die Geburt eines zweiten Kindes zwischen dem zweiten und dritten Befragungszeitpunkt (y_5) inspiziert. Entsprechend wird der Wert 1 vergeben, wenn die Frau zwischen der zweiten und dritten Welle in die Schwangerschaft bzw. Mutterschaft betreffend das zweite Kind eingetreten ist. Ansonsten wird der Wert 0 vergeben.

Das hier betrachtete Multi-Wave-Modell zur Untersuchung des Familienerweiterungsprozesses enthält folgende fünf endogene latente Variablen (η_i), die jeweils über einen dichotomen Indikator (y_i) operationalisiert werden:

η_1: Disposition der Frau zum Befragungszeitpunkt 1988
y_1: Kinderwunsch der Frau mit den Ausprägungen (0) nein und (1) ja.
η_2: Disposition des Mannes zum Befragungszeitpunkt 1988
y_2: Kinderwunsch des Mannes mit den Ausprägungen (0) nein und (1) ja.
η_3: Disposition der Frau zum Befragungszeitpunkt 1990
y_3: Kinderwunsch der Frau mit den Ausprägungen (0) nein und (1) ja.
η_4: Disposition des Mannes zum Befragungszeitpunkt 1990
y_4: Kinderwunsch des Mannes mit den Ausprägungen (0) nein und (1) ja.
η_5: Entscheidung des Paares zur Zweitelternschaft zum Befragungszeitpunkt 1992
y_5: Erneut schwanger oder weiteres Kind vorhanden mit den Ausprägungen (0) nein und (1) ja.

Zwischen dem individuellen Kinderwunsch einerseits sowie den Kinderwünschen beider Partner andererseits zum Befragungszeitpunkt 1988 und 1990 zeigt sich, wie aus Tabelle 11 ersichtlich, folgender Zusammenhang.

Tabelle 11: Der intra- und interindividuelle Kinderwunsch zum Zeitpunkt 1988 und 1990

		1. Welle (1988)					
		Kinderwunsch der Frau			Kinderwunsch des Mannes		
	Kinderwunsch der Frau	nein	ja	Σ	nein	ja	Σ
2. Welle (1990)	nein	200	177	377	217	160	377
2. Welle (1990)	ja	126	273	399	143	256	399
	Σ	326	450	776	360	416	776
	Kinderwunsch des Mannes	nein	ja	Σ	nein	ja	Σ
2. Welle (1990)	nein	194	178	372	222	150	372
2. Welle (1990)	ja	132	272	404	138	266	404
	Σ	326	450	776	360	416	776

Zunächst wird ersichtlich, dass die hier betrachtete Population sich durch eine überdurchschnittlich stark ausgeprägte Einstellungsstabilität auf Ebene des individuellen Kinderwunsches gekennzeichnet. So zeigt sich im zeitlichen Verlauf zwischen dem ersten und zweiten Befragungszeitpunkt, dass 473 (61%) Frauen und 488 (63%) Männer eine baldige Familiengründung bzw. -erweiterung (nicht) erwünschen. Darüber hinaus wird in der Detailbetrachtung im Rahmen einer Differenzierung zwischen der Gruppe der noch Kinderlosen (N = 428) und Ersteltern (N = 348) zum Zeitpunkt 1990 ersichtlich, dass 296 (69%) noch kinderlose Frauen und 293 (69%) noch kinderlose Männer im Zuge des Aufschubs einer Erstelternschaft weiterhin eine baldige Familiengründung (nicht) anstreben. Entsprechend ist nur bei wenigen ein Wandel im Kinderwunsch dergestalt zu beobachten, dass im Beobachtungszeitraum von zwei Jahren ein Gewöhnungseffekt (N_{Frau} = 40, N_{Mann} = 37) eintritt sowie eine Einstellungsänderung in Richtung eines positiven Kinderwunsches (N_{Frau} = 92, N_{Mann} = 98) stattfindet. In der Gruppe der Ersteltern zeigt sich ein vergleichbares Bild, da auch hier die Mehrheit (N_{Frau} = 177 (51%), N_{Mann} = 195 (56%)) analog zur Familiengründungsbereitschaft eine baldige Zweitelternschaft (nicht) intendiert. Allerdings nimmt im Rahmen der Einstellungsänderung der gewünschte Aufschub einer baldigen Zweitelternschaft einen höheren Stellenwert für beide Geschlechter ein

(N_{Frau} = 137, N_{Mann} = 113) als der verstärkte Wunsch nach einem zweiten Kind (N_{Frau} = 34, N_{Mann} = 40). So zeigen sich innerhalb der Gruppe der Ersteltern deutlichere intraindividuelle Instabilitäten hinsichtlich des gewünschten Zeitpunkts von Elternschaft als in der Gruppe der noch Kinderlosen.

Des Weiteren verdeutlicht die Verteilung des Kinderwunsches auf der interindividuellen Ebene zwischen dem ersten und zweiten Erhebungszeitpunkt, dass die Familiengründungsbereitschaft der Frau bzw. des Mannes in 466 bzw. 473 (ca. 60%) Fällen mit einer identischen Haltung des Partners hinsichtlich der Geburt eines ersten bzw. zweiten Kindes einhergeht. Dabei zeigt ein Gruppenvergleich, dass mit 67% die noch kinderlosen Paare zum Zeitpunkt 1990 stärker als die Ersteltern mit 54% in ihrer Haltung zur Elternschaft konvergieren. Entsprechend sind bei den Erteltern deutlichere innerpartnerschaftliche Differenzen zu beobachten, die insbesondere dahingehend zum Ausdruck kommen, dass der Wunsch nach baldiger Familiengründung mit einer gegenläufigen Haltung des Partners zur Zweitelternschaft einhergeht (N = 126 (36%)). In der Gruppe der Kinderlosen zeigt sich hingegen eine deutliche Überrepräsentanz in umgekehrter Richtung, d.h. es wird keine baldige Familiengründung angestrebt, jedoch wünscht sich der Partner im Zuge des Aufschubs von Elternschaft eine baldige Erstelternschaft (N = 108 (25%)). So deuten die Gesamtergebnisse zum Interaktions- bzw. Annäherungsprozess über Zeit darauf hin, dass die individuelle Einstellung zur Elternschaft mehrheitlich mit dem Partner konform geht.

Wie aus der nachstehenden Tabelle 12 ersichtlich, gilt dieser Befund auch für die innerpartnerschaftliche Einstellungsstruktur der hier betrachteten Population zum Erhebungszeitpunkt 1988 bzw. 1990. Auf dieser Ebene sind nur vereinzelt Unstimmigkeiten zwischen beiden Partnern zu beobachten. So wünschen sich mehrheitlich beide Partner in den nächsten zwei Jahren ein (weiteres) Kind. Dabei zeigt die Betrachtung des generativen Verhaltens zum Befragungszeitpunkt 1992, dass nur wenige Paare (13%) eine Familienerweiterung bereits vier Jahre nach Eheschließung realisieren.[55] Auch zum Befragungszeitpunkt 1994 vollziehen lediglich 218 (28%) den Übergang in die Zweitelternschaft, wobei sich ferner 52 (7%) Paare bereits im Übergang zu einer mindestens Drei-Kind-Familie befinden. Entgegen der Untersuchung des Familiengründungsprozesses liegt im Rahmen der Betrachtung des Prozesszeitraums 1992 sowie 1994 zur Geburt eines zweiten Kindes eine deutlich schiefe Verteilung vor, da die Mehrheit noch nicht oder derweil erst den Übergang zum ersten Kind vollzogen hat bzw. vollzieht oder (temporär) in der Erstelternschaft verweilt. Um insbesondere der Fragestellung des Basismodells zu folgen, das die frühzeitige Realisierung der Erstelternschaft bereits zum Zeitpunkt 1990 zum Betrachtungsgegenstand

---

[55]   Ebenso realisieren nur wenige Ehepaare (N = 85 (11%)) zum Erhebungszeitpunkt 1992 die Erstelternschaft.

hat, wird der frühzeitige Übergang zum zweiten Kind auf Basis der Angabe zum Befragungszeitpunkt 1992 fokussiert.[56]

Die simultane Betrachtung der generativen Entscheidung des Paares zur Geburt eines zweiten Kindes und der Verhaltensintentionen beider Partner zum Erhebungszeitpunkt 1988 einerseits und zum Befragungszeitpunkt 1990 andererseits zeigt, dass insbesondere die Paare eine Zweitelternschaft frühzeitig realisieren, die gleichermaßen eine baldige Familiengründung bzw. -erweiterung erwünschen. Allerdings ist bei einem nicht unerheblichen Teil der Zweiteltern eine zeitliche Vorverlegung der generativen Entscheidung zu beobachten. Daneben finden sich bei den divergierenden Paaren nur wenige, die den Übergang in die Zweitelternschaft vollziehen. Allerdings lässt sich auch hier keine geschlechtsspezifische Dominanzstruktur dahingehend lokalisieren, dass die Frau bzw. der Mann sich dem Wunsch des Partners unterordnet. Ferner lässt sich analog zum Basismodell nicht bestätigen, dass bei divergierenden Paaren eher Aufschubtendenzen zum Tragen kommen. Die hier deutlich zu beobachtenden Aufschubprozesse scheinen vielmehr einerseits auf der intentionalen Ebene angelegt zu sein und sind entsprechend rückführbar auf die Nichterwünschtheit einer baldigen Elternschaft beider Partner. Andererseits zeigen sich deutliche Diskrepanzen zwischen dem intentionalen Verhalten beider Partner und dem generativen Verhalten. So kann davon angegangen werden, dass die Nichterfüllung sowie Nichterwünschtheit einer Familienerweiterung in einer engen Verbindung zu den individuellen Rahmenbedingungen beider Partner steht.

---

[56]   Daneben zeigt sich im Rahmen der statistischen Auswertung bzw. Modelltestung, dass die Betrachtung der Entscheidung zur Geburt (mindestens) eines zweiten Kindes spätestens zum Zeitpunkt 1994 zu einer inakzeptablen Modellanpassung aufgrund eines zu hohen Chi-Quadrat-Wertes führt.

Tabelle 12: Der individuelle Kinderwunsch und das Familienerweiterungsverhalten der Paare

		1. Welle (1988)			
		beide Partner weisen keinen ausgeprägten Kinderwunsch auf	beide Partner weisen einen ausgeprägten Kinderwunsch auf	nur die Frau weist einen ausgeprägten Kinderwunsch auf	nur der Mann weist einen ausgeprägten Kinderwunsch auf	Σ
3. Welle (1992)	nicht erneut schwanger	252	297	81	44	674
	erneut schwanger bzw. 2 Kind vorhanden	22	67	5	8	102
	Σ	274	364	86	52	776

		2. Welle (1990)			
		beide Partner weisen keinen ausgeprägten Kinderwunsch auf	beide Partner weisen einen ausgeprägten Kinderwunsch auf	nur die Frau weist einen ausgeprägten Kinderwunsch auf	nur der Mann weist einen ausgeprägten Kinderwunsch auf	Σ
3. Welle (1992)	nicht erneut schwanger	268	274	66	66	674
	erneut schwanger bzw. 2 Kind vorhanden	32	53	6	11	102
	Σ	300	327	72	77	776

6.2 Das simultane Strukturgleichungssystem

Das hier zu prüfende Modell zur Familienerweiterung umfasst analog zu den vorangehenden Modellen folgende fünf exogene Individualvariablen, die den persönlichen Kontext betreffend beide Partner abbilden: Psychisch-emotionaler Wert von Kindern (x_1 und x_2), generative Verhalten des persönlichen Umfeldes des Paares (x_3), Verbleib in den Bildungsinstitutionen (x_4 und x_5), kurzfristige berufliche Aufstiegsambitionen (x_6 und x_7) sowie Arbeitslosigkeitserfahrung (x_8 und x_9). Dabei wird angenommen, dass die Merkmale von Frau und Mann Einfluss auf die individuellen Dispositionen sowie generative Entscheidung des Paares zur Geburt eines zweiten Kindes nehmen. Auch wird untersucht, inwieweit die beiden berufsbiographischen Individualvariablen Verbleib in den Bildungsinstitutionen sowie unfreiwillige Nichterwerbstätigkeit einen Effekt auf die

Disposition des Partners ausüben. In das Modell gehen also jene Merkmale von Frau und Mann ein, die sich entlang der bisherigen Modelltests als signifikant erwiesen haben. Graphisch stellt sich das Multi-Wave-Modell mit den zu schätzenden Parametern wie folgt dar:

Abbildung 22: Entscheidung zur Zweitelternschaft

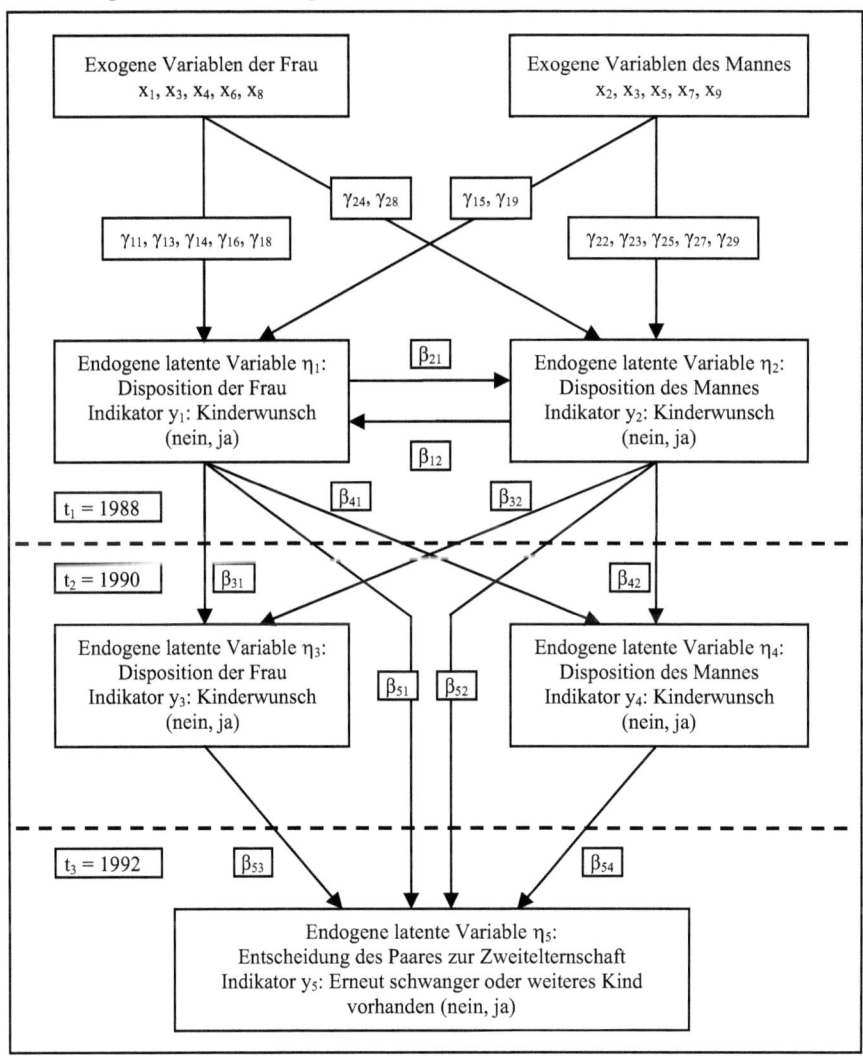

Entsprechend der Anzahl der latenten endogenen Variablen umfasst das hier betrachtete Strukturgleichungsmodell fünf Einzelgleichungen, wobei die Matrix B, die die Zusammenhangsstruktur zwischen den endogenen latenten Variablen abbildet, folgende zehn Strukturparameter beinhaltet:

$$
B = \begin{pmatrix}
0 & \beta_{12} & 0 & 0 & 0 \\
\beta_{21} & 0 & 0 & 0 & 0 \\
\beta_{31} & \beta_{32} & 0 & 0 & 0 \\
\beta_{41} & \beta_{42} & 0 & 0 & 0 \\
\beta_{51} & \beta_{52} & \beta_{53} & \beta_{54} & 0
\end{pmatrix} \tag{46}
$$

Dabei repräsentieren β_{12} und β_{21} den wechselseitigen Einfluss der Dispositionen beider Partner aufeinander, wie dies bereits im Basismodell zum Familiengründungsprozess spezifiziert wurde. Darüber hinaus wird im Rahmen dieses Modells der Beeinflussungsverlauf um die zeitliche Komponente erweitert, indem die Paarinterdependenz, die den innerpartnerschaftlichen Interaktions- bzw. Abstimmungsprozess repräsentiert, über Zeit betrachtet wird. Entsprechend wird auf der interindividuellen Ebene untersucht, ob die Disposition von Frau und Mann zur Familiengründung die Disposition des Partners zur Familiengründung bzw. -erweiterung zu einem späteren Zeitpunkt beeinflusst. So kann ermittelt werden, ob die Kinderwünsche der Partner zeitlich interdependieren. Dieser Zusammenhang wird über die Parameter β_{32} und β_{41} lokalisiert. Daneben erhält man über die Spezifikation sowie Schätzung der Parameter β_{31} und β_{42} Aufschluss, ob auf Ebene der individuellen Verhaltensintention der Wunsch nach baldiger Familiengründung im Rahmen des Entscheidungsaufschubs sich innerhalb des betrachteten Zeitraums von zwei Jahren verstärkt bzw. abschwächt oder aber auch ob die Verhaltensintention im Kontext ihrer Realisierung die Disposition hinsichtlich einer baldigen Familienerweiterung begünstigt bzw. vermindert. Des Weiteren wird mit Hilfe der Parameter β_{51}, β_{52}, β_{53} und β_{54} der Frage nachgegangen, inwieweit die Dispositionen beider Partner zur Familiengründung bzw. -erweiterung die Entscheidung des Paares zur baldigen Zweitelternschaft beeinflusst.

In der Matrix Γ, die 14 Strukturparameter umfasst, findet sich wie folgt die Einflussnahme der exogenen manifesten Merkmale auf die endogenen latenten Variablen abgebildet:

$$\Gamma = \begin{pmatrix} \gamma_{11} & 0 & \gamma_{13} & \gamma_{14} & \gamma_{15} & \gamma_{16} & 0 & \gamma_{18} & \gamma_{19} \\ 0 & \gamma_{22} & \gamma_{23} & \gamma_{24} & \gamma_{25} & 0 & \gamma_{27} & \gamma_{28} & \gamma_{29} \\ 0 & 0 & 0 & 0 & 0 & 0 & 0 & 0 & 0 \\ 0 & 0 & 0 & 0 & 0 & 0 & 0 & 0 & 0 \\ 0 & 0 & 0 & 0 & 0 & 0 & 0 & 0 & 0 \end{pmatrix} \qquad (47)$$

Dabei repräsentieren die Parameter γ_{11}, γ_{14}, γ_{16} und γ_{18} die direkte Einflussnahme des psychisch-emotionalen Werts von Kindern, des Verbleibs in den Bildungsinstitutionen, der kurzfristigen beruflichen Aufstiegsambitionen und der vergangenen unfreiwilligen Nichterwerbstätigkeit der Frau auf ihre Disposition zum Erhebungszeitpunkt 1988 (η_1). Der Parameter γ_{13} steht zudem für den angenommenen direkten Effekt des generativen Verhaltens des persönlichen Umfeldes des Paares betreffend die Disposition der Frau. Daneben bilden die analogen geschlechtsspezifischen Parameter der zweiten Zeile von Γ, also γ_{22}, γ_{23}, γ_{25}, γ_{27} und γ_{29}, die Beziehung zwischen den Individualmerkmalen des Mannes einschließlich dem partnerschaftsbezogenen Merkmal und der Disposition des Mannes zum Befragungszeitpunkt 1988 (η_2) ab. Über die wechselseitige Beeinflussung beider Partner vermittelt wirken die Merkmale indirekt auf die Disposition des Partners. Es werden aber auch darüber hinaus direkte Effekte ausgehend von den berufsbiographischen Faktoren Verbleib in den Bildungsinstitutionen und vergangene unfreiwillige Nichterwerbstätigkeit beider Partner, die sich entlang der Betrachtung des Familiengründungsprozesses als statistisch bedeutsam erwiesen haben, auf die Disposition des Partners angenommen (siehe γ_{15} und γ_{24} sowie γ_{19} und γ_{28}). Zudem nehmen die Individualmerkmale und das partnerschaftsbezogene Merkmal indirekt Einfluss auf die Dispositionen beider Partner zum Zeitpunkt 1990 (η_3 und η_4) und auf die gemeinsam getroffene Entscheidung des Paares zur Familienerweiterung zum Zeitpunkt 1992 (η_5), die über die individuellen Dispositionen von Frau und Mann (η_1 und η_2) vermittelt werden.

Neben den 24 als frei zu schätzend spezifizierten Effektkoeffizienten in B und Γ, entfallen fünf Regressionskonstanten auf den Vektor μ und zudem zehn Fehlerkovarianzen auf die Matrix Ω. In dieser Auflistung nicht enthalten sind die fünf Varianzen der Fehlerterme, da diese bekannte Funktionen von B und Σ darstellen. Entsprechend umfasst das hier betrachtete lineare simultane Probit-Modell 39 Strukturparameterschätzungen. Daneben resultieren 60 Parameterschätzungen im Rahmen der reduzierten Form. Dabei entfallen fünf Regressionskonstanten auf die Matrix δ und 45 Regressionskoeffizienten, betreffend den Einfluss der exogenen Variablen beider Partner auf die endogenen Variablen des Modells, auf die Matrix Π. Zudem werden zehn polychorische Fehlerkorrelationen in der Matrix Σ geschätzt, wobei die fünf Fehlervarianzen aufgrund ihrer Nichtschätzbarkeit auf den Wert 1 fixiert sind. Ebenfalls aus der Schätzung der reduzierten Form ausgeschlossen sind die fünf unbekannten Schwellenwerte in τ, die auf den Wert Null normiert sind. Analog zum Basismodell sowie Multi-Decision-Modell wird auch hier die dreistufige Schätztechnik angewendet.

In Tabelle 13 finden sich nun die geschätzten Parameter der reduzierten Form ausgewiesen. Dabei korrespondieren die Elemente der ersten beiden Zeilen von δ und Π sowie des Parameters σ_{12} inhaltlich mit denen des Basismodells in Tabelle 4. Allerdings sind einige (marginale) Differenzen in den Schätzungen zu beobachten, die zum einen darauf zurück zu führen sind, dass zuvor berücksichtigte exogene Variablen wie die Partnerschaftsdauer vor Eintritt in die Ehe oder das Bildungsniveau aufgrund fehlender statistischer Relevanz hier nicht weiter in die Betrachtung eingehen. Zum anderen liegen die variierenden Schätzungen im verminderten Stichprobenumfang begründet. Höhere Differenzwerte in den Schätzungen bezogen auf die Matrix Π zeigen sich insbesondere bei den Parametern π_{11}, π_{13}, π_{14}, π_{15}, π_{26}, π_{17}, π_{18}, π_{28} und π_{29}, die vornehmlich die Einflussnahme der exogenen Variablen des Modells auf die Disposition der Frau betreffen. Die Signifikanz bleibt jedoch mit Ausnahme von π_{15} und π_{26} davon unbeeinflusst. Da die Parameterschätzungen der reduzierten Form die Grundlage zur Bestimmung der Strukturparameter bildet, sind diese im Folgenden vollständig ausgewiesen.

Tabelle 13: Parameterschätzung der reduzierten Form

Parameter	Parameterschätzung
δ_1	$-.677^{***}$
δ_2	$-.811^{***}$
δ_3	$-.648^{***}$
δ_4	$-.756^{***}$
δ_5	-1.435^{***}
Psychisch-emotionaler Wert von Kindern (x_1 und x_2)	
π_{11}	$.176^{***}$
π_{21}	$.113^{***}$
π_{31}	$.121^{***}$
π_{41}	$.170^{***}$
π_{51}	$.119^{**}$
π_{12}	$.131^{***}$
π_{22}	$.224^{***}$
π_{32}	$.090^{**}$
π_{42}	$.132^{***}$
π_{52}	$.072$

Generative Verhalten des persönlichen Umfeldes des Paares (x_3)	
π_{13}	.147
π_{23}	.061
π_{33}	.089
π_{43}	.011
π_{53}	.018
In Ausbildung (x_4 und x_5)	
π_{14}	$-.362^{***}$
π_{24}	$-.476^{***}$
π_{34}	$-.124$
π_{44}	$-.170$
π_{54}	$-.206$
π_{15}	$-.239^{**}$
π_{25}	$-.234^{**}$
π_{35}	.090
π_{45}	.051
π_{55}	$-.294^{*}$
Kurzfristige berufliche Aufstiegsambitionen (x_6 und x_7)	
π_{16}	$-.333^{***}$
π_{26}	$-.212^{*}$
π_{36}	$-.227^{*}$
π_{46}	$-.275^{**}$
π_{56}	$-.522^{***}$
π_{17}	.059
π_{27}	.005
π_{37}	$-.007$
π_{47}	$-.114$
π_{57}	$-.157$
Arbeitslosigkeitserfahrung (x_8 und x_9)	
π_{18}	$.217^{**}$
π_{28}	$-.031$
π_{38}	$-.010$
π_{48}	$-.012$
π_{58}	$-.356^{**}$
π_{19}	$-.035$
π_{29}	.106
π_{39}	$.166^{*}$
π_{49}	$-.012$
π_{59}	.012
σ_{12}	$.835^{***}$

σ_{13}	$.274^{***}$
σ_{14}	$.216^{***}$
σ_{15}	$.124^{*}$
σ_{23}	$.272^{***}$
σ_{24}	$.313^{***}$
σ_{25}	$.234^{***}$
σ_{34}	$.815^{***}$
σ_{35}	$.042$
σ_{45}	$.089$

*Mit * gekennzeichnete Werte sind auf dem $\alpha = .10$ Testniveau signifikant von Null verschieden.*
*Mit ** gekennzeichnete Werte sind auf dem $\alpha = .05$ Testniveau signifikant von Null verschieden.*
*Mit *** gekennzeichnete Werte sind auf dem $\alpha = .01$ Testniveau signifikant von Null verschieden.*

Zunächst zeigt sich, dass der psychisch-emotionale Wert von Kindern (x_1 und x_2) eine hohe Relevanz für die Dispositionen beider Partner sowohl zum ersten als auch zum darauf folgenden Erhebungszeitpunkt besitzt. Auf dieser Basis wird deutlich, dass individuelle Nutzenüberlegungen zur Elternschaft nicht nur zeitgleich sondern auch zeitverzögert den Kinderwunsch determinieren. Allerdings zeigt sich entgegen der theoretischen Annahme, dass lediglich die Nutzenkalkulation der Frau für das Familienerweiterungsverhalten des Paares von Bedeutung ist. Des Weiteren verdeutlichen die Parameterschätzungen der reduzierten Form, dass das generative Verhalten des persönlichen Umfeldes des Paares (x_3) - anders als im Basismodell - keinen signifikanten Erklärungsbeitrag für das generative Verhalten des Paares leistet. Beim Verweilen in den Bildungsinstitutionen (x_4 und x_5) zeigt sich ebenfalls kein signifikanter Einfluss auf die Dispositionen beider Partner zum zweiten Erhebungszeitpunkt. Zudem entspricht der Institutioneneffekt des Mannes in Bezug auf die Richtung der Einflussnahme nicht den theoretischen Erwartungen. Auch erweist sich der Institutioneneffekt der Frau auf die gemeinsam getroffene Entscheidung des Paares zur Familienerweiterung als nicht bedeutsam. Auf dieser Ebene scheint das Verweilen in den Bildungsinstitutionen insbesondere situativ und entsprechend weniger zeitverzögert auf den Entscheidungsprozess Einfluss zu nehmen. Konform gehend mit dem Basismodell erweisen sich jedoch kurzfristige berufliche Aufstiegsambitionen der Frau (x_6 und x_7) für die Dispositionen beider Partner resultierend aus den verschiedenen Erhebungszeitpunkten sowie für das generative Verhalten als gewichtig. Analog zeigt sich, dass Arbeitslosigkeitserfahrungen (x_8 und x_9) der Frau signifikant positiv ihren Kinderwunsch zum ersten Erhebungszeitpunkt und zudem negativ die Wahrscheinlichkeit einer Zweitelternschaft bestimmt. Für den Mann ist lediglich ein signifikanter Effekt auf den Kinderwunsch der Frau zum zweiten Erhebungszeitpunkt zu beobachten. Insgesamt bleibt festzuhalten, dass sich nicht durchgängig zeitverzögerte Effekte ausgehend von den exogenen Variablen hinsichtlich der Verhaltensintention sowie des faktischen Verhaltens zeigen. Dies betrifft insbesondere das generative Verhalten des persönlichen Umfeldes, das Verweilen in den Bildungsinstitutionen, kurzfristige berufliche Aufstiegsambitionen des Mannes sowie Arbeitslosigkeitserfahrungen der Frau. Des Weiteren erweisen sich alle Regressionskonstanten als signifikant. Lediglich für die beiden Fehlerkorrelationen bzw. -kovarianzen σ_{35} und σ_{45} resultieren nicht signifikante Schätzungen.

6.2.1 Restriktionen in den Strukturparametern

Zur Lösung der Identifikationsproblematik des linearen simultanen Probit-Modells wird die Matrix Λ in das Modell eingeführt, die in der vorliegenden Spezifikation mit fünf endogenen Variablen folgende Form aufweist:

$$\Lambda = \begin{pmatrix} \lambda_1^{-1} & 0 & 0 & 0 & 0 \\ 0 & \lambda_2^{-1} & 0 & 0 & 0 \\ 0 & 0 & \lambda_3^{-1} & 0 & 0 \\ 0 & 0 & 0 & \lambda_4^{-1} & 0 \\ 0 & 0 & 0 & 0 & \lambda_5^{-1} \end{pmatrix} \tag{48}$$

Jedoch sind nicht alle Elemente in Λ identifizierbar. Im Rahmen dieser Modellstruktur kann lediglich die Relation λ_2 zu λ_1, kurz λ, eindeutig geschätzt werden. So werden λ_1, λ_3, λ_4 und λ_5 aufgrund der Nichtschätzbarkeit der Fehlervarianzen der endogenen Variablen σ_{11}, σ_{33}, σ_{44} und σ_{55} aus der Schätzung ausgeschlossen, indem diese auf den Wert 1 fixiert werden. Entsprechend sind die Parameter σ_{11}, σ_{33}, σ_{44} und σ_{55} auf den Wert 1 normiert. Da lediglich λ_2 als frei zu schätzender Parameter spezifiziert wird, ist die Matrix Λ ist wie folgt restringiert:

$$\Lambda = \begin{pmatrix} 1 & 0 & 0 & 0 & 0 \\ 0 & \lambda_2^{-1} & 0 & 0 & 0 \\ 0 & 0 & 1 & 0 & 0 \\ 0 & 0 & 0 & 1 & 0 \\ 0 & 0 & 0 & 0 & 1 \end{pmatrix}$$

Daraus folgt, dass für die analogen geschlechtsspezifischen Strukturparameter β_{12} und β_{21} eine Punktschätzung vorgenommen werden kann. Jedoch ist eine eindeutige Bestimmung der Einflussgrößen β_{31}, β_{32}, β_{41}, β_{42}, β_{51}, β_{52}, β_{53} sowie β_{54} nicht möglich, da das Verhältnis λ_1/λ_3, λ_2/λ_3, λ_1/λ_4, λ_2/λ_4, λ_1/λ_5, λ_2/λ_5, λ_3/λ_5 und λ_4/λ_5 nicht identifizierbar ist. Lediglich bestimmbar ist die Verhältnisgröße der analogen geschlechtsspezifischen Effektparameter β_{31} und β_{32}, β_{41} und β_{42} sowie β_{51} und β_{52}. Mit Bezug auf Gleichung 28 ergibt sich zunächst folgendes Verhältnis der Parameter in B und B* zueinander:

$$\beta_{i2} = \beta_{i2}^* \cdot \frac{\lambda_i}{\lambda_2} \quad (i = 3, 4, 5)$$

und

$$\beta_{i1} = \beta_{i1}^* \cdot \frac{\lambda_i}{\lambda_1} \quad (i = 3, 4, 5)$$

Entsprechend resultiert folgende Relation zwischen den geschlechtsspezifischen Effektparametern β_{i2} und β_{i1} (i = 3, 4, 5):

$$\frac{\beta_{i2}^*}{\beta_{i1}^*} = \frac{\dfrac{\lambda_2}{\lambda_i}\beta_{i2}}{\dfrac{\lambda_1}{\lambda_i}\beta_{i1}} = \frac{\dfrac{\lambda_2}{\lambda_i}\cdot\dfrac{\lambda_i}{\lambda_1}\beta_{i2}}{\beta_{i1}} = \frac{\dfrac{\lambda_2}{\lambda_1}\cdot\beta_{i2}}{\beta_{i1}} = \lambda\beta_{i2}/\beta_{i1}$$

bzw. zwischen β_{i1} und β_{i2} (i = 3, 4, 5):

$$\frac{\beta_{i1}^*}{\beta_{i2}^*} = \frac{\dfrac{\lambda_1}{\lambda_i}\beta_{i1}}{\dfrac{\lambda_2}{\lambda_i}\beta_{i2}} = \frac{\dfrac{\lambda_1}{\lambda_i}\cdot\dfrac{\lambda_i}{\lambda_2}\beta_{i1}}{\beta_{i2}} = \frac{\dfrac{\lambda_1}{\lambda_2}\cdot\beta_{i1}}{\beta_{i2}} = \lambda^{-1}\beta_{i1}/\beta_{i2}$$

Aus diesem Quotienten, der sich für β_{31} und β_{32} über $\lambda\beta_{31}^*/\beta_{32}^*$, für β_{41} und β_{42} über $\lambda\beta_{41}^*/\beta_{42}^*$ sowie für β_{51} und β_{52} über $\lambda\beta_{51}^*/\beta_{52}^*$ ergibt, lässt sich die relative Einflussstärke der Dispositionen beider Partner ableiten. Allerdings ist die Proportionalität der Parameter β_{53} und β_{54} zueinander nicht abschätzbar. Denn λ geht nicht in die Bestimmung der Relation von β_{53} und β_{54} ein, sondern ermittelt sich über:

$$\frac{\beta_{53}^{*}}{\beta_{54}^{*}} = \frac{\dfrac{\lambda_3}{\lambda_5}\beta_{53}}{\dfrac{\lambda_4}{\lambda_5}\beta_{54}} = \frac{\dfrac{\lambda_3}{\lambda_5}\cdot\dfrac{\lambda_5}{\lambda_4}\beta_{53}}{\beta_{54}} = \frac{\dfrac{\lambda_3}{\lambda_4}\cdot\beta_{53}}{\beta_{54}} = \frac{\lambda_3}{\lambda_4}\beta_{53}/\beta_{54}$$

bzw.

$$\frac{\beta_{54}^{*}}{\beta_{53}^{*}} = \frac{\dfrac{\lambda_4}{\lambda_5}\beta_{54}}{\dfrac{\lambda_3}{\lambda_5}\beta_{53}} = \frac{\dfrac{\lambda_4}{\lambda_5}\cdot\dfrac{\lambda_5}{\lambda_3}\beta_{54}}{\beta_{53}} = \frac{\dfrac{\lambda_4}{\lambda_3}\cdot\beta_{54}}{\beta_{53}} = \frac{\lambda_4}{\lambda_3}\beta_{54}/\beta_{53}$$

Da die Relation λ_4 zu λ_3 in der vorliegenden Spezifikation nicht identifizierbar und entsprechend kein Rückschluss dahingehend möglich ist, ob der Einfluss der Disposition der Frau (un-)gleichwertig zur Disposition des Mannes zum Erhebungszeitpunkt 1990 auf die Entscheidung zur baldigen Familienerweiterung ist, wird in das lineare simultane Probit-Modell eine Gleichheitsrestriktion der Form $\beta_{51} = \beta_{53}$ und $\beta_{52} = \beta_{54}$ eingeführt.[57] Aus dieser Parameterrestriktion folgt, dass neben der Relation zwischen β_{51} und β_{52} das Verhältnis zwischen β_{53} und β_{54} wie folgt ermittelt werden kann:

$$\frac{\beta_{52,54}^{*}}{\beta_{51,53}^{*}} = \frac{\dfrac{\lambda_2}{\lambda_5}\beta_{52,54}}{\dfrac{\lambda_1}{\lambda_5}\beta_{51,53}} = \frac{\dfrac{\lambda_2}{\lambda_5}\cdot\dfrac{\lambda_5}{\lambda_1}\beta_{52,54}}{\beta_{51,53}} = \frac{\dfrac{\lambda_2}{\lambda_1}\cdot\beta_{52,54}}{\beta_{51,53}} = \lambda\beta_{52,54}/\beta_{51,53}$$

bzw.

$$\frac{\beta_{51,53}^{*}}{\beta_{52,54}^{*}} = \frac{\dfrac{\lambda_1}{\lambda_5}\beta_{51,53}}{\dfrac{\lambda_2}{\lambda_5}\beta_{52,54}} = \frac{\dfrac{\lambda_1}{\lambda_5}\cdot\dfrac{\lambda_5}{\lambda_2}\beta_{51,53}}{\beta_{52,54}} = \frac{\dfrac{\lambda_1}{\lambda_2}\cdot\beta_{51,53}}{\beta_{52,54}} = \lambda^{-1}\beta_{51,53}/\beta_{52,54}$$

[57] Der Ausschluss von β_{53} und β_{54} durch Einführung einer Nullrestriktion in die Modellstruktur sowie die Fixierung von β_{53} und/oder β_{54} auf einen Wert ungleich Null führen zwar zur selben Modellanpassung wie die Gleichheitsrestriktion, allerdings resultiert aus dieser Vorgehensweise der Nachteil, dass keine Prüfung auf Signifikanz der Parameter möglich ist.

Über den Proportionalitätsfaktor λ ist folglich sowohl die Relation β_{51}/β_{52} als auch β_{53}/β_{54} über $\lambda\beta_{51}^*/\beta_{52}^*$ bzw. $\lambda\beta_{53}^*/\beta_{54}^*$ ermittelbar, die nun als gleichartig zu betrachten sind. Demgemäß reduziert sich die Zahl der zu schätzenden Parameter in der Matrix B auf acht Elemente und die des Gesamtmodells auf 37 Elemente. Inhaltlich bedeutet die Gleichheitsrestriktion in der letzten Zeile der Matrix B, dass die individuelle Disposition, die zu verschiedenen Zeitpunkten erhoben wurde, einen identischen Effekt und damit eine zeitkonstante Wirkung auf die generative Entscheidung ausübt.

Wie aus Tabelle 14 ersichtlich, werden in Analogie zu den Modelltests der bisherigen Zusammenhangsstrukturen unter Rückgriff auf Λ sukzessiv Parameterrestriktionen in das Modell eingeführt. Dabei liegt der Betrachtung des Familienerweiterungsverhaltens des Paares entgegen des Multi-Decision-Modells im Rahmen des Zwei-Wellen-Designs keine zweistufige Vorgehensweise zugrunde, da auf Ebene der exogenen Variablen die statistisch unbedeutenden Effekte bereits lokalisiert und entsprechend hier nicht weiter berücksichtigt werden. So werden folgend insgesamt 32 Modelltests durchgeführt, wobei im Modell 1 bereits Parameterrestriktionen bezüglich β_{51}, β_{52}, β_{53} und β_{54} der Form $\beta_{51} = \beta_{53}$ und $\beta_{52} = \beta_{54}$ enthalten sind. Ebenso bildet die im nächsten Schritt in Hypothese (a) formulierte Parameterrestriktion bezüglich Γ^* die Basis aller weiteren Modelltests, um den Proportionalitätsfaktor λ identifizieren zu können. Die im Modell 2 formulierte Gleichheitsrestriktion bezüglich B wird wie folgt auf die Parameter in B* bezogen: $\beta_{51}^* = \beta_{53}^*$ und $\beta_{52}^* = \beta_{54}^*$.

Tabelle 14: Übersicht zu den Modelltests

Modell	Hypothese	Parameterrestriktion
1	$\beta_{51} = \beta_{53}$, $\beta_{52} = \beta_{54}$	$\beta_{51} = \beta_{53}$, $\beta_{52} = \beta_{54}$
2	$\beta_{51} = \beta_{53}$, $\beta_{52} = \beta_{54}$ sowie (a): $\gamma_{11} = \gamma_{22}$, ..., $\gamma_{28} = \gamma_{19}$	$\beta_{51}^* = \beta_{53}^*$, $\beta_{52}^* = \beta_{54}^*$ sowie $\gamma_{11}^* = \lambda\gamma_{22}^*$, ..., $\gamma_{28}^* = \lambda^{-1}\gamma_{19}^*$
3	(b): $\beta_{12} = \beta_{21} = 0$	$\beta_{12}^* = \beta_{21}^* = 0$
4	(b): $\beta_{12} = 0$	$\beta_{12}^* = 0$
5	(b): $\beta_{21} = 0$	$\beta_{21}^* = 0$
6	(c): $\beta_{12} = \beta_{21} \neq 0$	$\beta_{12}^* = \lambda^2\beta_{21}^*$
7	(d_1): $\beta_{31} = 0$	$\beta_{31}^* = 0$

8	(e_1): $\beta_{32} = 0$	$\beta_{32}^* = 0$
9	(d_1) und (e_1): $\beta_{31} = \beta_{32} = 0$	$\beta_{31}^* = \beta_{32}^* = 0$
10	(b) und (d_1): $\beta_{12} = \beta_{21} = \beta_{31} = 0$	$\beta_{12}^* = \beta_{21}^* = \beta_{31}^* = 0$
11	(b) und (e_1): $\beta_{12} = \beta_{21} = \beta_{32} = 0$	$\beta_{12}^* = \beta_{21}^* = \beta_{32}^* = 0$
12	(f_1): $\beta_{32} = \beta_{31} \neq 0$	$\beta_{32}^* = \lambda\beta_{31}^*$
13	(c) und (f_1): $\beta_{12} = \beta_{21} \neq 0$, $\beta_{32} = \beta_{31} \neq 0$	$\beta_{12}^* = \lambda^2\beta_{21}^*$, $\beta_{32}^* = \lambda\beta_{31}^*$
14	(d_2): $\beta_{41} = 0$	$\beta_{41}^* = 0$
15	(e_2): $\beta_{42} = 0$	$\beta_{42}^* = 0$
16	(d_2) und (e_2): $\beta_{41} = \beta_{42} = 0$	$\beta_{41}^* = \beta_{42}^* = 0$
17	(b) und (d_2): $\beta_{12} = \beta_{21} = \beta_{41} = 0$	$\beta_{12}^* = \beta_{21}^* = \beta_{41}^* = 0$
18	(b) und (e_2): $\beta_{12} = \beta_{21} = \beta_{42} = 0$	$\beta_{12}^* = \beta_{21}^* = \beta_{42}^* = 0$
19	(f_2): $\beta_{42} = \beta_{41} \neq 0$	$\beta_{42}^* = \lambda\beta_{41}^*$
20	(c) und (f_2): $\beta_{12} = \beta_{21} \neq 0$, $\beta_{42} = \beta_{41} \neq 0$	$\beta_{12}^* = \lambda^2\beta_{21}^*$, $\beta_{42}^* = \lambda\beta_{41}^*$
21	(d_3): $\beta_{51,53} = 0$	$\beta_{51,53}^* = 0$
22	(e_3): $\beta_{52,54} = 0$	$\beta_{52,54}^* = 0$
23	(d_3) und (e_3): $\beta_{51,53} = \beta_{52,54} = 0$	$\beta_{51,53}^* = \beta_{52,54}^* = 0$
24	(b) und (d_3): $\beta_{12} = \beta_{21} = \beta_{51,53} = 0$	$\beta_{12}^* = \beta_{21}^* = \beta_{51,53}^* = 0$
25	(b) und (e_3): $\beta_{12} = \beta_{21} = \beta_{52,54} = 0$	$\beta_{12}^* = \beta_{21}^* = \beta_{52,54}^* = 0$
26	(f_3): $\beta_{52,54} = \beta_{51,53} \neq 0$	$\beta_{52,54}^* = \lambda\beta_{51,53}^*$
27	(c) und (f_3): $\beta_{12} = \beta_{21} \neq 0$, $\beta_{52,54} = \beta_{51,53} \neq 0$	$\beta_{12}^* = \lambda^2\beta_{21}^*$, $\beta_{52,54}^* = \lambda\beta_{51,53}^*$
28	(d_1), (d_2) und (d_3): $\beta_{31} = \beta_{41} = \beta_{51,53} = 0$	$\beta_{31}^* = \beta_{41}^* = \beta_{51,53}^* = 0$
29	(e_1), (e_2) und (e_3): $\beta_{32} = \beta_{42} = \beta_{52,54} = 0$	$\beta_{32}^* = \beta_{42}^* = \beta_{52,54}^* = 0$

30	$(d_1), (d_2), (d_3), (e_1), (e_2)$ und (e_3): $\beta_{31} = \beta_{32} = \beta_{41} = \beta_{42} = \beta_{51,53} =$ $\beta_{52,54} = 0$	$\beta^*_{31} = \beta^*_{32} = \beta^*_{41} = \beta^*_{42} = \beta^*_{51,53} =$ $\beta^*_{52,54} = 0$
31	$(f_1), (f_2)$ und (f_3): $\beta_{32} = \beta_{31} \neq 0$, $\beta_{42} = \beta_{41} \neq 0$, $\beta_{52,54} = \beta_{51,53} \neq 0$	$\beta^*_{32} = \lambda\beta^*_{31}$, $\beta^*_{42} = \lambda\beta^*_{41}$, $\beta^*_{52,54} = \lambda\beta^*_{51,53}$
32	$(c), (f_1), (f_2)$ und (f_3): $\beta_{12} = \beta_{21} \neq 0$, $\beta_{32} = \beta_{31} \neq 0$, $\beta_{42} = \beta_{41} \neq 0$, $\beta_{52,54} = \beta_{51,53} \neq 0$	$\beta^*_{12} = \lambda^2\beta^*_{21}$, $\beta^*_{32} = \lambda\beta^*_{31}$, $\beta^*_{42} = \lambda\beta^*_{41}$, $\beta^*_{52,54} = \lambda\beta^*_{51,53}$

Auch der Untersuchung des Multi-Wave-Modells liegen die sechs Hypothesen-typen (a), (b), (c), (d), (e) und (f) zugrunde, wobei eine Ausdifferenzierung von (d), (e) und (f) in Teilhypothesen entlang der Anzahl der analogen geschlechts-spezifischen Effektparameter bezüglich η_1, η_2 und η_3 erfolgt. Entsprechend um-fasst Hypothese (d_1) die Ausschlussrestriktion des Einflusses der Disposition der Frau zum Zeitpunkt 1988 auf ihre Disposition zum Zeitpunkt 1990 (β_{31}). In Hypothese (d_2) findet sich die Ausschlussrestriktion des Effekts der Disposition der Frau zum Zeitpunkt 1988 auf die Disposition des Mannes zum Zeitpunkt 1990 formuliert (β_{41}). Hypothese (d_3) enthält die Ausschlussrestriktion der Para-meter β_{51} und β_{53} der Form $\beta_{51} = 0$ und $\beta_{53} = 0$, kurz $\beta_{51,53} = 0$, da β_{51} und β_{53} aufgrund der in das Modell eingeführten Parameterrestriktion $\beta_{51} = \beta_{53}$ als gleichbedeutend aufgefasst werden. Diese beiden Koeffizienten betreffen die Einflussnahme der Disposition der Frau zum Zeitpunkt 1988 und 1990 auf die Entscheidung des Paares zur Zweitelternschaft. In derselben Systematik formu-lieren Hypothese (e_1), (e_2) und (e_3) die Ausschlussrestriktion des Effekts der Disposition des Mannes auf die Disposition der Frau (β_{32}) und auf seine Disposi-tion (β_{42}) sowie auf die Entscheidung des Paares zur Familienerweiterung $(\beta_{52}$ und $\beta_{54})$. Auch hier gilt aufgrund der Gleichheitsrestriktion $\beta_{52} = \beta_{54}$, dass β_{52} und β_{54} simultan auf den Wert Null restringiert sind. Hypothese (f_1) umfasst die Gleichheitsrestriktion der Strukturparameter β_{31} und β_{32}, die sich auf den Ein-fluss der Dispositionen beider Partner zum Zeitpunkt 1988 auf die Disposition der Frau 1990 beziehen. Die Gleichsetzung der Effektparameter β_{41} und β_{42}, die die direkte Beeinflussung der Disposition des Mannes zum Zeit-punkt 1990 durch die Dispositionen beider Partner zum Zeitpunkt 1988 betrifft, findet sich in Hypothese (f_2) abgebildet. In Hypothese (f_3) findet sich die Gleich-heitsrestriktion der geschlechtsspezifischen Parameter β_{5j} (j = 1, 2, 3, 4) bezüg-lich der direkten Effekte der Dispositionen beider Partner resultierend aus ver-schiedenen Erhebungszeitpunkten auf die generative Entscheidung des Paares formuliert. Auch hier resultiert - analog zu Hypothese (d_3) und (e_3) - durch Einführung der Gleichheitsrestriktion $\beta_{51} = \beta_{53}$ und $\beta_{52} = \beta_{54}$ in die Modellstruktur, dass die vier Strukturparameter wie folgt gleichgesetzt sind: $\beta_{52} = \beta_{54} = \beta_{51} = \beta_{53}$ $\neq 0$ bzw. $\beta_{52,\,54} = \beta_{51,\,53} \neq 0$.

Aus der Gleichheitsrestriktion der geschlechtsspezifischen Effektkoeffizienten β_{51} und β_{52} bzw. β_{53} und β_{54}, wie sie in Hypothese (f_3) formuliert ist, folgt zunächst unter Berücksichtigung der Gleichheitsrestriktion $\beta_{51} = \beta_{53}$ und $\beta_{52} = \beta_{54}$ für die zu formulierende Parameterrestriktion bezüglich β_{51}^* und β_{52}^*:

$$\beta_{52}^* \cdot \frac{\lambda_5}{\lambda_2} = \beta_{51}^* \cdot \frac{\lambda_5}{\lambda_1} \quad ,$$

da mit Bezugnahme auf Gleichung 28 für β_{51} und β_{52} nachstehendes gilt: $\beta_{52} = \beta_{52}^* \cdot \lambda_5 / \lambda_2$ und $\beta_{51} = \beta_{51}^* \cdot \lambda_5 / \lambda_1$. Durch Umstellung der Gleichung ergibt sich folgende Formulierung der Gleichheitsrestriktion für β_{51} und β_{52}:

$$\beta_{52}^* = \beta_{51}^* \cdot \frac{\lambda_5}{\lambda_1} \cdot \frac{\lambda_2}{\lambda_5} \quad \text{bzw.} \quad \beta_{52}^* = \lambda \beta_{51}^*$$

Da $\beta_{51} = \beta_{53}$ und $\beta_{52} = \beta_{54}$ gilt, ergibt sich analog für β_{53} und β_{54} folgende Gleichheitsrestriktion:

$$\beta_{54}^* = \beta_{53}^* \cdot \frac{\lambda_5}{\lambda_1} \cdot \frac{\lambda_2}{\lambda_5} \quad \text{bzw.} \quad \beta_{54}^* = \lambda \beta_{53}^*$$

Entsprechend kann die Gleichheitsrestriktion bezüglich B^* wie folgt verkürzt formuliert werden:

$$\beta_{52,\,54}^* = \beta_{51,\,53}^* \cdot \frac{\lambda_5}{\lambda_1} \cdot \frac{\lambda_2}{\lambda_5} \quad \text{bzw.} \quad \beta_{52,\,54}^* = \lambda \beta_{51,\,53}^*$$

Diese Gleichheitsrestriktion impliziert inhaltlich, dass die Dispositionen beider Partner resultierend aus verschiedenen Erhebungszeitpunkten die Entscheidung des Paares zur Zweitelternschaft sowohl intra- als auch interindividuell gleichwertig beeinflussen. Das Verhältnis der Parameter β_{51} und β_{52} bzw. β_{53} und β_{54} zueinander, wobei $\beta_{51} = \beta_{53}$ und $\beta_{52} = \beta_{54}$ ist, ergibt im Rahmen dieser Modellstruktur folglich den Wert 1.

6.3 Überprüfung der Modellanpassung

Zunächst erfolgt gemäß der bisherigen Vorgehensweise eine Schätzung des linearen simultanen Probit-Modells, wobei hier bereits eine Gleichheitsrestriktion bezüglich β_{5j} (j = 1, 2, 3, 4) formuliert ist. Die Parameterrestriktionen von Modell 2 bis einschließlich Modell 20 korrespondieren strukturell mit denen in Tabelle 9 aufgeführten Gleichheits- bzw. Ausschlussrestriktionen hinsichtlich Γ^* sowie B^*. Allerdings entsprechen sich weitestgehend nicht die diesbezüglichen inhaltlichen Hypothesen, da in der hier vorliegenden Modellspezifikation η_3 und η_4 nicht die Entscheidung zur Erstelternschaft sowie die Entscheidung zum Erwerbsverhalten der Frau abbilden, sondern die Dispositionen beider Partner zum Erhebungszeitpunkt 1990. Diese thematische Unterschiedlichkeit betrifft insbesondere Modell 7 bis 20. In Modell 21 bis 27 findet sich in derselben Systematik wie Modell 7 bis 13 bzw. Modell 14 bis 20, die sich in der vorliegenden Untersuchung im Wesentlichen auf die direkten Effekte bezüglich der Dispositionen beider Partner zum zweiten Erhebungszeitpunkt (η_3 und η_4) beziehen, die Inspektion von Hypothese (d_3) und/oder (e_3) sowie (f_3). Diese fokussieren entsprechend die Einflussnahme der Dispositionen beider Partner auf die generative Entscheidung des Paares (η_5). Die daran anschließenden Modelle (Modell 28 bis 32) enthalten entlang der vorangehenden Untersuchungsstrategie die simultane Betrachtung von Hypothese ($d_{1,2,3}$) und/oder ($e_{1,2,3}$) sowie ($f_{1,2,3}$). Die Anpassungsleistung der insgesamt 32 aufgestellten Einzelhypothesen bzw. -modelle ist der nachfolgenden Tabelle 15 zu entnehmen.

Tabelle 15: Übersicht zur Güte der Modellanpassung

Modell	χ^2	df	$R^2_{\eta_1}$	$R^2_{\eta_2}$	$R^2_{\eta_3}$	$R^2_{\eta_4}$	$R^2_{\eta_5}$
1	30.286	23	.147	.165	.054	.100	.072
2	40.901	29	.140	.172	.048	.097	.065
3	70.872	31	.059	.059	.030	.065	.053
4	49.715	30	.123	.316	.046	.093	.074
5	56.414	30	.096	.037	.035	.074	.050
6	41.277	30	.137	.138	.046	.095	.063
7	42.102	30	.140	.185	.046	.095	.065
8	41.226	30	.140	.165	.047	.097	.066
9	62.820	31	.119	.127	.000	.034	.060
10	75.914	32	.061	.062	.017	.045	.049
11	73.504	32	.062	.063	.022	.054	.053
12	40.998	30	.139	.174	.048	.097	.065
13	41.455	31	.136	.137	.046	.094	.062
14	45.230	30	.142	.233	.050	.096	.069

15	40.970	30	.140	.166	.047	.097	.065
16	83.975	31	.111	.100	.002	.000	.034
17	83.216	32	.073	.075	.018	.028	.037
18	74.236	32	.066	.067	.022	.049	.046
19	41.973	30	.140	.191	.049	.097	.066
20	43.001	31	.135	.136	.048	.093	.062
21	41.226	30	.139	.173	.047	.098	.065
22	40.951	30	.140	.169	.048	.097	.065
23	54.929	31	.140	.149	.046	.085	.000
24	72.139	32	.056	.056	.030	.067	.049
25	71.544	32	.060	.061	.031	.064	.049
26	40.947	30	.139	.173	.047	.097	.065
27	41.365	31	.136	.137	.046	.095	.063
28	46.088	32	.142	.256	.050	.097	.071
29	41.374	32	.140	.166	.047	.097	.066
30	92.931	35	.113	.092	.000	.000	.000
31	42.387	32	.140	.199	.049	.098	.068
32	43.704	33	.135	.136	.047	.092	.062

Die Inspektion der Chi-Quadrat-Teststatistik auf Basis der Minimum-Distanz-Schätzung zeigt zunächst, dass das lineare simultane Probit-Modell (Modell 1) sowie das nicht-lineare simultane Probit-Modell, das erstmalig die Gleichheitsrestriktion bezüglich Γ enthält (Modell 2), bei Zugrundelegung des kritischen Wertes der Chi-Quadrat-Verteilung auf dem 5%-Niveau eine akzeptable Modellanpassung ausweist. Für Modell 1 resultiert ein theoretischer Chi-Quadrat-Wert von 35.173 bei 23 Freiheitsgraden und für Modell 2 ein Wert in Höhe von 42.557 bei 29 Freiheitsgraden. Entsprechend wird für beide Modelle die Nullhypothese, dass das spezifizierte Modell auf Basis der vorliegenden Stichprobe die Parameter der reduzierten Form reproduziert, auf einem Signifikanzniveau von $\alpha = .05$ nicht abgelehnt.

Dagegen resultieren für Modell 3, 4, 5, 9, 10, 11, 14, 16, 17, 18, 23, 24, 25 und 30 Fitmaße, die den kritischen Wert (deutlich) übersteigen. Demzufolge sind die darin formulierten Parameterrestriktionen eindeutig zu verwerfen. Ferner unterschreitet Modell 28 mit einem Chi-Quadrat-Wert von 46.008 bei 32 Freiheitsgraden nur knapp den Grenzwert. Dieses Ergebnis indiziert zumindest vorläufig, dass das Modell über keine hinreichende Modellanpassung verfügt. Insgesamt deutet dieses Kriterium darauf hin, dass die Hypothesen (b), (d_1) und (e_1), (d_2) und (e_2) sowie (d_3) und (e_3) abzulehnen sind. Demgemäß kann davon ausgegangen werden, dass auch in der hier vorliegenden Modellspezifikation der zeitgleiche Effekt der Dispositionen beider Partner aufeinander signifikant von Null abweicht und entsprechend ein Interaktions- bzw. Annäherungsprozess stattfindet. Zudem weisen die Ergebnisse darauf hin, dass die Dispositionen von Frau und Mann zeitverzögert sowohl auf die individuelle Disposition als auch auf die Disposition des Partners wirken. Auf Basis dessen kann abgeleitet werden, dass der Interaktions- bzw. Annäherungsprozess zudem zeitversetzt stattfindet. Auch kann daraus geschlossen werden, dass die Dispositionen beider Partner relevant für die Entscheidung zur Zweitelternschaft sind.

Auf Basis des Chi-Quadrat-Differenzentests, der die Grundlage zur Beurteilung der Anpassungsleistung der verbleibenden Modelle 1, 2, 6, 7, 8, 12, 13, 15, 19, 20, 21, 22, 26, 27, 28, 29, 31 und 32 mit variierenden Freiheitsgraden bildet, erfolgt im Rahmen eines paarweisen Modellvergleichs die statistische Prüfung darüber, ob die Integration erweiterter Parameterrestriktionen in die Modellstruktur zu einer signifikant schlechteren Modellanpassung führt. Zunächst spiegelt die Differenz der Chi-Quadrat-Teststatistik zwischen Modell 1 und Modell 2 wider, dass die in Hypothese (a) formulierte Gleichheitsrestriktion bezüglich Γ nicht abzulehnen ist. Denn der Differenzwert beträgt lediglich 10.615 bei einer Zunahme von sechs Freiheitsgraden. Entsprechend erweist sich die Chi-Quadrat-Differenz auf dem 5%-Niveau als nicht signifikant. Daran anschließend zeigt ein Vergleich des nicht-linearen Probit-Modells (Modell 2) mit den Modellen, die einen Freiheitsgrad mehr aufweisen (df = 30), dass für Modell 6, 7, 8, 12, 15, 19, 21, 22, und 26 durchweg keine signifikante Chi-Quadrat-Differenz auf dem 5%-Niveau resultiert. Allerdings weisen Modell 26, 22, 15 und 12 im direkten Vergleich den niedrigsten Chi-Quadrat-Wert auf. Zudem deutet die R^2-Statistik darauf hin, dass insbesondere Modell 12 und 26 zu bevorzugen sind, da diese einen höheren erklärten Varianzanteil für η_2, der sich bei .174 bzw. .173 verortet, aufweisen. Entsprechend bildet Hypothese (f_1) bzw. (f_3), die die Gleichheitsrestriktion der Einflussnahme der Dispositionen beider Partner enthält, die Datenstruktur sinnvoll ab. Die Betrachtung der Chi-Quadrat-Differenz der restriktiveren nicht-linearen Modelle 13, 20 und 27 mit Modell 2, 12 sowie 26 kommt ebenfalls zu dem Schluss, dass die darin enthaltenen Parameterrestriktionen auf dem 5%-Niveau nicht zu verwerfen sind. So bestätigt sich auch hier die Betrachtung von Hypothese (f_1) sowie (f_2) und darüber hinaus Hypothese (f_3) und (c). Allerdings weisen diese drei Modelle einen deutlich verminderten R^2-Wert in Höhe von .136 bzw. .137 bezüglich η_2 auf, was wiederum für die Ablehnung dieser Modellstrukturen spricht. Dagegen zeigt ein Vergleich von Modell 2, 12 und 26 mit Modell 28, 29 und 31, dass die drei Modelle ebenfalls zu keiner signifikanten Modellverschlechterung führen, wobei Modell 28 eine deutlich schlechtere Modellanpassung aufgrund eines Chi-Quadrat-Wertes von 46.088 bei 32 Freiheitsgraden aufweist als Modell 29 und 31, deren Restriktionsgrad abgebildet über df identisch ist. Dieses Ergebnis konkurriert mit der diesbezüglichen R^2-Statistik, die für Modell 28 eine deutlich erhöhte Erklärungskraft insbesondere hinsichtlich η_2 attestiert. Jedoch weist Modell 31 einerseits eine akzeptablere Modellanpassung auf als Modell 28 und generiert andererseits neben Modell 28 den höchsten R^2-Wert für η_2. Auch der Erklärungsbeitrag für die übrigen endogenen Variablen des Modells 31 erweist sich im Rahmen des Modellvergleichs als akzeptabel, wobei der Wert zwischen .049 für η_3 und .199 für η_2 variiert. Die Betrachtung des abschließenden Modells 32 zeigt ebenfalls eine akzeptable Modellanpassung auch im direkten Vergleich mit Modell 2, 12, 26 und 31 auf Basis des Chi-Quadrat-Differenzentests. Allerdings fällt der R^2-Wert insbesondere für η_2 deutlich niedriger aus als in den Vergleichsmodellen. Dieses Ergebnis spricht wiederum für die Verwerfung der in Modell 32 enthaltenen Parameterrestriktionen.

Auf Basis der hier zum Einsatz kommenden Beurteilungskriterien wird Modell 31 bzw. die Hypothesenkombination (f_1), (f_2) und (f_3) für die Betrachtung des Familienerweiterungsverhaltens in Partnerschaften bevorzugt und nachfolgend im Detail interpretiert. Die diesbezügliche R^2-Statistik zeigt, dass im Rahmen dieser Modellstruktur 14.0% der Varianz der Disposition der Frau und 19.9% der Disposition des Mannes zum Zeitpunkt 1988 sowie 4.9% der Disposition der Frau und 9.8% der Disposition des Mannes zum Zeitpunkt 1990 determiniert werden. Zudem werden auf Basis der Modellspezifikation 6.8% der Varianz des generativen Verhaltens des Paares aufgeklärt. Analog zur Untersuchung des Familiengründungsverhaltens trägt das Gesamtmodell insbesondere zur Erklärung der Disposition des Mannes (η_2) bei. In gleicher Weise wird auch hier die Disposition der Frau (η_1) deutlich schlechter aufgeklärt. Ebenfalls fällt der R^2-Wert für die Dispositionen beider Partner zum Zeitpunkt 1990 $(\eta_3$ und $\eta_4)$ sowie für die Entscheidung zur Zweitelternschaft (η_5) im Vergleich zu η_1 und η_2 deutlich niedriger aus. Der erklärte Varianzanteil für η_5 unterschreitet zudem deutlich den R^2-Wert für die Entscheidung zur Erstelternschaft aus dem Basismodell.

6.4 Interpretation der Ergebnisse

Das Modell 31 umfasst Parameterrestriktionen bezüglich Γ^* und B^*. Hinsichtlich der Einflussstruktur lässt sich ableiten, dass die analogen exogenen Variablen von Frau und Mann gleichwertig die Dispositionen beider Partner zum Zeitpunkt 1988 beeinflussen. Zudem verdeutlicht die in B^* formulierte Hypothesenkombination (f_1), (f_2) und (f_3), dass sich die Dispositionen beider Partner zum Zeitpunkt 1988 im Rahmen des Interaktions- bzw. Annäherungsprozesses ungleichwertig bedingen. Ferner bestimmen die Dispositionen beider Partner zum Zeitpunkt 1988 im selben Ausmaß die Disposition der Frau sowie die Disposition des

Mannes zum Zeitpunkt 1990. Des Weiteren haben die Dispositionen beider Partner resultierend aus verschiedenen Erhebungszeitpunkten einen identischen Effekt auf die Entscheidung zur Zweitelternschaft.

Auf Basis der geschätzten Strukturparameter des Modells 31 zeigt sich zunächst, dass μ_3^* und μ_4^* sich auf dem 5%-Niveau nicht signifikant von Null unterscheiden. Auch in der Matrix Γ^* resultieren nicht signifikante Parameterschätzungen. Dies betrifft den direkten Effekt des generativen Verhaltens des persönlichen Umfeldes des Paares (γ_{13}^* und γ_{23}^*), des Verbleibs in den Bildungsinstitutionen (γ_{14}^* und γ_{25}^*) sowie der Arbeitslosigkeitserfahrung (γ_{18}^* und γ_{29}^*) auf die individuelle Disposition. Diese fehlenden Einflussnahme zeigte sich bereits in der reduzierten Form - zumindest für das generative Verhalten des persönlichen Umfeldes (x_3) sowie für Arbeitslosigkeitserfahrungen betreffend den Mann (x_9). Des Weiteren erweisen sich die Fehlerkovarianzen ω_{12}^*, ω_{13}^*, ω_{23}^*, ω_{24}^*, ω_{25}^* und ω_{45}^* als nicht signifikant auf dem 5%-Niveau. Für alle anderen Parameter des Modells resultieren signifikante Schätzungen mindestens auf dem 5%-Niveau.

So resultiert für den Proportionalitätsfaktor λ eine auf dem 1%-Niveau signifikante Schätzung in Höhe von 1.195. Auch im Rahmen dieser Modellstruktur resultiert für die anderen nicht-linearen Modelle durchgängig eine signifikante Schätzung für λ, wobei der Wert analog zum Basismodell zwischen .503 für Modell 5 und 1.861 für Modell 4 variiert. Ebenfalls schwanken die Schätzungen für λ zumeist um den Wert 1. Gemäß dem ermittelten λ-Wert im Basismodell verdeutlicht die hier resultierende Schätzung, dass die Disposition des Mannes (η_2) über eine leicht höhere Varianz verfügt als die Disposition der Frau (η_1). Dies bedingt, dass die Effektparameter der analogen exogenen Variablen in Γ^*, die in der nachstehenden Abbildung 23 ausgewiesen sind, um den Wert des Proportionalitätsfaktors λ differieren. Zugleich impliziert dies aber auch, dass die nicht-identifizierten analogen Strukturparameter in Γ sich nicht signifikant voneinander unterscheiden und entsprechend die Einflussnahme der exogenen Variablen beider Partner auf die individuelle Disposition als gleichwertig zu betrachten ist.

Abbildung 23: Die ermittelte Einflussstruktur der exogenen Variablen auf die Disposition von Frau und Mann

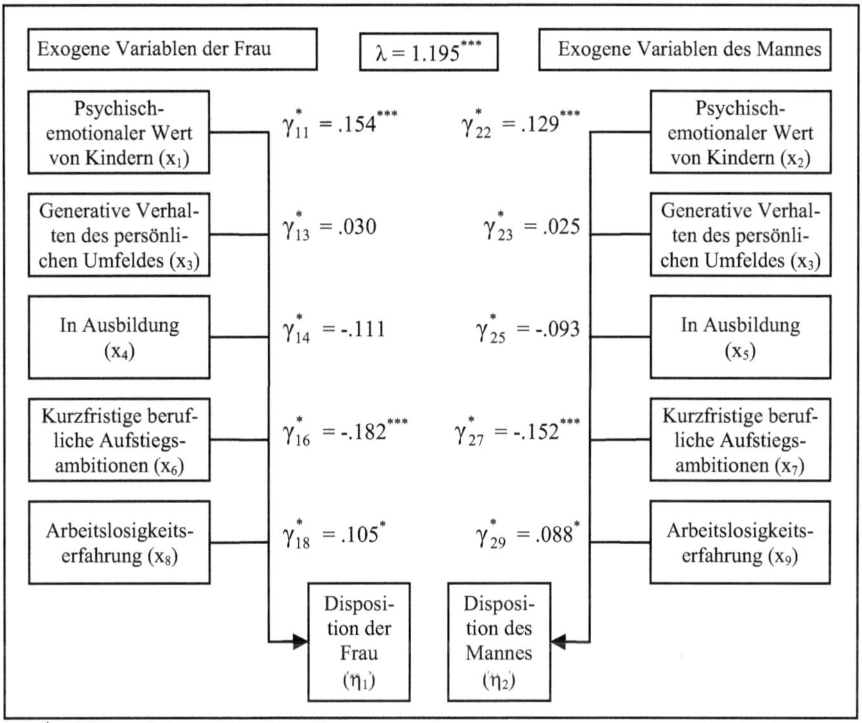

Exogene Variablen der Frau	$\lambda = 1.195^{***}$	Exogene Variablen des Mannes
Psychisch-emotionaler Wert von Kindern (x_1)	$\gamma^*_{11} = .154^{***}$ $\quad$ $\gamma^*_{22} = .129^{***}$	Psychisch-emotionaler Wert von Kindern (x_2)
Generative Verhalten des persönlichen Umfeldes (x_3)	$\gamma^*_{13} = .030$ $\quad$ $\gamma^*_{23} = .025$	Generative Verhalten des persönlichen Umfeldes (x_3)
In Ausbildung (x_4)	$\gamma^*_{14} = -.111$ $\quad$ $\gamma^*_{25} = -.093$	In Ausbildung (x_5)
Kurzfristige berufliche Aufstiegsambitionen (x_6)	$\gamma^*_{16} = -.182^{***}$ $\quad$ $\gamma^*_{27} = -.152^{***}$	Kurzfristige berufliche Aufstiegsambitionen (x_7)
Arbeitslosigkeitserfahrung (x_8)	$\gamma^*_{18} = .105^*$ $\quad$ $\gamma^*_{29} = .088^*$	Arbeitslosigkeitserfahrung (x_9)
	Disposition der Frau (η_1) $\quad$ Disposition des Mannes (η_2)	

Mit * gekennzeichnete Werte sind auf dem $\alpha = .10$ Testniveau signifikant von Null verschieden.
Mit ** gekennzeichnete Werte sind auf dem $\alpha = .05$ Testniveau signifikant von Null verschieden.
Mit *** gekennzeichnete Werte sind auf dem $\alpha = .01$ Testniveau signifikant von Null verschieden.

Die ermittelten Strukturparameter in Γ^* zeigen für beide Partner bezüglich der Einflussnahme und -richtung der exogenen Variablen im Rahmen dieser Modellstruktur folgendes Bild: Der psychisch-emotionale Wert von Kindern (x_1 und x_2), das generative Verhalten des persönlichen Umfeldes des Paares (x_3) und die persönliche Arbeitslosigkeitserfahrung (x_8 und x_9) weisen einen positiven Effekt auf die Dispositionen beider Partner auf. Daneben resultieren für den Verbleib in den Bildungsinstitutionen (x_4 und x_5) und für kurzfristige berufliche Aufstiegsambitionen (x_6 und x_7) Parameterschätzungen mit negativen Vorzeichen. Allerdings erweisen sich in diesem Modell sowohl das generative Verhalten des persönlichen Umfeldes als auch der Verbleib in den Bildungsinstitutionen als statistisch unbedeutend bzw. nicht signifikant auf dem 10%-Niveau. So stellen diese beiden exogenen Variablen entgegen des Entscheidungsmodells zur Familiengründung vernachlässigbare Prädiktoren für die Entscheidung zur Familienerweiterung dar. Zudem erweist sich vergangene bzw. derzeitige unfreiwillige Nichterwerbstätigkeit lediglich auf dem 10%-Niveau als signifikant. Insgesamt zeigt ein Vergleich der signifikanten Effektparameter, dass dem Merkmal kurzfristige berufliche Aufstiegsambitionen das größte Gewicht für die Dispositionen beider Partner zukommt. Der psychisch-emotionale Wert von Kindern erweist sich als nicht ganz so bedeutsam für den gewünschten Zeitpunkt einer Erstelternschaft. Die persönliche Arbeitslosigkeitserfahrung weist folglich den niedrigsten Effekt auf die individuelle Disposition auf.

Darüber hinaus zeigen sich zumeist nur marginale Differenzen zwischen den hier ermittelten Parameterschätzungen in Γ^* sowie dem Proportionalitätsfaktor λ und den Schätzungen betreffend dem Familiengründungsverhalten des Paares. Auch die Vorzeichen entsprechen durchweg den ermittelten Parameterwerten im Basismodell. So bestätigt sich auch hier die anfänglich theoretisch vermutete Richtung der Einflussnahme für die Frau, jedoch nicht für den Mann. Denn entgegen der Ausgangshypothese resultiert beim Mann ein positiver Effekt betreffend vergangener bzw. gegenwärtiger Arbeitslosigkeit. Zwar unterscheiden sich die Parameter der beiden Modellspezifikationen bezüglich des Vorzeichens und der Höhe des Wertes in Γ^* nur unwesentlich, jedoch zeigen sich im Hinblick auf die Bedeutsamkeit der Merkmale beider Partner für den paritätenspezifischen generativen Entscheidungsprozess deutliche Abweichungen.

Ferner zeigen sich, wie aus Abbildung 24 ersichtlich, statistisch bedeutsame Effekte ausgehend von den beiden Individualmerkmalen Verbleib in den Bildungsinstitutionen (x_4 und x_5) und Arbeitslosigkeitserfahrung (x_8 und x_9) von Frau und Mann auf die Disposition des Partners. Die diesbezüglichen analogen Γ^*-Parameter differieren ebenfalls um den konstanten Term 1.195, wobei die Unterschiede zwischen den nicht-identifizierten Γ-Parametern als nicht signifikant zu betrachten sind. Folglich determinieren die beiden berufsbiographischen Variablen gleichwertig die Disposition des jeweils anderen Partners.

Den theoretischen Annahmen entsprechend zeigt sich, dass der Verbleib in den Bildungsinstitutionen sowie unfreiwillige Nichterwerbstätigkeit einen negativen Effekt auf die Disposition des Partners haben, wobei das Verweilen im Aus- und Weiterbildungssystem bedeutsamer und entsprechend erklärungskräftiger für einen verminderten Kinderwunsch des Partners ist. So bestätigt sich gegenüber der intraindividuellen Untersuchungsebene ein signifikant negativer Institutioneneffekt für die Verhaltensintention des Partners. Entsprechend besitzt das Merkmal Verbleib in den Bildungsinstitutionen keine Relevanz für die individuelle Disposition, jedoch für die Disposition des Partners im Rahmen des Entscheidungsprozesses zur Zweitelternschaft. Daneben zeigt sich sowohl auf der intra- als auch interindividuellen Ebene ein Einfluss ausgehend von unfrei-willigen Erwerbsunterbrechungen als Substitut für berufliche Diskontinuitäten, wobei sich die Auswirkungen unterschiedlich darstellen. Denn individuelle Ar-beitslosigkeitserfahrungen bedingen zwar den persönlichen Kinderwunsch posi-tiv, weisen aber einen dispositionsreduzierenden Effekt auf den Partner auf. Dieser Befund besitzt allerdings entgegen den Ergebnissen des Basismodells nur tendenziell Gültigkeit, da die Parameterschätzungen lediglich auf dem 10%-Niveau signifikant von Null verschieden sind. Ansonsten zeigen sich im direkten Modellvergleich nur leicht verminderte Parameterwerte.

Abbildung 24: Die ermittelte Einflussstruktur der exogenen Variablen auf die Disposition des Partners

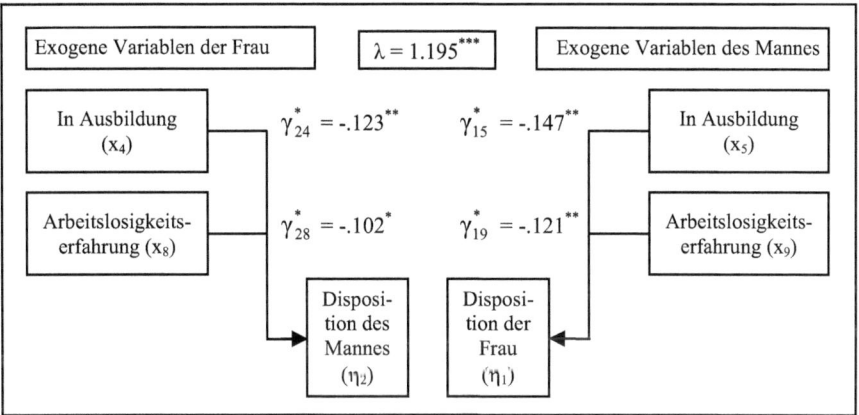

*Mit * gekennzeichnete Werte sind auf dem $\alpha = .10$ Testniveau signifikant von Null verschieden.*
*Mit ** gekennzeichnete Werte sind auf dem $\alpha = .05$ Testniveau signifikant von Null verschieden.*
*Mit *** gekennzeichnete Werte sind auf dem $\alpha = .01$ Testniveau signifikant von Null verschieden.*

So erweisen sich auch in diesem Modell die Individualmerkmale des Partners für die individuelle Disposition als bedeutsam und verdeutlichen entsprechend die Notwendigkeit, diese Effekte mit zu berücksichtigen. Dies zeigen auch die Er-gebnisse von Modellvergleichen bereits im Rahmen des linearen simultanen Probit-Modells. Denn der Ausschluss direkter Effekte führt zu einem Chi-Quadrat-Wert von 39.324 bei 27 Freiheitsgraden. Zwar wird für beide Modellva-rianten die Nullhypothese, dass das spezifizierte Modell auf Basis der vorliegen-den Stichprobe die Parameter der reduzierten Form reproduziert, auf einem Sig-nifikanzniveau von $\alpha = .05$ nicht abgelehnt. Allerdings erweist sich die Chi-Quadrat-Differenz zwischen beiden Modellen auf dem 5%-Niveau nur knapp als nicht signifikant. Im Rahmen des nicht-linearen Probit-Modells zeigt sich sogar ein wesentlich eindeutigeres Ergebnis, denn der Chi-Quadrat-Wert in Höhe von 46.440 bei 31 Freiheitsgraden indiziert eine Ablehnung des Modells.

Daneben enthält das hier betrachtete Entscheidungsmodell Annahmen zur Zusammenhangsstruktur der fünf endogenen latenten Variablen, die sich in B^* formuliert finden. Die nachstehende Abbildung 25 gibt entsprechend Aufschluss über die diesbezüglichen Parameterschätzungen, die die wechselseitige Beeinflussung beider Partner im Rahmen des Interaktions- bzw. Annäherungsprozesses sowie die Bedeutsamkeit beider Partner für die Entscheidung zur Zweitelternschaft fokussieren.

Abbildung 25: Die ermittelte Einflussstruktur der Disposition von Frau und Mann

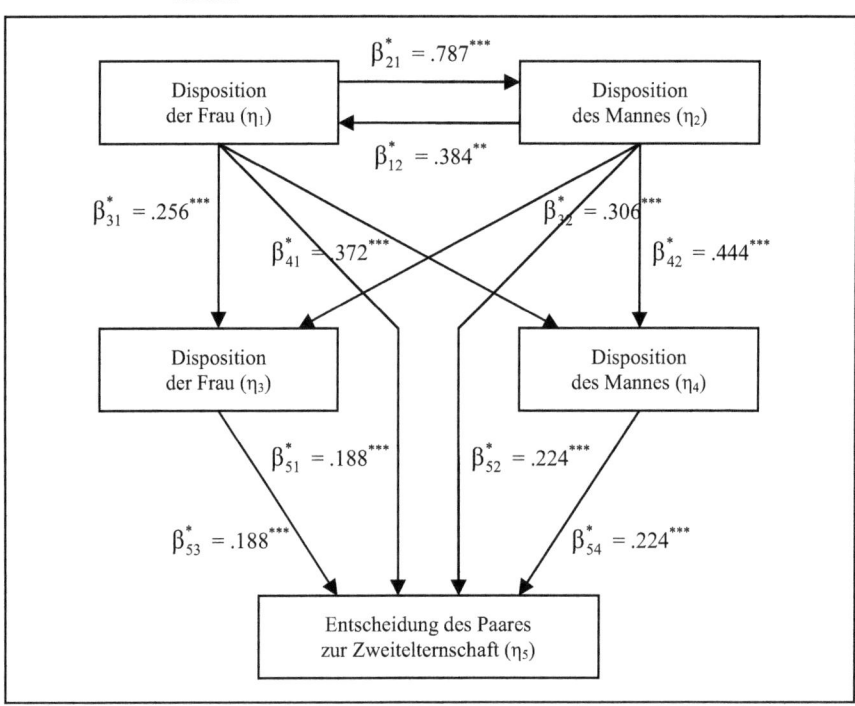

*Mit * gekennzeichnete Werte sind auf dem $\alpha = .10$ Testniveau signifikant von Null verschieden.*
*Mit ** gekennzeichnete Werte sind auf dem $\alpha = .05$ Testniveau signifikant von Null verschieden.*
*Mit *** gekennzeichnete Werte sind auf dem $\alpha = .01$ Testniveau signifikant von Null verschieden.*

Zunächst zeigen die geschätzten Strukturparameter in B^*, dass die endogenen latenten Variablen des Modells durchweg in einem positiven Zusammenhang zueinander stehen und die Effekte mit Ausnahme von β_{12}^* auf dem 1%-Niveau signifikant sind. Des Weiteren verdeutlichen die Parameterschätzungen von β_{21} und β_{12}, die auf Basis von B^* und λ wie folgt identifiziert werden können, dass die Disposition der Frau (β_{21}) einen stärkeren Einfluss auf die Disposition des Mannes (β_{12}) hat als umgekehrt:

$$\beta_{21} = \beta_{21}^* \cdot \lambda = 0.787 \cdot 1.195 = 0.941$$

und

$$\beta_{12} = \beta_{12}^* \cdot \lambda^{-1} = \frac{0.384}{1.195} = 0.321$$

Der direkte Vergleich der ermittelten Strukturparameter β_{21} und β_{12} zeigt, dass der Effekt der Frau den des Mannes um das nahezu Dreifache übersteigt. Auch diese beiden Effektparameter erweisen sich als signifikant auf dem 1%-Niveau. Die Frau dominiert entsprechend den Interaktions- bzw. Annäherungsprozess zum ersten Erhebungszeitpunkt 1988, der den gewünschten Zeitpunkt einer Erst-elternschaft erfasst. Bereits im Basismodell wurde diese Form der wechselseitigen Einflussnahme deutlich, wobei hier die relativen Effekte beider Partner aufeinander weiter auseinander liegen und entsprechend die Disposition der Frau eine noch größere Relevanz für die Disposition des Mannes hinsichtlich einer baldigen Erstelternschaft besitzt als es die Verhaltensintention des Mannes für den Kinderwunsch der Frau vermag.

Des Weiteren verdeutlichen die Parameter der dritten und vierten Zeile von B^*, die über eine Parameterrestriktion der Form $\beta_{32}^* = \lambda\beta_{31}^* \neq 0$ und $\beta_{42}^* = \lambda\beta_{41}^* \neq 0$ miteinander verbunden sind, dass die Dispositionen beider Partner zum Erhebungszeitpunkt 1988 zum einen gleichwertig die Disposition der Frau zum Erhebungszeitpunkt 1990 (siehe β_{31}^* und β_{32}^*) und zum anderen in derselben Weise die Disposition des Mannes zum Erhebungszeitpunkt 1990 (siehe β_{41}^* und β_{42}^*) beeinflussen. Entsprechend resultiert für die Relation der analogen geschlechtsspezifischen Strukturparameter β_{31} und β_{32} sowie β_{41} und β_{42} wie folgt der Wert 1:

$$\frac{\beta_{31}}{\beta_{32}} = \lambda\beta_{31}^*/\beta_{32}^* = \frac{1.195 \cdot 0.256}{0.306} = 1$$

bzw.

$$\frac{\beta_{32}}{\beta_{31}} = \lambda^{-1}\beta_{32}^*/\beta_{31}^* = \frac{0.837 \cdot 0.306}{0.256} = 1$$

sowie

$$\frac{\beta_{41}}{\beta_{42}} = \lambda\beta_{41}^*/\beta_{42}^* = \frac{1.195 \cdot 0.372}{0.444} = 1$$

bzw.

$$\frac{\beta_{42}}{\beta_{41}} = \lambda^{-1}\beta_{42}^*/\beta_{41}^* = \frac{0.837 \cdot 0.444}{0.372} = 1$$

Im Detail zeigt sich, dass sich der individuelle Wunsch nach baldiger Familiengründung förderlich auf den zukünftigen persönlichen Kinderwunsch auswirkt und somit die individuelle Verhaltensintention über eine deutliche zeitliche Stabilität verfügt (siehe β_{31}^* und β_{42}^*). Dabei impliziert die individuelle Disposition η_3 bzw. η_4 in dieser Betrachtung sowohl den Wunsch nach baldiger Familiengründung für zum Zeitpunkt 1990 noch Kinderlose als auch den Wunsch nach baldiger Familienerweiterung für bereits in die Erstelternschaft eingetretene Paare. Entsprechend generiert ein Aufschub von Elternschaft auf der intraindividuellen Ebene weiterhin den Wunsch nach baldiger Familiengründung. So wird im Rahmen des hier vorliegenden Beobachtungszeitraums von zwei Jahren keine deutliche Gewöhnungstendenz in Bezug auf den Zustand der Kinderlosigkeit lokalisiert. Ebenso gilt hinsichtlich der individuellen Verhaltensintention bei Ersteltern, dass der Wunsch nach baldiger Familiengründung mit einem ausgeprägten Wunsch nach baldiger Familienerweiterung einhergeht. Aus dem vorliegenden Befund lässt sich entsprechend keine Umkehrung des Kinderwunsches aufgrund der mit einer Erstgeburt bzw. Erstelternschaft verbundenen Erfahrungen nachweisen (vgl. Gisser et al. 1985; Nickel et al. 2001). Vielmehr lässt sich daraus ableiten, dass der Wunsch nach baldiger Familiengründung, der eine frühzeitige Realisierung von Elternschaft nach sich zieht, mit einer ausgeprägten Familienerweiterungsbereitschaft einhergeht.

Zudem wird auf der interindividuellen Ebene in Hinblick auf die Verhaltensintention ersichtlich (siehe β_{32}^* und β_{41}^*), dass sich der Wunsch des Partners nach baldiger Familiengründung als förderlich für die individuelle Disposition zur Familiengründung bzw. -erweiterung erweist. Entsprechend zeigt sich auch hier, dass im Kontext von Kinderlosigkeit die Verhaltensintention des Partners zur Erstelternschaft einen verstärkenden Effekt und eine gleichsam stabilisierende Wirkung auf die individuelle Familiengründungsbereitschaft ausübt. Bei Ersteltern bestätigt sich analog, dass der Wunsch des Partners nach baldiger Familiengründung den individuellen Wunsch nach baldiger Familienerweiterung prägt. So bestätigt sich im Rahmen dieses um die zeitliche Komponente erweiterten Entscheidungsmodells eine im zeitlichen Verlauf wechselseitige Einflussnahme, die neben einem zeitgleich stattfindenden Interaktions- bzw. Annäherungsprozess zum Tragen kommt. Demzufolge impliziert der generative Entscheidungsprozess zeitlich versetzte Interaktions- bzw. Annäherungsprozesse, die gleichsam gewichtig für die Abbildung der Entscheidungsfindung des Paares sind.

Dabei bestimmt die Disposition der Frau (η_1) stärker die Disposition des Mannes (η_4) als es die Disposition des Mannes (η_2) in Bezug auf die Disposition der Frau (η_3) vermag. Denn die R^2-Statistik verdeutlicht bei Zugrundelegung einer konstanten Effektstärke der direkt und indirekt wirkenden Prädiktoren auf die Dispositionen beider Partner, dass die Disposition des Mannes mit einem erklärten Varianzanteil in Höhe von 9.8% wesentlich stärker determiniert wird als die Disposition der Frau, deren erklärter Varianzanteil nur 4.9% beträgt. Zudem zeigt ein erweiterter Modelltest, bei dem die Gleichheitsrestriktion der Form $\beta_{31} = \beta_{32} = \beta_{41} = \beta_{42}$ betrachtet wird, dass das Modell aufgrund eines Chi-Quadrat-Wertes in Höhe von 48.142 bei 33 Freiheitsgraden eindeutig abzulehnen ist.[58] Selbiges bestätigt sich auf Basis des Chi-Quadrat-Differenzentests. So zeigt sich ebenfalls im zeitlichen Verlauf, dass die Disposition der Frau den innerpartnerschaftlichen Interaktions- bzw. Annäherungsprozess dominiert. Dabei erweist sich die intraindividuelle Einflussnahme als gleichbedeutend wie der interindividuelle Effekt, da sich β_{31} und β_{32} bzw. β_{41} und β_{42} nicht signifikant voneinander unterscheiden.

Das Entscheidungsmodell beinhaltet in B* zudem die Parameterrestriktion der Form $\beta^*_{52,54} = \lambda\beta^*_{51,53} \neq 0$. Demgemäß kann davon ausgegangen werden, dass die Strukturparameter in B nicht signifikant voneinander abweichen und entsprechend die Dispositionen beider Partner resultierend aus verschiedenen Erhebungszeitpunkten die Entscheidung des Paares gleichwertig beeinflussen. Wie folgt ergibt das Verhältnis der Parameter β_{51} und β_{52} zueinander den Wert 1, wobei $\beta_{51} = \beta_{53}$ sowie $\beta_{52} = \beta_{54}$ gilt:

---

58 Der diesbezügliche R^2-Wert sowohl für die Disposition der Frau (η_3) als auch für die Disposition des Mannes (η_4) beläuft sich auf .069.

$$\frac{\beta_{51,53}}{\beta_{52,54}} = \lambda\beta^*_{51,53}/\beta^*_{52,54} = \frac{1.195 \cdot 0.188}{0.224} = 1$$

bzw.

$$\frac{\beta_{52,54}}{\beta_{51,53}} = \lambda^{-1}\beta^*_{52,54}/\beta^*_{51,53} = \frac{0.837 \cdot 0.224}{0.188} = 1$$

Dieses Ergebnis spiegelt auch für den hier betrachteten Untersuchungsgegenstand einen paritätischen Entscheidungsverlauf wider, da die Frau und der Mann im selben Ausmaß die Entscheidung zur Familienerweiterung bestimmen. Hieraus wird zudem ersichtlich, dass der individuelle Kinderwunsch nicht nur einen paritätenspezifischen Einfluss auf die generative Entscheidung hat, sondern dass bereits der Wunsch nach baldiger Familiengründung (η_1 und η_2) den Prozess der Familienerweiterung dergestalt mitbegründet, dass der Familienerweiterungsprozess frühzeitiger vollzogen werden möchte sowie vollzogen wird. So können auf Basis dieses Modellkonzepts 6.8% der Varianz der Zweitelternschaft aufgeklärt werden.

Der Ausschluss der nicht signifikanten direkten Effekte ausgehend von dem generativen Verhalten des persönlichen Umfeldes (x_3) sowie dem Verbleib in den Bildungsinstitutionen (x_4 und x_5) auf die individuelle Disposition im Rahmen des Modells 31 generiert einen Chi-Quadrat-Wert von 42.708, der nahezu identisch mit dem des Ausgangsmodells ist (Chi-Quadrat = 42.387, df = 32). Da allerdings das modifizierte Modell zwei Freiheitsgrade mehr aufweist, gelangt der Chi-Quadrat-Differenzentest zu dem Ergebnis, dass der Variablenausschluss zu keiner signifikanten Modellverschlechterung führt. Auch zeigen sich zumeist nur marginale Differenzen hinsichtlich des erklärten Varianzanteils der endogenen Modellvariablen. Die Varianz der Disposition der Frau zum Erhebungszeitpunkt 1988 (η_1) wird nahezu unverändert zu 13.8% aufgeklärt. Für die Disposition der Frau zum Zeitpunkt 1990 (η_3) ergibt sich weiterhin ein R^2-Wert von .049. Die Prädiktoren erklären nun mit 16.7% im sichtlich verminderten Umfang die Disposition des Mannes zum Zeitpunkt 1988 (η_2) sowie unwesentlich reduziert mit 9.7% die Disposition des Mannes zum Zeitpunkt 1990 (η_4) und mit 6.5% die Entscheidung zur Familienerweiterung (η_5).

Ferner zeigen sich eher geringfügige Abweichungen hinsichtlich der geschätzten Effektparameter. Dabei weist der Proportionalitätsfaktor λ einen leicht verminderten Wert von nahe 1 auf. Demgemäß unterscheiden sich die Varianzen von η_1 und η_2 nunmehr nur unwesentlich. Entsprechend weichen die analogen geschlechtsspezifischen Parameter in Γ^*, die in Abbildung 26 ausgewiesen sind, kaum voneinander ab. Die Detailergebnisse zeigen, dass sich der Effekt ausgehend von Arbeitslosigkeitserfahrung (x_7 und x_8) nun als signifikant auf dem Testniveau von $\alpha = .05$ erweist. Zudem verortet sich die Schätzung deutlich näher an den übrigen Parameterwerten, die die Gesamteffektstruktur dahingehend bestimmt, dass dem psychisch-emotionalen Wert von Kindern dieselbe und gleichsam zweitgrößte Relevanz für die individuelle Disposition von Frau und Mann zugesprochen werden kann wie vergangene bzw. gegenwärtige unfreiwillige Nichterwerbstätigkeit.

Abbildung 26: Die ermittelte Einflussstruktur der exogenen Variablen auf die Disposition von Frau und Mann

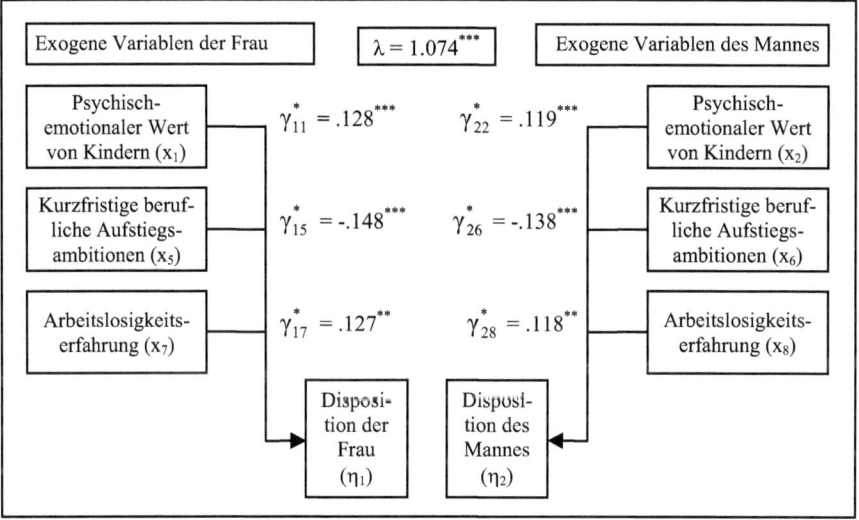

Mit * gekennzeichnete Werte sind auf dem $\alpha = .10$ Testniveau signifikant von Null verschieden.
Mit ** gekennzeichnete Werte sind auf dem $\alpha = .05$ Testniveau signifikant von Null verschieden.
Mit *** gekennzeichnete Werte sind auf dem $\alpha = .01$ Testniveau signifikant von Null verschieden.

Abbildung 27, in der die Einflussnahme der beiden berufsbiographischen Individualmerkmale von Frau und Mann auf die Disposition des Partners dargestellt sind, ist zudem zu entnehmen, dass sich der Institutioneneffekt sogar als signifikant auf dem 1%-Niveau erweist. Auch der Effekt der Arbeitslosigkeitserfahrung beider Partner ist nun auf dem 5%-Niveau bedeutsam. Darüber hinaus spiegelt der Wert des ermittelten Strukturparameters des Verbleibs in den Bildungsinstitutionen eine deutlich höhere Einflussnahme auf die Disposition des jeweils anderen Partners wider.

Abbildung 27: Die ermittelte Einflussstruktur der exogenen Variablen auf die Disposition des Partners

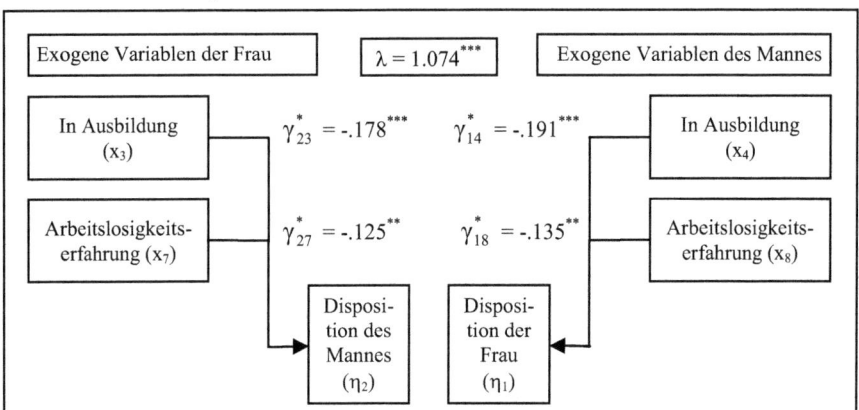

Mit * *gekennzeichnete Werte sind auf dem* $\alpha = .10$ *Testniveau signifikant von Null verschieden.*
Mit ** *gekennzeichnete Werte sind auf dem* $\alpha = .05$ *Testniveau signifikant von Null verschieden.*
Mit *** *gekennzeichnete Werte sind auf dem* $\alpha = .01$ *Testniveau signifikant von Null verschieden.*

Außerdem zeigt sich auf Basis der in Abbildung 28 ausgewiesenen Effektparameter in B^*, dass insbesondere die Schätzung für β^*_{12} deutlich zum Ausgangsmodell differiert. Zudem erweist sich der Parameterwert nun auf dem 1%-Niveau als signifikant. Dies bedingt, dass eine deutlich verminderte Differenz zwischen β_{12} und β_{21} vorliegt. So stellt der Effekt der Disposition der Frau (η_1) auf die Disposition des Mannes (η_2) nur noch das 2.4-fache des Effekts des Mannes dar, denn auf Basis von B^* und λ ergibt $\beta_{21} = .845$ und $\beta_{12} = .358$. Die Parameter der dritten bis fünften Zeile der Matrix B^* unterscheiden sich nur minimal zum vollständigen Modell, so dass die bereits oben vorgenommene Detailinterpretation weiterhin Gültigkeit besitzt.

Abbildung 28: Die ermittelte Einflussstruktur der Disposition von Frau und Mann

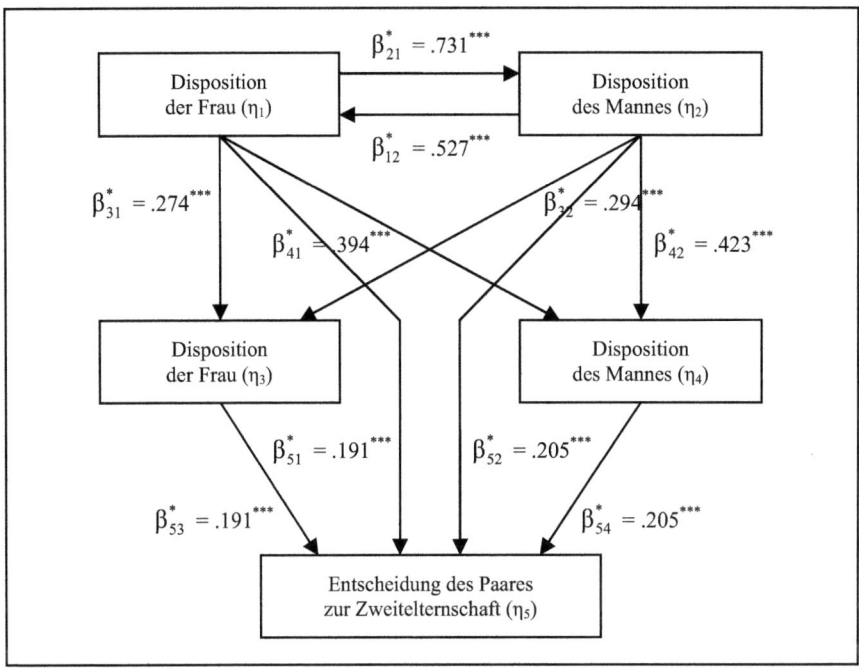

Mit * *gekennzeichnete Werte sind auf dem $\alpha = .10$ Testniveau signifikant von Null verschieden.*
Mit ** *gekennzeichnete Werte sind auf dem $\alpha = .05$ Testniveau signifikant von Null verschieden.*
Mit *** *gekennzeichnete Werte sind auf dem $\alpha = .01$ Testniveau signifikant von Null verschieden.*

6.5 Resümee

Die Untersuchung des Familienerweiterungsprozesses bestätigt eindeutig, dass die Dispositionen beider Partner einen eigenständigen sowie identischen Einfluss auf das generative Verhalten ausüben. Entsprechend generiert sich die partnerschaftlich getroffene Entscheidung auch in diesem Modell paritätisch. Zudem zeigt sich eine gleich starke Einflussnahme der individuellen Verhaltensintentionen von Frau und Mann zum Erhebungszeitpunkt 1988 und 1990 auf die Entscheidung zur Familienerweiterung. So stellen sowohl die individuelle Disposition zur baldigen Familiengründung als auch die individuelle Disposition zur baldigen Familienerweiterung gewichtige Prädiktoren für den zeitnahen Übergang zum zweiten Kind dar. Die Realisierung einer Zweitelternschaft steht somit nicht nur in einer engen Beziehung zur Familienerweiterungsbereitschaft, sondern ist auch rückführbar auf den Wunsch zur baldigen Familiengründung. Bereits auf intentionaler Ebene zeigt sich die Bedeutsamkeit der Geburt eines ersten Kindes für das Familienerweiterungsverhaltens des Paares.

Wie bereits im Basismodell zur Erstelternschaft erweisen sich die Variablen psychisch-emotionaler Wert von Kindern, kurzfristige berufliche Aufstiegsambitionen sowie Diskontinuitäten in der Erwerbsbiographie - deren Effekte über die Dispositionen beider Partner vermittelt werden - als gewichtig für den Übergang in die Zweitelternschaft. Dabei wirken sich der Wert von Kindern und Arbeitslosigkeitserfahrungen positiv auf die Realisierung einer Zweitelternschaft aus. Der Positiveffekt ausgehend vom psychisch-emotionalen Wert von Kindern lässt sich für beide Partner insbesondere über die Nutzenerwartung und der von beruflichen Negativerlebnissen insbesondere über einen Kompensationseffekt erklären. Demgegenüber führen berufliche Aufstiegsambitionen, die insbesondere (temporäre) erwerbsbezogene Unsicherheiten sowie Opportunitätskosten implizieren, zu einem Aufschub der Familienerweiterung. Die Parameterschätzungen verdeutlichen zudem, dass die Individualfaktoren einen nahezu gleich starken Effekt ausüben, wobei den beruflichen Aufstiegsambitionen ein leicht höheres Gewicht sowohl für die Erklärung der individuellen Verhaltensintention als auch für das generative Verhalten zukommt. Durch die Modellerweiterung um die zeitliche Komponente konnte zudem gezeigt werden, dass der psychisch-emotionale Wert von Kindern, berufliche Aufstiegsambitionen sowie Arbeitslosigkeitserfahrungen nicht nur zeitgleich Einfluss auf die individuellen Dispositionen beider Partner nehmen, sondern ebenfalls einen zeitverzögerten Effekt auf die individuelle Disposition von Frau und Mann ausüben. So nehmen zumindest familiale Werthaltungen, berufliche Zielvorstellungen sowie erwerbsbiographische Rahmenbedingungen nicht nur situativ Einfluss auf die Verhaltensintention. Auf der Grundlage des Multi-Wave-Designs kann entsprechend geschlossen werden, dass der Kinderwunsch nicht nur durch situative Rahmenbedingungen bzw. Einstellungen, sondern auch durch zeitlich zurückliegende Faktoren determiniert wird. Ferner zeigt ein Vergleich mit den Ergebnissen des Basismodells, dass diese Individualmerkmale sowohl den Übergang zum ersten Kind als auch zum zweiten Kind determinieren. Zudem kommt die Variable Arbeitslosigkeitserfahrung über die Individualebene hinaus zum Tragen, denn sie bedingt nicht nur direkt die individuelle Disposition, sondern auch die Disposition des Partners - allerdings mit entgegen gesetzter Wirkungsweise. Entsprechend wirken sich Diskontinuitäten in der Erwerbsbiographie des jeweils anderen Partners, die ökonomische Restriktionen für den gemeinsamen Haushalt implizieren, hemmend auf die Verhaltensintention sowie Realisierung einer Zweitelternschaft aus. Daneben zeigt sich auf der Ebene ein Institutioneneffekt, der über die Disposition des Partners vermittelt, gewichtiger für den Entscheidungsprozess ist als die individuellen Karriereambitionen. Allerdings steht der Verbleib in den Bildungsinstitutionen auf der Individualebene in keinem direkten Zusammenhang zur Disposition von Frau und Mann. Somit vermittelt sich der Institutioneneffekt auf die Entscheidung zur Geburt eines zweiten Kindes vornehmlich über die Disposition des Partners. Auch hier bestätigt sich eine zeitverzögerte Wirkung der Individualmerkmale auf den gewünschten Zeitpunkt von Elternschaft. Ferner verdeutlichen die Ergebnisse des Multi-Wave-Modells, dass das generative Verhalten des persönlichen Umfeldes des Paares, welches einen normativen Druck von außen bzw. eine generative Leitbildfunktion impliziert, keine Relevanz für die individuelle Disposition sowie für das Familienerweiterungsverhalten besitzt. Demgemäß trägt das partnerschaftsbezogene Merkmal ausschließlich zur Erklärung des Familiengründungsverhaltens bei, wie dies durch die Ergebnisse des Basismodells deutlich wurde. Insgesamt können im Rahmen des Multi-Wave-Modells lediglich 6.5% der Varianz der Entscheidung des Paares zur Zweitelternschaft aufgeklärt werden. Dabei leisten die Dispositionen bzw. Kinderwünsche beider Partner zur Familiengründung bzw. -erweiterung einen maßgeblichen Erklärungsbeitrag. Auf Ebene der Verhaltensintention wird unter Rückgriff auf die R^2-Statistik deutlich, dass die Modellstruktur insbesondere zur Varianzaufklärung der Disposition des Mannes zum ersten Erhebungszeitpunkt ($R^2 = 16.7\%$) sowie zum zweiten Erhebungszeitpunkt ($R^2 = 9.7\%$) beiträgt, wobei sich die deutlichste geschlechtsspezifische Differenz in der Erklärungsleistung bei den endogenen latenten Variablen η_3 und η_4 verortet. Dieser Unterschied kann zum einen darauf zurückgeführt werden, dass die Disposition der Frau zur Familiengründung in einem weitaus stärkeren Ausmaß die Disposition des Mannes beeinflusst. Folglich dominiert die Frau analog zum Basismodell den zeitgleich stattfindenden Interaktions- bzw. Annäherungsprozess. Zum anderen bestimmt die Disposition der Frau in einem stärkeren Ausmaß die Disposition des Mannes im zeitlichen Verlauf bzw. im Rahmen des zeitversetzt stattfinden Interaktionsbzw. Annäherungsprozesses. Neben dieser interindividuellen Einflussnahme bestätigt sich gleichsam das Vorhandensein einer intraindividuellen Beeinflussung, die darauf hindeutet, dass der Kinderwunsch - auch paritätenübergreifend - eine deutliche Stabilität aufweist. Die Gesamtbefunde des Multi-Wave-Modells verdeutlichen, dass sich im Rahmen des dyadischen Untersuchungsansatzes die Betrachtung des Interaktions- bzw. Annäherungsprozesses im zeitlichen Verlauf sowie die Berücksichtigung von (Dis-)Kontinuität im Kinderwunsch als fruchtbar erweisen. Zudem zeigt durch die erweiterte Modellstruktur, dass die vorliegenden Individualmerkmale von Frau und Mann nicht nur einen Erklärungsbeitrag für die individuelle Verhaltensintention zur Familiengründung bzw. -erweiterung leisten, sondern auch für den Übergang zum ersten sowie zweiten Kind.

7 Schlussbetrachtung

Den Untersuchungsgegenstand dieser Arbeit bildete das Thema Familiengründung und -erweiterung in Partnerschaften. Dabei lag ihr Anliegen nicht nur in der Benennung von Faktoren, die die Entscheidung für oder gegen ein (weiteres) Kind determinieren, sondern auch darin, aufzuzeigen, wie diese einzelnen Faktoren auf den verschiedenen Ebenen ineinander greifen. Zur Modellierung des Familiengründungs- und Familienerweiterungsprozesses sowie der Interdependenz zwischen dem Familiengründungs- und Erwerbsverhalten der Frau wurde das von Sobel und Arminger (1992) entwickelte nicht-lineare simultane Probit-Modell eingesetzt. Das Modell weist eine Reihe erheblicher Identifikationsprobleme auf, die gelöst wurden.

Im Rahmen dieses Modells wurden neben der generativen Entscheidung des Paares die individuellen Kinderwünsche sowie Rahmenbedingungen beider Partner berücksichtigt. Es wurde angenommen, dass erstens der Zeitpunkt der Entscheidung für oder gegen ein (weiteres) Kind durch den gewünschten Zeitpunkt einer Familiengründung und -erweiterung von Frau und Mann im Kontext einer Partnerschaft determiniert wird, zweitens die Kinderwünsche beider Partner im Rahmen eines innerpartnerschaftlichen Interaktions- bzw. Annäherungsprozesses in einer wechselseitigen Einflussnahme zueinander stehen und drittens die Individualmerkmale von Frau und Mann sowie partnerschaftsbezogene Merkmale direkt die Verhaltensintention des Einzelnen und indirekt die generative Entscheidung des Paares bedingen. So wurde das Familiengründungs- bzw. Familienerweiterungsverhalten des Paares im Rahmen dieses Entscheidungsmodells als Funktion gewichteter Effekte der individuellen Kinderwünsche unter gleichzeitiger Berücksichtigung der biographischen Kontexte beider Partner spezifiziert.

Der Untersuchung des generativen Verhaltens lag eine sequentielle Herangehensweise zugrunde, da nur im Rahmen einer solchen Analysestrategie unterschiedliche Mechanismen für die Geburt eines ersten oder weiteren Kindes aufgedeckt werden können. Dabei wurde die generative Entscheidung explizit aus der Perspektive des Paares analysiert. Diese Betrachtungsweise basierte auf der Annahme, dass die Entscheidung für oder gegen ein (weiteres) Kind zumeist nicht individuell sondern partnerschaftlich getroffen wird und somit eine ausschließlich individualzentrierte Analyse des Kinderwunsches und des generativen Verhaltens zu kurz greift.

Auf der Grundlage des von Sobel und Arminger (1992) entwickelten Modellierungsansatzes wurde zunächst ein Basismodell zur Untersuchung generativer Entscheidungen in Partnerschaften ausgearbeitet und zur Betrachtung des Familiengründungsprozesses eingesetzt. Dabei erfolgte die Spezifikation der Geburt eines ersten Kindes auf der Grundlage der Informationen beider Partner aus zwei Erhebungszeitpunkten. Das Basismodell wurde sodann auf verschiedene Weise erweitert. Zunächst zielte eine erste Modellerweiterung darauf ab, multiple Entscheidungsprozesse analysieren zu können (Multi-Decision-Design). Inhaltlich wurde das Modell zur Untersuchung der Interdependenz zwischen der Entscheidung zur Familiengründung und der Entscheidung zum Erwerbsverhalten der Frau eingesetzt. Denn aus der Entscheidung zur Erstelternschaft resultieren aufgrund der Vereinbarkeitsproblematik von Familie und Beruf weit reichende Konsequenzen für die innerpartnerschaftliche Aufgabenallokation, die im Wesentlichen das Erwerbsverhalten der Frau betreffen. Damit stehen die beiden Entscheidungen bzw. (Teil-)Biographien der Partner in einer engen Beziehung zueinander (vgl. z.B. Blossfeld/Drobnič 2001; Huinink 1992). Daran schloss eine zweite Modellerweiterung um die zeitliche Komponente an, so dass mehr als zwei Messzeitpunkte der Betrachtung von Entscheidungsprozessen zugrunde gelegt werden können (Multi-Wave-Design). Die Modellerweiterung wurde auf Ebene der Paarinterdependenz vorgenommen, um den innerpartnerschaftlichen Interaktions- bzw. Annäherungsprozess im Partnerschaftsverlauf näher zu beleuchten. Dabei bildete der generative Entscheidungsprozess zur Geburt eines zweiten Kindes die Untersuchungsgrundlage.

In allen drei betrachteten Modellen bestätigten sich durchgängig die Ausgangsannahmen der Modellkonzeption. Dies betrifft erstens die Notwendigkeit der Berücksichtigung der Kinderwünsche beider Partner, zweitens das Vorliegen einer Paarinterdependenz und drittens die Bedeutsamkeit der Individualmerkmale beider Partner sowie von Kontextmerkmalen des Paares.

Es zeigte sich, dass sich die Entscheidung für oder gegen ein (weiteres) Kind partnerschaftlich generiert. D.h. dass die Kinderwünsche beider Partner einen eigenständigen Erklärungsbeitrag für das generative Verhalten leisten. Zudem konnte festgestellt werden, dass beide Partner die Entscheidung gleichwertig bestimmen. Das generative Verhalten in Partnerschaften folgt demnach einem paritätischen Entscheidungsverlauf, da weder die Frau noch der Mann den Ausgang der Entscheidung dominieren. Dies gilt ferner für die Entscheidung des Paares zum Erwerbsverhalten der Frau im Zuge der Familiengründung. So zeigte sich im Rahmen des Multi-Decision-Modells, dass sich das berufsbiographische Verhalten der Frau zu Ungunsten ihrer zukünftigen Gestaltungsoptionen nicht nur strukturell bzw. ökonomisch erklärt, sondern auch auf der intentionalen Ebene angelegt ist. Dabei verdeutlichen die Ergebnisse auf Ebene der exogenen

Modellvariablen, dass die Entscheidung zur Familiengründung sowie zum Erwerbsverhalten der Frau gleichsam rückführbar auf bildungsexpansorische Aspekte wie berufliche Unsicherheiten und Diskontinuitäten sowie wertewandelbezogene Argumente wie (außer-)familiale Orientierungen sind. Darüber hinaus zeigten sich im Rahmen des Multi-Wave-Designs identische geschlechtsspezifische Effekte ausgehend von den individuellen Kinderwünschen beider Partner zur Geburt eines ersten bzw. zweiten Kindes auf die generative Entscheidung des Paares zur Familiengründung und -erweiterung. Entsprechend kann daraus abgeleitet werden, dass der individuelle Kinderwunsch nicht nur einen paritätenspezifischen Einfluss auf die generative Entscheidung hat, sondern dass bereits der Wunsch nach baldiger Familiengründung den Prozess der Familienerweiterung dergestalt mitbegründet, dass der Familienerweiterungsprozess frühzeitiger vollzogen werden möchte sowie vollzogen wird.

Darüber hinaus bestätigte sich die Annahme über das Vorliegen einer Paarinterdependenz, die in der wechselseitigen Einflussnahme der Kinderwünsche beider Partner aufeinander zum Ausdruck kommt. Dabei zeigte sich, dass der Kinderwunsch der Frau eine eindeutig wichtigere Bezugsgröße für den Mann darstellt als der Kinderwunsch des Mannes für die Frau. Zudem wurde im Rahmen der Modellerweiterung um die zeitliche Komponente auf Ebene der Paarinteraktion (Multi-Wave-Modell) ersichtlich, dass sich diese Beeinflussungsstruktur zwischen beiden Partnern im Partnerschaftsverlauf nicht verändert. Der Kinderwunsch der Frau erweist sich damit als durchgängig gewichtiger für den Mann. Im zeitlichen Verlauf ließen sich darüber hinaus auf intraindividueller Ebene des Kinderwunsches keine Gewöhnungseffekte bzw. Umkehrung des Kinderwunsches nachweisen.

Folglich kann die Partnerschaft nicht als Entscheidungseinheit aufgefasst werden, die lediglich einen innerpartnerschaftlichen Konsens impliziert und gleichsam eine individualzentrierte Betrachtung rechtfertigt. Vielmehr unterstützen die Befunde dieser Arbeit die Annahme, dass die Partnerschaft einer Abstimmungsgemeinschaft gleichkommt (vgl. z.B. Borchardt/Stöbel-Richter 2004). Sowohl bei konvergierenden als auch divergierenden Kinderwünschen geht es um die Koordination des richtigen Zeitpunktes von Elternschaft mit den Lebensbiographien und den darin enthaltenen (auch) außerfamilialen Zielvorstellungen beider Partner.

In Bezug auf die Rahmung von Entscheidungsprozessen zur Familiengründung und -erweiterung konnte nachgewiesen werden, dass die Lebenssituationen beider Partner einen eigenständigen Erklärungsbeitrag für das generative Verhalten in Partnerschaften leisten. Dabei wurde festgestellt, dass die analogen Individualmerkmale beider Partner sowie partnerschaftsbezogenen Merkmale - die sich entlang sozioökonomischer, soziologischer und sozialpsychologischer Erklärungsansätze strukturieren lassen - gleichwertig die individuelle Verhaltensintention sowie die generative Entscheidung bestimmen. Darüber hinaus zeigte sich eine identische Einflussnahme hinsichtlich der Effektrichtung der exogenen Modellvariablen von Frau und Mann. Zur Erklärung des individuellen Kinderwunsches im Rahmen der Familiengründung einschließlich der Betrachtung des erwerbsbiographischen Verhaltens der Frau erwiesen sich der psychischemotionale Wert von Kindern, das generative Verhalten des persönlichen Umfeldes, die Bildungsbeteiligung, berufliche Aufstiegsambitionen und vergangene unfreiwillige Nichterwerbstätigkeit als relevante Prädiktoren. Demgegenüber konnte kein Effekt ausgehend vom Bildungsniveau, der Partnerschaftsdauer vor Eintritt in die Ehe und dem persönliche Stellenwert des Bereichs Freizeit und Freunde auf den individuellen Kinderwunsch nachgewiesen werden. Auch zeigte sich, dass die Spezifikation sowie Schätzung direkter Effekte ausgehend von den exogenen Modellvariablen auf den Kinderwunsch des Partners eine große Relevanz besitzt. Die individuelle Ressourcenausstattung nimmt demzufolge nicht nur Einfluss auf die eigenen Lebensgestaltungsoptionen und -präferenzen, sondern betrifft auch direkt den Handlungskontext des Partners.

Zudem bestätigt sich der Zugewinn einer sequentiellen Modellierung generativer Entscheidung, d.h. einer Differenzierung danach, ob der Übergang in die Erst- oder weitere Elternschaft vollzogen wird. Denn entgegen des Familiengründungsprozesses erweisen sich sowohl das generative Verhalten des persönlichen Umfeldes des Paares als auch der Verbleib in den Bildungsinstitutionen als nicht erklärungskräftig für den individuellen Kinderwunsch im Rahmen des Familienerweiterungsprozesses.

Die durch diese Arbeit gewonnenen Befunde zur Struktur generativer Entscheidungsprozesse in Partnerschaften bilden eine wichtige Grundlage für weitere Forschungen und sind für sich betrachtet zunächst nur mit Einschränkung verallgemeinerbar. Da lediglich auf die Daten des Bamberger-Ehepaar-Panels zurückgegriffen werden konnte, sind die Ergebnisse ausschließlich für eheliche Paarbeziehungen gültig. So besteht auch künftig Forschungsbedarf, inwieweit die hier ermittelte Entscheidungsstruktur eine Spezifizität ehelicher Partnerschaften darstellt oder aber für weitere Beziehungsformen zutrifft.

Zudem muss angemerkt werden, dass die der Arbeit zugrunde liegende Ausgangspopulation der erst kürzlich verheirateten Paare nur eine begrenzte Variation im Kinderwunsch und generativen Verhalten aufweist. Dies liegt insbesondere darin gegründet, dass ein ausgeprägter Kinderwunsch mit höherer Wahrscheinlichkeit die Eheschließung und damit einhergehend Familienbildungsprozesse nach sich zieht (vgl. Eckhard/Klein 2006; Klein 2003). Diese enge Verknüpfung zwischen den beiden biographischen Entscheidungen Heirat und Familiengründung spiegelt sich entsprechend deutlich in den Daten wider.

Insofern vollzog eine Vielzahl der untersuchten Paare spätestens zum zweiten Befragungszeitpunkt - also zwei Jahre nach Eheschließung - den Übergang in die Erstelternschaft. Demgegenüber stellten längerfristige Aufschubprozesse einschließlich des dauerhaften Verzichts von Kindern sowie höhere Kinderzahlen lediglich marginale Phänomene dar.

Dementsprechend lag in dieser Arbeit die Kontrastierung im Rahmen des (gewünschten) Zeitpunktes einer Familiengründung und -erweiterung lediglich in der ›zügigen‹ versus ›nicht zügigen‹ Realisierung von Elternschaft. So wären weitere Subgruppenvergleiche auf Ebene generativer Entscheidungsverläufe sinnvoll, um Aufschluss über Analogien sowie Unterschiedlichkeiten der Effektstrukturen im Kontext bestimmter Teilpopulationen zu erhalten. Aufgrund der zu geringen Fallzahl in den Teilpopulationen dieser Datengrundlage waren diese Analyseschritte jedoch nicht realisierbar. Folglich können im Rahmen der hier durchgeführten Modellkonzeptionen sowohl (un-)beobachtete Heterogenitäten als auch Prozessüberlagerungen nicht ausgeschlossen werden. So liegt die Aufgabe hierauf aufbauender Forschungsarbeiten darin, an geeigneten Datensätzen eine hinreichende Differenzierung verschiedener partnerschaftlicher Entscheidungsprozesse vorzunehmen.

Mit dem hier ausgearbeiteten Entscheidungsmodell einschließlich seiner Modellerweiterungen wurde eine Möglichkeit geschaffen, Entscheidungsprozesse zur Familiengründung und -erweiterung in Partnerschaften dezidierter abbilden zu können. Das Entscheidungsmodell stellt insgesamt ein wertvolles Analyseinstrument zur Untersuchung des Familiengründungs- und Familienerweiterungsverhaltens in Partnerschaften einschließlich der simultanen Betrachtung des Erwerbsverhaltens der Frau im Zuge der Erstelternschaft dar.

Das Entscheidungsmodell ist aber nicht nur auf die Untersuchung generativen Verhaltens beschränkt, sondern kann auf ganz unterschiedliche Entscheidungsprozesse adaptiert werden. Gerade im Rahmen soziologischer Fragestellungen findet sich eine Vielzahl zu erklärender Sachverhalte, die das Resultat einer partnerschaftlich getroffenen Entscheidung darstellen und entsprechend einer dyadischen Modellierung bedürfen. Dazu zählen Themen wie die gemeinsame Haushaltsführung, Heirat und räumliche Mobilität.

Auch lassen sich Entscheidungsprozesse unterschiedlichster Komplexität mithilfe des Modells analysieren, wie dies bereits im Rahmen dieser Arbeit aufgezeigt wurde. Dabei vermittelt insbesondere das Multi-Wave-Design eine ausgesprochene Formbarkeit des zu untersuchenden Entscheidungsprozesses. Neben der hier vorgenommenen Modellerweiterung um die zeitliche Komponente auf Ebene der Paarinterdependenz, die dazu diente, den wechselseitigen Beeinflussungsverlauf differenzierter zu untersuchen, ist ferner die Spezifikation zeitvariierender Rahmenbedingungen möglich. Denn Veränderungen sowohl auf Ebene der individuellen Verhaltensintention als auch auf Ebene des generativen Verhaltens begründen sich insbesondere auf veränderte Rahmenbedingungen (vgl. Bulatao/Fawcett 1981; Undry 1983).

Neben der hier zur Anwendung gekommenen dyadischen Betrachtungsweise lassen sich Entscheidungsprozesse, an dem mehr als zwei Akteure beteiligt sind, modellieren (Multi-Actor-Design). Die in der vorliegenden Arbeit durchgeführten Modellerweiterungen um die Betrachtung mehrerer Entscheidungen einerseits (Multi-Decision-Design) und um die zeitliche Komponente andererseits (Multi-Wave-Design) können außerdem simultan modelliert werden. Eine Modellierung, die das Multi-Decision-, Multi-Actor- und/oder Multi-Wave-Design gleichzeitig verknüpft, ist ebenfalls unproblematisch.

Das Verfahren kennzeichnet sich darüber hinaus durch eine hohe Flexibilität hinsichtlich des Messniveaus der in das Modell eingebundenen Variablen. Dabei können die beobachteten endogenen Variablen wie in der vorliegenden Anwendung kategorial geordnet und zudem metrisch, klassiert metrisch oder zensiert metrisch sein. Es können aber auch multiple Indikatoren einer latenten Größe vorliegen, deren Beziehungen mittel eines faktorenanalytischen Messmodells spezifiziert und in das Modell integriert werden. Damit ist auch eine Analyse komplexer Konstrukte möglich, die für eine Vielzahl von Fragestellungen bedeutsam ist.

Literaturverzeichnis

Aassve, A. (2006): Employment, family union and childbearing decision in Great Britain. In: Journal of the Royal Statistical Society, 169, 781-804.

Abele, A.E. (2005): Ziele, Selbstkonzept und Work-Life-Balance bei der längerfristigen Lebensgestaltung. Befunde der Erlanger Längsschnittstudie BELA-E mit Akademikerinnen und Akademikern. In: Zeitschrift für Arbeits- und Organisationspsychologie, 49, 176-186.

Allmendinger, J./Betram, H./Fthenakis, W.E./Krüger, H./Meier-Gräwe, U./ Spieß, K./ Szydlik, M. (2006): Familie zwischen Flexibilität und Verlässlichkeit. Perspektiven für eine lebenslaufbezogenen Familienpolitik. Familienbericht 7 des Bundesministeriums für Familie, Senioren, Frauen und Jugend. In: http://www.bmfsfj.de/bmfsfj/ generator/RedaktionBMFSFJ/Abteilung2/Pdf-Anlagen/siebter-familienbericht,property=pdf,bereich=,sprache=de,rwb=true.pdf.

Andersson, G./Duvander, A.-Z./Hank, K. (2004): Do child-care characteristics influence continued child bearing in Sweden? An investigation of the quantity, quality, and price dimension. In: Journal of European Social Policy, 14, 407-418.

Andersson, G./Duvander, A.-Z./Hank, K. (2005): Erwerbsstatus und Familienentwicklung in Schweden aus paarbezogener Perspektive. In: Tölke, A./Hank, K. (Hrsg.): Männer. Das „vernachlässigte" Geschlecht in der Familienforschung. Sonderheft 4 der Zeitschrift für Familienforschung. Wiesbaden: VS Verlag für Sozialwissenschaften, 220-234.

Arminger, G./Wittenberg, J./Schepers, A. (1996): MECOSA 3: A program system for the analysis of general mean- and covariance structures with metric and non-metric dependent variables and mixtures of conditional multivariate normal distributed variables. Friedrichsdorf/Ts: Additive GmbH.

Arnold, F./Bulatao, R.A./Buripakdi, C./Chung, B.J./Fawcett, J.T./Iritani, T./Lee, S.J./Wu, T.S. (1975): The value of children. A cross-national study. Honolulu: East-West Center.

Auspurg, K./Abraham, M. (2007): Die Umzugsentscheidung von Paaren als Verhandlungsproblem. In: Kölner Zeitschrift für Soziologie und Sozialpsychologie, 59, 271-293.

Babka von Gostomski, C. (1997): Übereinstimmung und Konsistenz von Proxy- und Beziehungsangaben. In: Kopp, J. (Hrsg.): Methodische Probleme der Familienforschung. Frankfurt am Main: Campus, 85-111.

Baizán, P./Aassve, A./Billari, F.C. (2004): The interrelations between cohabition, marriage and first birth in Germany and Sweden. In: Population and Environment, 25, 531-561.

Barmby, T./Cigno, A. (1990): A sequential probability model of fertility patterns. In: Journal of Populaton Economics, 3, 31-51.

Beach, L.R./Campbell, F.L./Townes, B.L. (1979): Subjective expected utility and the prediction of birth planning decisions. In: Organizational Behavior and Human Performance, 24, 18-28.

Beach, L.R./Hope, A./Townes, B.D./Campbell, F.L. (1982): The expectation-threshold model of reproductive decision making. In: Population and Environment, 5, 95-108.

Beblo, M. (2001): Bargaining over time allocation. Economic modeling and econometric investigation of time use over families. Heidelberg: Physica.

Becker, G.S. (1960): An economic analysis of fertility. In: National Bureau of Economic Research (Hrsg.): Demographic and economic change in developed countries. Princeton: Princeton University Press, 209-231.

Becker, G.S. (1981): A treatise on the family. Cambridge: Harvard University Press.

Becker, G.S. (1982): Der ökonomische Ansatz zur Erklärung menschlichen Verhaltens. Tübingen: J.C.B. Mohr.

Becker, G.S. (1986): An economic analysis of the family. Dublin: Argus Press.

Beck-Gernsheim, E. (1983): Familie im Modernisierungsprozeß. Zum historischen neuen Spannungsverhältnis zwischen Elternschaft und eigener Lebensgeschichte von Mann und Frau. In: Bolte, K.M./Treutner, E. (Hrsg.): Subjektorientierte Arbeits- und Berufssoziologie. Frankfurt am Main: Campus, 270-292.

Beck-Gernsheim, E. (1997): Geburtenrückgang und Kinderwunsch. Die Erfahrung in Ostdeutschland. In: Zeitschrift für Bevölkerungswissenschaft, 22, 59-71.

Beck-Gernsheim, E./Beck, U. (1990): Das ganz normale Chaos der Liebe. Frankfurt am Main: Suhrkamp.

Beckman, L.J. (1977): Couples' decision-making process regarding fertiliy. In: Taeuber, K.E./Bumpass, L./Sweet, J.A. (Hrsg.): Social Demography. New York: Academic Press, 57-81.

Beckman, L.J. (1979): Fertility preferences and social exchange theory. In: Journal of Applied Social Psychology, 9, 147-169.

Beckman, L.J. (1984): Husbands' and wives' relative influence on fertility decisions and outcomes. In: Population and Environment, 7, 182-197.

Beckman, L.J./Aizenberg, R./Forsythe, A.B./Day, T. (1983): A theoretical analysis of antecedents of young couples' fertility decisions. In: Demography, 20, 519-533.

Behrman, J.R./Taubman, P. (1989): A test of Easterlin fertility model using income for two generations and a comparison with the Becker model. In: Demography, 26, 117-123.

Berinde, D. (1999): Pathways to a third child in Sweden. In: European Journal of Population, 15, 349-378.

Bernasco, W. (1994): Coupled careers. The effect of spouse's resources on success at work. Amsterdam: Thesis Publishers.

Bernasco, W./Giesen, D. (2000): A bargaining approach to specialization in couples. In: Weesie, J./Raub, W. (Hrsg.): The management of durable relations. Theoretical models and empirical studies of households and organizations. Amsterdam: Thela Thesis, 42-43.

Bernhardt, E.M. (1993): Fertility and employment. In: European Sociological Review, 9, 25-42.

Bertram, H. (Hrsg.) (1991): Die Familie in Westdeutschland. Opladen: Leske + Budrich.

Betram, H. (Hrsg.) (1992): Die Familie in den neuen Bundesländern. Opladen: Leske + Budrich.

Bien, W. (Hrsg.) (1996): Familie an der Schwelle zum neuen Jahrtausend. Opladen: Leske + Budrich.

Birg, H. (1992): Differentielle Reproduktion aus Sicht der biographischen Theorie der Fertilität. In: Voland, E. (Hrsg.): Fortpflanzung: Natur und Kultur im Wechselspiel - Versuch eines Dialogs zwischen Biologen und Sozialwissenschaftlern. Frankfurt am Main: Suhrkamp, 189-215.

Birg, H./Flöthmann, E.-J./Reiter, I. (1991): Biographische Theorie der demographischen Reproduktion. Frankfurt am Main: Campus.

Bloemen, H./Kalwij, A.S. (2001): Female labor market transitions and the timing of births. A simultaneous analysis of the effects of schooling. In: Labour Economics, 8, 593-620.

Blossfeld, H.-P./Drobnič, S. (Hrsg.) (2001): Careers of couples in contemporary society. From male breadwinner to dual-earner families. Oxford: University Press.

Blossfeld, H.-P./Huinink, J. (1989): Die Verbesserung der Bildungs- und Berufschancen von Frauen und ihr Einfluß auf den Prozeß der Familienbildung. In: Zeitschrift für Bevölkerungswissenschaft, 15, 383-404.

Blossfeld, H.-P./Huinink, J. (1991): Human capital investments or norms of role transition? How women's schooling and career affect the process of family formation. In: American Journal of Sociology, 97, 143-168.

Blossfeld, H.-P./Jaenichen, U. (1990): Bildungsexpansion und Familienbildung. Wie wirkt sich die Höherqualifikation der Frauen auf ihre Neigung zu heiraten und Kinder zu bekommen aus? In: Soziale Welt, 41, 454-476.

Blossfeld, H.-P./Rohwer, G. (2002): Techniques of event history modeling. New Approaches to causal analysis. Mahwah: New Jersey.

Blossfeld, H.-P./Timm, A. (1997): Der Einfluss des Bildungssystems auf den Heiratsmarkt. Eine Längsschnittanalyse der Wahl des ersten Partners im Lebenslauf. In: Kölner Zeitschrift für Soziologie und Sozialpsychologie, 49, 440-476.

Blossfeld, H.-J./Hamerle, A./Mayer, K.U. (1986): Ereignisanalyse. Statistische Theorie und Anwendung in den Wirtschafts- und Sozialwissenschaften. Frankfurt am Main: Campus.

Blossfeld, H.-P./Huinink, J./Rohwer, G. (1991): Wirkt sich das steigende Bildungsniveau der Frauen tatsächlich negativ auf den Prozeß der Familienbildung aus? Eine Antwort auf die Kritik von Josef Brüderl und Thomas Klein. In: Zeitschrift für Bevölkerungswissenschaft, 17, 337-351.

Blossfeld, H.-P./Huinink, J./Rohwer, G. (1993): Wirkt sich das steigende Bildungsniveau der Frauen tatsächlich negativ auf den Prozeß der Familienbildung aus? Eine Antwort auf die Kritik von Josef Brüderl und Thomas Klein. In: Diekmann, A./Weick, S. (Hrsg.): Der Familienzyklus als sozialer Prozeß. Berlin: Duncker und Humblot, 216-233.

Bollen, K.A. (1989): Structural equations with latent variables. New York: Wiley.

Borchardt, A./Stöbel-Richter, Y. (2004): Die Genese des Kinderwunsches bei Paaren. Eine qualitative Studie. Materialienband 114 zur Bevölkerungswissenschaft des Bundesinstituts für Bevölkerungsforschung. In: http://www.bibdemographie.de/nn_ 750442/SharedDocs/Publikationen/DE/Downlad/Materialienbaende/114,templateId =raw,property=publicationFile.pdf/114.pdf.

Bratti, M. (2003): Labour force participation and marital fertility of Italian women. The role of education. In: Journal of Population Economics, 16, 525-554.

Brines, J./Joyner, K. (1999): The ties that bind. Principles of cohesion in cohabitation and marriage. In: American Sociological Review, 64, 333-355.

Broström, G. (1985): Practical aspects on the estimation of the parameters in coale's model for marital fertility. Demography, 22, 625-631.

Brüderl, J./Diekmann, A. (1994): Bildung, Geburtskohorte und Heiratsalter. Eine vergleichende Untersuchung des Heiratsverhaltens in Westdeutschland, Ostdeutschland und den Vereinigten Staaten. In: Zeitschrift für Soziologie, 23, 56-73.

Brüderl, J./Klein, T. (1991): Bildung und Familiengründung. Institutionen- versus Niveaueffekt. In: Zeitschrift für Bevölkerungswissenschaft, 17, 323-335.

Brüderl, J./Klein, T. (1993): Bildung und Familiengründungsprozeß deutscher Frauen. Humankapital- und Institutioneneffekt. In: Diekmann, A./Weick, S. (Hrsg.): Der Familienzyklus als sozialer Prozeß. Bevölkerungssoziologische Untersuchungen mit den Methoden der Ereignisanalyse. Berlin: Duncker und Humblot, 194-215.

Bulatao, R.A./Fawcett, J.T. (1981): Dynamic perspectives in the study of fertility decision-making. Successive decisions within a fertility career. In: International Union for the Scientific Study of Population, 1, 433-449.

Bumpass, L.L./Westoff, C.F. (1970): The later years of childbearing. Princeton: Princeton University Press.

Bundesinstitut für Bevölkerungsforschung (2004): Bevölkerung: Fakten - Trends - Ursachen - Erwartungen: Die wichtigsten Fragen. Schriftenreihe des Bundesinstituts für Bevölkerungsforschung. In: http://www.bib-demographie.de/info/bib_broschuere2. pdf.

Bundestag (2002): Bericht der Bundesregierung zur Berufs- und Einkommenssituation von Frauen und Männern. Bundestagsdrucksache 14/8952. In: http://dip.bundestag. de/btd/14/089/1408952.pdf.

Burkart, G. (1994): Die Entscheidung zur Elternschaft. Eine empirische Kritik von Individualisierungs- und Rational-Choice-Theorien. Stuttgart: Enke.

Burkart, G. (2002): Entscheidung zur Elternschaft revisited. Was leistet der Entscheidungsbegriff für die Erklärung biographischer Übergänge? In: Schneider, N.F./ Matthias-Bleck, H. (Hrsg.): Elternschaft heute. Gesellschaftliche Rahmenbedingungen und individuelle Gestaltungsaufgaben. Opladen: Leske + Budrich, 23-48.

Burkart, G./Kohli, M. (1992): Liebe, Ehe, Elternschaft. Die Zukunft der Familie. München: Piper.

Calhoun, C.A. (1994): The impact of children on the labor supply of married women. Comparative estimates from European and United States data. In: European Journal of Population, 10, 293-318.

Cameron, A.C./Trivedi, P.K. (1986): Econometric models based on count data. Comparisons and applications of some estimators and tests. In: Journal of Applied Econometrics, 1, 29-53.

Card, J.J. (1978): The correspondence of data gathered from husband and wife: Implications for family planning studies. In: Social Biology, 25, 196-204.

Carl, C./Bengel, J./Strauß, B. (2000): Gewollte Kinderlosigkeit aus psychologischer Perspektive. In: Reproduktionsmedizin, 16, 28-36.

Carliner, G./Robinson, C./Tomes, N. (1980): Female labor supply and fertility in Canada. In: Canadian Journal of Economics, 13, 46-64.

Caudill, S.B./Mixon, F.G. (1995): Modeling household fertility decisions. Estimation and testing of censored regression models for count data. In: Empirical Economics, 20, 183-216.

Cigno, A./Ermisch, J.F. (1989): A microeconomic analysis of the timing of births. In: European Economic Review, 33, 737-760.

Clark, M.P./Swicegood, G. (1982): Husband and wife? A multivariate analysis of decision making for voluntary sterilization. In: Journal of Family Issues, 3, 341-360.

Coleman, D.A. (2000): Male fertility trends in industrial countries. Theories in search of some evidence. In: Bledsoe, C./Lerner, S./Guyer, J.I. (Hrsg.): Fertility and the male life-cycle in the era of fertility decline. Oxford: University Press, 29-60.

Coombs, L.C. (1979): Reproductive goals and achieved fertility. A fifteen-year perspective. In: Demography, 16, 523-534.

Coombs, L.C./Chang, M. (1981): Do husbands and wives agree? Fertility attitudes and later behaviour. In: Population and Environment, 4, 109-127.

Coombs, L.C./Fernandez, D. (1978): Husband-Wife agreement about reproductive goals. In: Demography, 15, 57-73.

Corijn, M./Liefbroer, A.C./de Jong Gierveld, J. (1996): It takes two to tango, doesn't it? The influence of couple characteristics on the timing of the birth of the first child. In: Journal of Marriage and the Family, 58, 117-126.

Cornelißen, W. (2006): Kinderwunsch und Kinderlosigkeit im Modernisierungsprozess. In: Berger, P.A./Kahlert H. (Hrsg.): Der demographische Wandel. Frankfurt am Main: Campus, 137-163.

Cramer, J.C. (1980): Fertility and female employment. Problems of causal direction. In: American Sociological Review, 45, 167-190.

Cromm, J. (1998): Familienbildung in Deutschland. Soziodemographische Prozesse, Theorie, Recht und Politik unter besonderer Berücksichtigung der DDR. Opladen: Westdeutscher.

Danziger, L./Neuman, S. (1989): Intergenerational effects on fertility. Theory and evidence from Israel. In: Journal of Population Economics, 2, 25-37.

Den Bandt, L.M. (1980): Voluntary childlessness in the Netherlands'. In: Alternative Lifestyles, 3, 329-349.

Diekmann, A. (1990): Der Einfluß schulischer Bildung und die Auswirkungen der Bildungsexpansion auf das Heiratsverhalten. In: Zeitschrift für Soziologie, 23, 56-73.

Diekmann, N. (2003): Demographischer Wandel. Geburtenraten im internationalen Vergleich. In: iw-trends, 1, 1-24.

Dorbritz, J. (1991): Ehe, Familie und generatives Verhalten. In: Häder, M. (Hrsg.): Denken und Handeln in der Krise. Die DDR nach der „Wende". Ergebnisse der empirisch-soziologischen Studie. Berlin: Akademie, 54-76.

Dorbritz, J./Schwarz, K. (1996): Kinderlosigkeit in Deutschland. Ein Massenphänomen? Analysen zu Erscheinungsformen und Ursachen. In: Zeitschrift für Bevölkerungswissenschaft, 21, 231-261.

Dorbritz, J./Lengerer, A./Ruckdeschel, K. (2005): Einstellungen zu demographischen Trends und zu bevölkerungsrelevanten Politiken. Ergebnisse der Population Policy Acceptance Study in Deutschland. Schriftenreihe des Bundesinstituts für Bevölkerungsforschung. In: http://www.bib-demographie.de/info/ppas_broschuere.pdf.

Dornseiff, J.-M./Sackmann, R. (2002): Zwischen Modernisierung und Re-Traditionalisierung. Die Transformation von Familienbildungsmustern im Lebenslauf ostdeutscher Frauen am Beispiel der Geburt des zweiten Kindes. In: Zeitschrift für Bevölkerungswissenschaft, 27, 87-114.

Dornseiff, J.-M./Sackmann, R. (2003): Familien-, Erwerbs- und Fertilitätsdynamiken in Ost- und Westdeutschland. In: Bien, W./Marbach, J.H. (Hrsg.): Partnerschaft und Familiengründung. Ergebnisse der dritten Welle des Familien-Survey. Opladen: Leske + Budrich, 309-348.

Dressel, C. (2005): Erwerbstätigkeit und Arbeitsmarktintegration von Frauen und Männern. In: Cornelißen, W. (Hrsg.): Gender-Datenreport. Datenreport 1 zur Gleichstellung von Frauen und Männern in der Bundesrepublik Deutschland. http://www.bmfsfj.de/Publikationen/genderreport/root.html, 99-158.

Drobnič, S./Blossfeld, H.-P./Rohwer, G. (1999): Dynamics of women's employment patterns over the family life course. A comparison of the United States and Germany. In: Journal of Marriage and the Family, 61, 133-146.

Duschek, K.-J./Wirth, H. (2005): Kinderlosigkeit von Frauen im Spiegel des Mikrozensus. Eine Kohortenanalyse der Mikrozensen 1987 bis 2003. In: Wirtschaft und Statistik, 2005, 800-820.

Easterlin, R.A. (1978): The economics and sociology of fertility. A synthesis. In: Tilly, C. (Hrsg.): Historical Studies of changing fertility. New Jersey: University Press, 57-133.

Eckert, R./Hahn, A./Wolf, M. (1989): Die ersten Jahre junger Ehen. Verständigung durch Illusion. Frankfurt am Main: Campus.

Eckhard, J./Klein, T. (2006): Männer, Kinderwunsch und generatives Verhalten. Eine Auswertung des Familiensurvey zu Geschlechterunterschieden in der Motivation zur Elternschaft. Wiesbaden: VS Verlag für Sozialwissenschaften.

Eichhorst, W./Thode, E. (2002): Vereinbarkeit von Familie und Beruf. Gütersloh: Bertelsmann-Stiftung.

Engelhardt, H. (2004): Fertility intentions and preferences. Effects of structural and financial incentives and constraints in Austria. Working Paper 2 des Vienna Institute of Demography. In: http://paa2005.princeton.edu/download.aspx?submissionId=50115.

Englin, J./Shonkwiler, J.S. (1995): Estimating social welfare using count data. An application to long-run recreation demand under conditions of endogenous stratification and truncation. In: Review of Economics and Statistics, 77, 104-112.

Engstler, H./Menning, S. (2003): Die Familie im Spiegel der amtlichen Statistik. Lebens-formen, Familienstrukturen, wirtschaftliche Situation der Familie und familiende-mographische Entwicklung in Deutschland. Berlin: Bundesministerium für Familie, Senioren, Frauen und Jugend.

European Communities (Hrsg.) (2003): 50 years of figures on Europe. Luxembourg: Office for Official Publications of the European Communities.

Famoye, F./Singh, K.P. (2006): Zero-inflated generalized poisson regression model with an application to domestic violence data. In: Journal of Data Science, 4, 117-130.

Famoye, F./Wang, W.R. (2004): Censored generalized poisson regression model. In: Computational Statistics and Data Analysis, 46, 547-560.

Franz, W. (1985): An economic analysis of female work participation, education, and fertility. Theory and empirical evidence for the Federal Republic of Germany. In: Journal of Labor Economics, 3, 218-234.

Freedman, R./Freedman, D.S./Thornton, A.D. (1980): Changes in fertility expectations and preferences between 1962 and 1977. Their relation to final parity. In: Demogra-phy, 17, 365-378.

Fried, E.S./Undry, J.R. (1979): Wives'and husbands' expected costs and benefits of child-bearing as predictors of pregnancy. In: Social Biology, 26, 265-274.

Fried, E.S./Hofferth, S.L./Undry, J.R. (1980): Parity-specific and two-sex utility models for reproductive intentions. In: Demography, 17, 1-11.

Fthenakis, W.E./Kalicki, B./Peitz, G. (2002): Paare werden Eltern. Die Ergebnisse der LBS-Familien-Studie. Opladen: Leske + Budrich.

Galler, H.P. (1991): Opportunitätskosten der Entscheidung für Familie und Haushalt. In: Gräbe, S. (Hrsg.): Der private Haushalt als Wirtschaftsfaktor. Frankfurt am Main: Campus, 118-152.

Gensler, H. (1997): Welfare and the family size decision of low-income, two-parent fami-lies. In: Applied Economic Letters, 4, 607-610.

Gerhardt, U./Knijn, T./Weckweil, A. (2003): Erwerbstätige Mütter. Ein europäischer Ver-gleich. München: Beck.

Gille, M./Marbach, J. (2004): Arbeitsteilung von Paaren und ihre Belastung mit Zeitstress. In: Statistisches Bundesamt (Hrsg.): Alltag in Deutschland - Analysen zur Zeitver-wendung. Wiesbaden: Statistisches Bundesamt, 86-113.

Gisser, R./Lutz, W./Münz, R. (1985): Kinderwunsch und Kinderzahl. In: Münz, R. (Hrsg.): Leben mit Kindern. Wunsch und Wirklichkeit. Wien: Deuticke, 33-93.

Gloger-Tippelt, G./Gomille, B./Grimmig, R. (1993): Der Kinderwunsch aus psychologi-scher Sicht. Opladen: Leske + Budrich.

Goldstein, J./Lutz, W./Testa, M.R. (2003): The emergence of sub-replacement family size ideals in Europe. In: Population Research and Policy Review, 22, 479-496.

Goodwin, T./Sauer, R. (1995): Life cycle productivity in academic research. Evidence from cumulative publication histories of academic economists. In: Southern Eco-nomic Journal, 61, 728-743.

Guger, A./Buchegger, R./Lutz, H./Mayrhuber, C./Wüger, M. (2003): Schätzung der direk-ten und indirekten Kinderkosten. Monographie des Österreichischen Instituts für Wirtschaftsforschung. In: http://www.wifo.ac.at/wwa/servlet/wwa.upload.Downlo-adServlet/bdoc/S_2003_KINDERKOSTEN$.PDF

Hahn, A. (1983): Konsensfiktionen in Kleingruppen. Dargestellt am Beispiel von jungen Ehen. In: Neidhardt, F. (Hrsg.): Gruppensoziologie. Perspektiven und Materialien. Sonderheft 25 der Kölner Zeitschrift für Soziologie und Sozialpsychologie. Opladen: Westdeutscher, 210-232.

Hahn, A./Klein, C./Steffes, H. (1984): Wirkliche und fiktive Übereinstimmung. Eine Analyse der Antwortkonstellationen zwischen Ehepartnern. In: Meulemann, H./Reuband, K.-H. (Hrsg.): Soziale Realität im Interview. Frankfurt am Main: Campus, 157-184.

Hakim, C. (2000): Work-Lifestyle choices in the 21th century. Oxford: Preference Theory.

Hanika, A. (1999): Realisierte Kinderzahl und zusätzlicher Kinderwunsch. Ergebnisse des Mikrozensus 1996. In: Statistische Nachrichten, 5, 311-318.

Hass, P.H. (1974): Wanted and unwanded pregnancies. A fertility decision-making model. In: Journal of Social Issues, 30, 125-165.

Heckman, J. (1974): Shadow prices, market wages, and labor supply. In: Econometrica, 42, 679-694.

Heinemann, K./Röhrig, P./Stadie, R. (1983): Arbeitslose Frauen - Zwischen Erwerbstätigkeit und Hausfrauenrolle. Eine empirische Untersuchung. Weinheim: Beitz.

Helfferich, C. (2001): Frauen leben. Studie zu Lebensläufen und Familienplanung. Köln: Bundeszentrale für gesundheitliche Aufklärung.

Helfferich, C. (2002): Frauen leben. Eine Studie zu Lebensverläufen und Familienplanung. Köln: Bundeszentrale für gesundheitliche Aufklärung.

Helfferich, C./Kandt, I. (1996): Wie kommen Frauen zu Kindern? Die Rolle von Planung, Wünschen und Zufall im Lebenslauf. In: Bundeszentrale für gesundheitliche Aufklärung (Hrsg.): Kontrazeption, Konzeption, Kinder oder keine. Köln: Bundeszentrale für gesundheitliche Aufklärung, 51-78.

Helfferich, C./Klindworth, H./Wunderlich, H. (2004): Männer leben. Eine Studie zu Lebensläufen und Familienplanung. Köln: Bundeszentrale für gesundheitliche Aufklärung.

Hendershot, G.E./Placek, P.J. (1981): Predicting fertility. Lexington: Lexington Books.

Henkens, K./Grift, Y./Siegers, J. (2002): Changes in female labour supply in the Netherlands 1989-1998. The case of married and cohabiting women. In: European Journal of Population, 18, 39-57.

Herlyn, I./Krüger, D./Heinzelmann, C. (2002): Späte erste Mutterschaft. Erste empirische Befunde. In: Schneider, N.F./Matthias-Bleck, H. (Hrsg.): Elternschaft heute. Gesellschaftliche Rahmenbedingungen und individuelle Gestaltungsaufgaben. Opladen: Leske + Budrich, 121-144.

Herter-Eschweiler, R. (1998): Die langfristige Geburtenentwicklung in Deutschland. Opladen: Leske + Budrich.

Hoem, B./Hoem, J.M. (1989): The impact of woman's employment on second and third birth in modern Sweden. In: Population Studies, 43, 47-67.

Hoem, J.M./Prskawetz, A./Neyer, G. (2001): Autonomy or conservative adjustment? The effect of public policies and educational attainment on third births in Austria. In: Population Studies, 55, 249-261.

Hofferth, S.L./Undry, J.R. (1976): The contribution of marital outcomes to explaining the reproductive behavior of couples. New York: Paper des American Sociological Association meetings.

Hoffman, L.W. (1987): The value of children to parents and child rearing patterns. In: Kagitcibasi, C. (Hrsg.): Growth and progress in cross-cultural psychology. Berwyn: Swets und Zeitlinger, 159-170.

Hoffman, L.W./Hoffman, M.L. (1973): The value of children to parents. In: Fawcett, J.T. (Hrsg.): Psychological perspective on population. New York: Basic Books, 19-76.

Hoffmann, E./Trappe, H. (1990): Leben mit Kindern in der DDR. Ergebnisse bevölkerungssoziologischer Forschung. In: Zeitschrift für Sozialisationsforschung und Erziehungssoziologie, Beiheft 1, 42-54.

Höhn, C./Ette, A./Ruckdeschel, K. (2006): Kinderwünsche in Deutschland. Konsequenzen für eine nachhaltige Familienpolitik. Schriftenreihe des Bundesinstituts für Bevölkerungsforschung. In: http://www.bosch-stiftung.de/content/language1/downloads/Kinderwunsch.pdf.

Hout, M. (1978): Determinants of marital fertility in United-States, 1968-1970. Inferences from a dynamic model. In: Demography, 15, 139-160.

Huang, C.-C. (2005): Pregnancy intention from men's perspectives. Does child support enforcement matter? In: Perspectives on Sexual and Reproductive Health, 37, 119-124.

Huinink, J. (1987): Soziale Herkunft, Bildung und das Alter bei der Geburt des ersten Kindes. In: Zeitschrift für Soziologie, 16, 367-384.

Huinink, J. (1990): Familie und Geburtenentwicklung. In: Mayer, K.U. (Hrsg.): Lebensverläufe und sozialer Wandel. Opladen: Westdeutscher, 239-271.

Huinink, J. (1992): Die Analyse interdependenter Lebensverlaufsprozesse. Zum Zusammenhang von Familienbildung und Erwerbstätigkeit bei Frauen. In: Andreß, H.-J./ Huinink, J./Meinken, H./Rumianek, D./Sodeur, W./Sturm, G. (Hrsg.): Theorie, Daten, Methoden. Neue Modelle und Verfahrensweisen in den Sozialwissenschaften. München: Oldenbourg, 343-366.

Huinink, J. (1995): Warum noch Familie? Zur Attraktivität von Partnerschaft und Elternschaft in unserer Gesellschaft. Frankfurt am Main: Campus.

Huinink, J. (2000): Bildung und Familienentwicklung im Lebenslauf. In: Zeitschrift für Erziehungswissenschaft, 3, 209-227.

Huinink, J. (2002): Polarisierung der Familienentwicklung in europäischen Ländern im Vergleich. In: Schneider, N.F./Matthias-Bleck, H. (Hrsg.): Elternschaft heute. Gesellschaftliche Rahmenbedingungen und individuelle Gestaltungsaufgaben. Opladen: Leske + Budrich, 49-74.

Huinink, J./Brähler, E. (2000): Die Häufigkeit gewollter und ungewollter Kinderlosigkeit. In: Brähler, E./Felder, H./Strauß, B. (Hrsg.): Jahrbuch der Medizinischen Psychologie. Göttingen: Hogrefe, 43-54.

Hullen, G. (1995): Frauenbiographien. Ergebnisse der retrospektiven Befragung zu Familien- und Erwerbsbiographien 35- bis 60-jähriger Frauen. Wiesbaden: Bundesinstitut für Bevölkerungsforschung.

Impens, K.K. (1988): The impact of the female employment on fertility in Flandern. In: Cliquet, R.L./Dooghe, G./de Jong Gierveld, J./van Poppel, F. (Hrsg.): Population and the family in the low countries VI. The Hague-Brussels: Netherlands Interdisciplinary Demographic Institute and the Population und Family Study Center, 119-140.

Jöreskog, K.G. (1973): A general method for estimating a linear structur equation system. In: Goldberger, A.S./Duncan, O.D. (Hrsg.): Structural equation models in the social sciences. New York: Seminar Press, 85-112.

Jöreskog, K.G. (1977): Structural equation models in the social sciences. Specification, estimation, and testing. In: Krishnaiah, P.R. (Hrsg.): Applications of statistics. Amsterdam: North-Holland, 265-287.

Kalwij, A.S. (2000): The effects of female employment status on the presence and number of children. In: Journal of Population Economics, 13, 221-239.

Kapella, O./Rille-Pfeiffer, C. (2004): Über den Wunsch ein Kind zu bekommen. Kinderwunsch hetero- und homosexueller Paare. Wien: Österreichisches Institut für Familienforschung.

Kasarda, J.D./Billy, J.O.G./West, K. (1986): Status enhancement and fertility. Reproductive responses in social mobility and educational opportunity. Orlando: Academic Press.

Kaufmann, F.-X. (1990): Ursachen des Geburtenrückgangs in der Bundesrepublik Deutschland und Möglichkeiten staatlicher Gegenmaßnahmen. In: Zeitschrift für Bevölkerungswissenschaft, 16, 383-396.

Kemkes-Grottenthaler, A. (2004): Determinanten des Kinderwunsches bei jungen Studierenden. Eine Pilotstudie mit explorativem Charakter. In: Zeitschrift für Bevölkerungswissenschaft, 29, 193-218.

Kiefl, W./Schmid, J. (1985): Empirische Studien zum generativen Verhalten. Erklärungsbefunde und theoretische Relevanz. Boppard am Rhein: Boldt.

King, G. (1989): Variance specification in event count models. From restrictive assumptions to a generalized estimator. In: American Journal of Political Science, 33, 762-784.

Klaus, D./Suckow, J. (2005): Der Wert von Kindern und sein langer Schatten. Eine kritische Würdigung der VOC-Forschung. In: Steinbach, A./Nauck, B. (Hrsg.): Generatives Verhalten und Generationenbeziehungen. Wiesbaden: VS Verlag für Sozialwissenschaften, 85-111.

Klein, T. (1989a): Bildungsexpansion und Geburtenrückgang. Eine kohortenbezogene Analyse zum Einfluß veränderter Bildungsbeteiligung auf die Geburt von Kindern im Lebenslauf. In: Kölner Zeitschrift für Soziologie und Sozialpsychologie, 41, 483-503.

Klein, T. (1989b): Divergierende Familiengrößen und „Neue Kinderlosigkeit". In: Zeitschrift für Familienforschung, 1, 5-29.

Klein, T. (1990a): Soziale Determinanten des generativen Verhaltens und der Geburtenentwicklung in der Bundesrepublik Deutschland. Habilitationsschrift. Karlsruhe: Universität Karlsruhe.

Klein, T. (1990b): Ehe und Familie. Ein empirischer Beitrag zum Einfluß des Familienstandes auf den Kinderwunsch. In: Zeitschrift für Familienforschung, 2, 114-127.

Klein, T. (1992): Zum Einfluß der verlängerten Ausbildung auf den Prozeß der Familienbildung. In: Zeitschrift für Familienforschung, 4, 5-21.

Klein, T. (1993): Bildungsexpansion und Geburtenrückgang. In: Diekmann, A./Weick, S. (Hrsg.): Der Familienzyklus als sozialer Prozeß. Bevölkerungssoziologische Untersuchungen mit den Methoden der Ereignisanalyse. Berlin: Duncker und Humblot, 285-307.

Klein, T. (2003): Die Geburt von Kindern aus paarbezogener Perspektive. In: Zeitschrift für Soziologie, 32, 506-527.

Klein, T./Eckhard, J. (2005): Bildungsbezogenen Unterschiede des Kinderwunsches und des generativen Verhaltens. Eine kritische Analyse der Opportunitätskostenanalyse. In: Steinbach, A./Nauck, B. (Hrsg.): Generatives Verhalten und Generationenbeziehungen. Wiesbaden: VS Verlag für Sozialwissenschaften, 151-174.

Klein, D. (2006): Zum Kinderwunsch von Kinderlosen in Ost- und Westdeutschland. Materialienband 119 zur Bevölkerungswissenschaft des Bundesinstituts für Bevölkerungsforschung. In: http://www.beruf-und-familie.de/system/cms/data/dl_data/4ad d6cc62478e5c18c0d8eac524f7b5a/BiB_Klein_Kinderwunsch_119.pdf.

Kohlmann, A./Kopp, J. (1997): Verhandlungstheoretische Modellierung des Übergangs zu verschiedenen Kinderzahlen. In: Zeitschrift für Soziologie, 26, 258-274.

Korenman, S./Neumark, D. (1992): Marriage, motherhood, and wages. In: Journal of Human Resources, 27, 233-255.

Kravdal, Ø. (1990): Who has a third child in contemporary Norway? A register-based examination of sociodemographic determinants. Oslo-Kongsvinger: Statistisk Sentralbyra.

Kreyenfeld, M. (2000): Changes in the timing of first birth in East-Germany. In: Zeitschrift für Wirtschafts- und Sozialwissenschaften, 120, 169-186.

Kreyenfeld, M. (2001): Employment and fertility - East Germany in the 1990s. Dissertationsschrift. Rostock: Universität Rostock.

Kreyenfeld, M. (2002): Time-squeeze, partner effect or self-selection? An investigation into the positive effect of women's education on second birth risks in West Germany. In: Demographic Research, 7, 15-48.

Kreyenfeld, M. (2004): Fertility decisions in the FRG and GDR. An analysis with data from the German Fertility and Family Survey. In: Demographic Research, 11, 276-318.

Kreyenfeld, M./Huinink, J. (2003): Der Übergang zum ersten und zweiten Kind. Ein Vergleich zwischen Familiensurvey und Mikrozensus. In: Bien, W./Marbach, J.H. (Hrsg.): Partnerschaft und Familiengründung. Ergebnisse der dritten Welle des Familien-Survey. Opladen: Leske + Budrich, 43-64.

Kreyenfeld, M./Konietzka, D. (2004): Angleichung oder Verfestigung von Differenzen? Geburtenentwicklung und Familienformen in Ost- und Westdeutschland. Working Paper 25 des Max-Planck-Instituts für demographische Forschung. In: http://www. demogr.mpg.de/papers/working/wp-2004-025.pdf.

Krishnan, V. (1993): Religious homogamy and voluntary childlessness in Canada. In: Sociological Perspectives, 36, 83-93.

Krüger, H. (1993): Bilanz des Lebenslaufs. Zwischen sozialer Strukturiertheit und biographischer Selbstdeutung. In: Soziale Welt, 3, 375-391.

Kühler, T. (1989): Zur Psychologie des männlichen Kinderwunsches. Ein kritischer Literaturüberblick. Weinheim: Deutscher Studienverlag.

Kühn, T. (2001): Die Planung der Familiengründung. Verschiedene Entwicklungsverläufe in den ersten Berufsjahren. In: Zeitschrift für Familienforschung, 13, 29-48.

Kühn, T. (2005): Die Bedeutung von Familiengründung für die Biografiegestaltung junger Männer. In: Tölke, A./Hank, K. (Hrsg.): Männer. Das „vernachlässigte" Geschlecht in der Familienforschung. Sonderheft 4 der Zeitschrift für Familienforschung. Wiesbaden: VS Verlag für Sozialwissenschaften, 127-151.

Kurz, K. (2005): Die Familiengründung von Männern im Partnerschaftskontext. Eine Längsschnittanalyse zur Wirkung von Arbeitsmarktunsicherheiten. In: Tölke, A./ Hank, K. (Hrsg.): Männer. Das „vernachlässigte" Geschlecht in der Familienforschung. Sonderheft 4 der Zeitschrift für Familienforschung. Wiesbaden: VS Verlag für Sozialwissenschaften, 178-197.

Kurz, K./Steinhage, N./Golsch, K. (2001): Global competition, uncertainty and the transition to adulthood. In: Globalife Working Paper Series. Universität Bielefeld.

Küsters, U. (1987): Hierarchische Mittelwert- und Kovarianzstrukturmodelle mit nichtmetrischen endogenen Variablen. Heidelberg: Physica.

Lancaster, K.J. (1971): Consumer demand. New York: Columbia University Press.

Langness, A./Leven, I./Hurrelmann, K. (2006): Jugendliche Lebenswelten. Familie, Schule, Freizeit. In: Shell Deutschland Holding (Hrsg.): Jugend 2006. Eine pragmatische Generation unter Druck. Frankfurt am Main: Fischer, 49-102.

Lauer, C./Weber, A.M. (2003): Employment of mothers after childbirth. A french-german comparison. Diskussionspapier 50 des Zentrums für Europäische Wirtschaftsforschung. In: http://opus.zbw-kiel.de/volltexte/2004/1359/pdf/dp0350.pdf.

Lauterbach, W. (1994): Berufsverläufe von Frauen. Erwerbstätigkeit, Unterbrechung und Wiedereintritt. Frankfurt am Main: Campus.

Lehrer, E./Nerlove, M. (1981): The labor supply and fertility behavior of married women. A three-period model. In: Simon, J.L./Lindert, P.H. (Hrsg.): Research in population economics. Greenwich: JAI Press, 123-145.

Leibenstein, H. (1957): Economic backwardness and economic growth. New York: John Wiley.

Leibenstein, H. (1975): The economic theory of fertility decline. In: The Quarterly Journal of Economics, 89, 1-31.

Liefbroer, A.C. (2005): The impact of perceived costs and rewards of childbearing on entry into parenthood. Evidence from a panel study. In: European Journal of Population, 21, 347-366.

Liefbroer, A.C./Corijn, M. (1999): Who, what, where, and when? Specifying the impact of educational attainment and labour force participation on family formation. In: European Journal of Population, 15, 45-75.

Liefbroer, A.C./Corijn, M./de Jong Gierveld, J. (1996): Similarity and diversity in the start of the family formation process in the low countries. Brüssel: Centrum voor Bevolkings- en Gezinsstudie.

Livi Bacci, M. (2001): Comment. Desired family size and the future course of fertility. In: Bulatao, R.A. (Hrsg.): Global fertility transition. New York: Population Council, 282-289.

Löhr, H. (1991): Kinderwunsch und Kinderzahl. In: Betram, H. (Hrsg.): Die Familie in Westdeutschland. Stabilität und Wandel familialer Lebensformen. Opladen: Leske + Budrich, 461-496.

Maddala, G.S. (1983): Limited-dependent and qualitative variables in econometrics. Cambridge: Cambridge University Press.

Maddala, G.S./Lee, L.F. (1976): Recursive models with qualitative endogenous variables. In: Annals of Economic and Social Measurement, 5, 525-545.

Manton, K.G./Woodbury, M.A./Stallard, E. (1981): A variance components approach to categorical data models with heterogeneous cell populations. Analysis of spatial gradients in lung cancer mortality rates in North Carolina counties. In: Biometrics, 37, 259-269.

Marcum, J.P. (1986): Explaining protestant fertility. Belief, commitment, and homogamy. In: Sociological Quarterly, 27, 547-558.

Marini, M.M. (1978): The transition to adulthood. Sex differences in educational attainment and age at marriage. In: American Sociological Review, 43, 483-507.

Marini, M.M. (1984): Women's educational attainment and the timing of entry into parenthood. In: American Sociological Review, 49, 491-511.

Marini, M.M. (1985): Determinants of the timing of adult role entry. In: Social Science Research, 14, 309-350.

Mascie-Taylor, C.G.N. (1986): Assortative mating and differential fertility. In: Biology and Society, 3, 167-170.

McIntosh, J. (1999): An analysis of reproductive behaviour in Canada. Results from an intertemporal optimizing model. In: Journal of Population Economics, 12, 451-461.

Melkersson, M./Rooth, D.-O. (2000): Modeling female fertility using inflated count data models. In: Journal of Population Economics, 13, 189-203.

Miller, W.B. (1995): Childbearing motivation and its measurement. In: Journal of Biosocial Science, 27, 473-487.

Miller, W.B./Pasta, D.J. (1988): A model of fertility motivation, desires, and expectations early in women's reproductive careers'. In: Social Biology, 35, 236-250.

Miller, W.B./Pasta, D.J. (1993): Motivational and nonmotivational determinants of child-number desires. In: Population and Environment, 15, 113-138.

Miller, W.B./Pasta, D.J. (1994): The psychology of child-timing: A measurement instrument and a model. In: Journal of Applied Social Psychology, 24, 218-250.

Miller, W.B./Pasta, D.J. (1995): Behavioral intentions. Which ones predict fertility behavior in marital couples? In: Journal of applied Social Psychology, 25, 530-555.

Miller, W.B./Pasta, D.J. (1996): Couple disagreement. Effects on the formation and implementation of fertility decisions. In: Personal Relationships, 3, 307-336.

Mincer, J. (1963): Market prices, opportunity costs and income effects. In: Christ, C.F./Grunfeld, Y. (Hrsg.): Measurement in economics. Studies in mathematical economics and econometrics. Stanford: University Press, 67-82.

Morgan, S.P. (1985): Individual and couple intentions for more children. A research note. In: Demography, 22, 125-132.

Mueller, U. (2000): Die Maßzahlen der Bevölkerungsstatistik. In: Mueller, U./Nauck, B./ Diekmann, A. (Hrsg.): Handbuch der Demographie. Berlin: Springer, 1-91.

Musham, H.V./Kiser, C.V. (1956): The number of children desired at the time of marriage. In: Millbank Memorial Fund Quarterly, 34, 287-312.

Namboodiri, H.K. (1979): Comments on fertility as consumption. Theories from the behavioral sciences. In: Journal of Consumer Research, 5, 290-292.

Nauck, B. (1989): Individualistische Erklärungsansätze in der Familienforschung. Die Rational-Choice-Basis von Familienökonomien, Ressourcen- und Austauschtheorien. In: Nave-Herz, R./Markefka, M. (Hrsg.): Handbuch der Familien- und Jugendforschung. Neuwied: Luchterhan, 45-61.

Nauck, B. (1993): Frauen und ihre Kinder. Regionale und soziale Differenzierungen in Einstellungen zu Kindern, im generativen Verhalten und in den Kindschaftsverhältnissen. In: Nauck, B. (Hrsg.): Lebensgestaltung von Frauen. Eine Regionalanalyse zur Integration von Familien- und Erwerbstätigkeit. Weinheim: Juventa, 45-86.

Nauck, B. (2001): Der Wert von Kindern für ihre Eltern. Value of Children als spezielle Handlungstheorie des generativen Verhaltens und von Generationenbeziehungen im interkulturellen Vergleich. In: Kölner Zeitschrift für Soziologie und Sozialpsychologie, 53, 407-435.

Nauck, B. (2007): Value of children and the framing of fertility. Results from a cross-cultural comparative survey in 10 societies. In: European Sociological Review, 23, 615-629.

Nauck, B./Kohlmann, A. (1999): Value of Children. Ein Forschungsprogramm zur Erklärung von generativem Verhalten und intergenerativen Beziehungen. In: Busch, F.W./Nauck, B./Nave-Herz, R. (Hrsg.): Aktuelle Forschungsfelder der Familienwissenschaft. Würzburg: Ergon, 53-73.

Nave-Herz, R. (1988): Kontinuität und Wandel in der Bedeutung, in der Struktur und Stabilität von Ehe und Familie in der Bundesrepublik Deutschland. In: Nave-Herz, R. (Hrsg.): Wandel und Kontinuität der Familie in der Bundesrepublik Deutschland. Stuttgart: Enke, 61-94.

Nave-Herz, R. (1994): Familie heute. Wandel der Familienstrukturen und Folgen für die Erziehung. Darmstadt: Wissenschaftliche Buchgesellschaft.

Naz, G./Nilsen, Ø.A./Vagstad, S. (2002): Education and completed fertility in Norway. Working Paper Series 56 des Centre for Economic Studies in Social Insurance. In: http://www.econ.uib.no/filer/350.pdf.

Neal, A.G./Groat, H.T. (1977): Alienation and fertility in the marital dyad. In: Social Forces, 56, 77-85.

Nerdinger, F.W./von Rosenstiel, L./Stengel, M./Spieß, E. (1984): Kinderwunsch und generatives Verhalten. Ausgewählte Ergebnisse einer Längsschnittstudie an jungen Ehepaaren. In: Zeitschrift für experimentelle und angewandte Psychologie, 31, 464-482.

Nickel, H./Vetter, J./Quaiser-Pohl, C. (2001): Junge Eltern als Gegenstand kulturvergleichender Untersuchungen. Grundlagen und Konzeption eines ökopsychologischen Forschungsprojektes. In: Nickel, H./Quaiser-Pohl, C. (Hrsg.): Junge Eltern im kulturellen Wandel. Untersuchungen zur Familiengründung im internationalen Vergleich. Weinheim: Juventa, 13-33.

Noack, T./Østby, L. (2002): Free to choose, but unable to stick to it? Norwegian fertility expectations and subsequent behaviour in the following 20 years. In: Klijzing, E./

Corijn, M. (Hrsg.): Dynamics of fertility and partnership in Europe. Insights and lessons from comparative research. New York: United Nations, 103-116.

Noonan, M.C. (2001): The impact of domestic work on men's and women's wages. In: Journal of Marriage and the Family, 63, 1134-1145.

Notz, G. (1994): Frauen zwischen Arbeitsmarkt und Hauswirtschaft. Zum Verhältnis von Berufsorientierung, Kontinuität und Brüchen von Berufsverläufen von Frauen in den alten Bundesländern. In: Beckmann, P./Engelbrecht, G. (Hrsg.): Arbeitsmarkt für Frauen 2000. Ein Schritt vor und ein Schritt zurück. Nürnberg: Institut für Arbeitsmarkt und Berufsforschung, 229-252.

Oláh, L.Sz. (2003): Gendering fertility. Second births in Sweden and Hungary. In: Population Research and Policy Review, 22, 171-200.

Ondrich, J./Spiess, K./Yang, Q. (2003): Changes in women's wage after parental leave. In: Journal of Applied Social Science Studies, 123, 125-138.

Onnen-Isemann, C. (2000a): Wenn der Familienbildungsprozess stockt... Eine empirische Studie über Stress und Coping-Strategien reproduktionsmedizinisch behandelter Partner. Berlin: Springer.

Onnen-Isemann, C. (2000b): Ungewollte Kinderlosigkeit und die Auswirkungen der Reproduktionsmedizin. Der Fall Deutschland. Artikel 28 des Forums Qualitative Sozialforschung. In: http://www.qualitative-research.net/index.php/fqs/article/view/1138 /2539.

Oppenheimer, V.K. (1988): A theory of marriage timing. In: American Journal of Sociology, 94, 563-591.

Oppenheimer, V.K. (1994): Women's rising employment and the future of the family. In: Population and Development Review, 20, 293-342.

Oppenheimer, V.K. (1995): The role of women's economic independence in marriage formation: A sceptic response to Annemette Sørenson's Remarks. In: Blossfeld, H.-P. (Hrsg.): The new role of women. Family formation in modern societies. Boulder: Westview Press, 236-241.

Oppenheimer, V.K. (1997): Women's employment and the gain to marriage. The specialization and trading model. In: Annual Review of Sociology, 23, 431-453.

Oppenheimer, V.K./Lew, V. (1995): American marriage formation in the 1980s. How important was women's economic independences? In: Mason, K.O./Jensen, A.-M. (Hrsg.): Gender and family change in industrialized countries. Oxford: Clarendon Press, 105-138.

Oppenheimer, V.K./Lewin, A. (1999): Career development and marriage formation in a period of rising inequality. Who is at risk? What are their prospects? In: Booth, A./ Shanahan, M./Crouter, A.C. (Hrsg.): Transitions to adulthood in a changing economy. Westport: Praeger, 189-225.

Oppenheimer, V.K./Blossfeld, H.-P./Wackerow, A. (1995): Country-specific studies on the trend in family formation and the new role of women. United States of America. In: Blossfeld, H.-P. (Hrsg.): The new role of women. Family formation in modern societies. Boulder: Westview Press, 150-173.

Oppitz, G. (1990): Kind und Konsum. In: Szallies, R. (Hrsg.): Wertewandel und Konsum. Landsberg am Lech: Moderne Industrie, 135-153.

Oppitz, G./von Rosenstiel, L./Stengel, M./Spieß, E. (1983): Kinderwunsch und Wertwandel. In: Zeitschrift für Bevölkerungswissenschaft, 9, 387-400.

Ott, N. (1989a): Familienbildung und familiale Entscheidungsfindung aus verhandlungstheoretischer Sicht. In: Wagner, G./Ott, N./Hoffmann-Nowotny, H.-J. (Hrsg.): Familienbildung und Erwerbstätigkeit im demographischen Wandel. Berlin: Springer, 97-116.

Ott, N. (1989b): Haushaltsökonomie und innerfamiliale Arbeitsteilung: Eine spieltheoretische Analyse familialer Entscheidungen. Dissertationsschrift. Bielefeld: Universität Bielefeld.

Ott, N. (1992): Interfamily Bargaining and households decisions. Berlin: Springer.

Ott, N. (1995): Fertility and division of work in the family. A game theoretic model of household decisions. In: Kuiper, E./Sap, J. (Hrsg.): Out of the margin. London: Routledge, 80-99.

Ott, N. (1999): The Economics of gender. Der neoklassische Erklärungsansatz zum Geschlechterverhältnis. In: Dausien, B./Herrmann, M./Oechsle, M./Schmerl, C./Stein-Hilbers, M. (Hrsg.): Erkenntnisprojekt Geschlecht. Feministische Perspektiven verwandeln Wissenschaft. Opladen: Leske + Budrich, 167-196.

Ott, N. (2001): Der Erklärungsansatz der Familienökonomik. In: Huinink, J./Strohmeier, K.P./Wagner, M. (Hrsg.): Solidarität in Partnerschaft und Familie. Zum Stand familiensoziologischer Theoriebildung. Würzburg: Ergon, 129-143.

Pohl, K. (1995): Kinderwunsch und Familienplanung in Ost- und Westdeutschland. In: Zeitschrift für Bevölkerungswissenschaft, 20, 67-100.

Rasul, A. (1993): Fertility preference. A study of some basic concepts and considerations. In: The Journal of Family Welfare, 39, 24-32.

Riederer, B. (2005): Tradition, Investitionsgut oder Herzenssache? Der Wunsch nach Kindern zwischen Ideal und Realität. In: Schulz, W./Haller, M./Grausgruber, A. (Hrsg.): Österreich zur Jahrhundertwende. Gesellschaftliche Werthaltungen und Lebensqualität 1986-2004. Wiesbaden: VS Verlag für Sozialwissenschaften, 367-400.

Rindfuss, R.R./John, C.St. (1983): Social determinants of age at first birth. In: Journal of Marriage and the Family, 45, 553-565.

Rindfuss; R.R./Bumpass, L./John, C.St. (1980): Education and fertility. Implication for the roles women occupy. In: American Sociological Review, 45, 431-447.

Rindfuss, R.R./Morgan, S.P./Swicegood, C.G. (1984): The transition to motherhood. The intersection of structural and temoral dimensions. In: American Sociological Review, 49, 359-372.

Robinson, C./Tomes, M. (1982): Female labor supply and fertility. A two-regime model. In: Canadian Journal of Economics, 15, 706-734.

Rodriguez, G./Cleland, J. (1988): Modelling marital fertility by age and education. An empirical appraisal of the page model. In: Population Studies, 42, 241-257.

Rosenzweig, M.R./Wolpin, K.I. (1980): Life-cycle labor supply and fertility. Causal inferences from household models. In: Journal of Political Economy, 88, 328-348.

Rost, H. (2003): Familienentwicklung und Veränderung des Kinderwunsches. Materialien 6 des Staatsinstituts für Familienforschung an der Universität Bamberg. In: http://www.ifb.bayern.de/imperia/md/content/stmas/ifb/materialien/mat_2003_6.pdf, 10-20.

Rost, H. (2005): Kinder. Wunsch und Realität. In: Zeitschrift für Familienforschung, 17, 8-20.

Rost, H./Schneider, N.F. (1995): Differentielle Elternschaft. Auswirkungen der ersten Geburt auf Männer und Frauen. In: Nauck, B./Onnen-Isemann, C. (Hrsg.): Familie im Brennpunkt von Wissenschaft und Forschung. Berlin: Luchterhand, 177-194.

Rost, H./Schneider, N.F. (1996): Gewollt kinderlose Ehen. In: Buba, H.P./Schneider, N.F. (Hrsg.): Familie. Zwischen gesellschaftlicher Prägung und individuellem Design. Opladen: Westdeutscher, 245-259.

Rost, H./Rupp, M./Schulz, F./Vaskovics, L.A. (2003): Bamberger-Ehepaar-Panel. Materialien 6 des Staatsinstituts für Familienforschung an der Universität Bamberg. In: http://www.ifb.bayern.de/imperia/md/content/stmas/ifb/materialien/mat_2003_6.pdf.

Ruckdeschel, K. (2004): Determinanten des Kinderwunsches in Deutschland. In: Zeitschrift für Bevölkerungswissenschaft, 29, 363-386.

Ruokolainen, A./Notkola, I.-L. (2002): Familial, situational, and attitudinal determinants of third-child intentions and their uncertainty. In: Yearbook of population research in Finland, 38, 179-206.

Rupp, M. (2003): Kinderlosigkeit. Materialien 6 des Staatsinstituts für Familienforschung an der Universität Bamberg. In: http://www.ifb.bayern.de/imperia/md/content/stmas/ifb/materialien/mat_2003_6.pdf, 78-98.

Rupp, M. (2005): Kinderlosigkeit in stabilen Ehen. In: Zeitschrift für Familienforschung, 17, 21-40.

Safer, J. (1996): Kinderlos glücklich. Wenn Frauen keine Mütter sind. München: Deutscher Taschenbuch.

Santos Silva, J.M.C./Covas, F. (2000): A modified hurdle model for completed fertility. In: Journal of Population Economics, 13, 173-188.

Schaeper, H./Kühn, T. (2000): Zur Rationalität familialer Entscheidungsprozesse am Beispiel des Zusammenhangs zwischen Berufsbiographie und Familiengründung. In: Heinz, W.R. (Hrsg.): Übergänge. Individualisierung, Flexibilisierung und Institutionalisierung des Lebensverlaufs. Sonderheft 3 der Zeitschrift für Sozialisationsforschung und Erziehungssoziologie. Weinheim: Juventa, 124-145.

Schepers, A. (1991): Numerische Verfahren und Implementation der Schätzung von Mittelwert- und Kovarianzstrukturmodellen mit nichtmetrischen Variablen. Ahaus: Frank Hartmann.

Schmitt, C. (2004a): Kinderlose Männer in Deutschland. Eine sozialstrukturelle Bestimmung auf Basis des Sozio-oekonomischen Panels (SOEP). Materialien 34 des Deutschen Instituts für Wirtschaftsforschung. In: http://www.diw.de/documents/publikationen/73/41162/diw_rn04-01-34.pdf.

Schmitt, C. (2004b): Gender specific effects of unemployment on family formation. Evidence from a cross national view. Working Paper des Deutschen Instituts für Wirtschaftsforschung. In: http://epunet.essex.ac.uk/papers/Schmitt_pap.pdf.

Schmitt, C. (2005): Kinderlosigkeit bei Männern. Geschlechtsspezifische Determianten ausbleibender Elternschaft. In: Tölke, A./Hank, K. (Hrsg.): Männer. Das „vernachlässigte" Geschlecht in der Familienforschung. Sonderheft 4 der Zeitschrift für Familienforschung. Wiesbaden: VS Verlag für Sozialwissenschaften, 18-43.

Schmitt, C./Winkelmann, U. (2005): Wer bleibt kinderlos? Sozialstrukturelle Daten zur Kinderlosigkeit von Frauen und Männern. Diskussionspapier 473 des Deutschen Instituts für Wirtschaftsforschung. In: http://www.diw.de/deutsch/produkte/publikationen/diskussionspapiere/docs/papers/dp473.pdf.

Schneewind, K.A. (1997): Optionen der Lebensgestaltung junger Ehen und Kinderwunsch. Ergebnisse der soziologisch-psychologischen Verbundstudie West und der soziologischen Untersuchung Ost im Überblick. Stuttgart: Kohlhammer.

Schneewind, K.A./Vaskovics, L.A./Backmund, V./Buba, H./Schneider, N./Sierwald, W./ Vierzigmann, G. (1992): Optionen der Lebensgestaltung junger Ehen und Kinderwunsch. Erster Bericht. Stuttgart: Kohlhammer.

Schneewind, K.A./Vaskovics, L.A./Backmund, V./Gotzler, P./Rost, H./Salih, A./Sierwald, W./Vierzigmann, G. (1994): Optionen der Lebensgestaltung junger Ehen und Kinderwunsch. Zweiter Bericht. Stuttgart: Kohlhammer.

Schneewind, K.A./Vascovics, L.A./Gotzler, P./Hofmann, B./Rost, H./Schlehlein, B./Sierwald, W./Weiß, J. (1996): Optionen der Lebensgestaltung junger Ehen und Kinderwunsch. Endbericht. Stuttgart: Kohlhammer.

Schneider, N.F. (1994): Familie und private Lebensführung in West- und Ostdeutschland. Eine vergleichende Analyse des Zusammenlebens 1970-1992. Stuttgart: Enke.

Schneider, N.F. (1999): Gewollt kinderlose Ehepaare. In: Bundeszentrale für gesundheitliche Aufklärung (Hrsg.): Forschung und Praxis der Sexualaufklärung. Wissenschaftliche Grundlagen - Familienplanung. Köln: Bundeszentrale für gesundheitliche Aufklärung, 96-108.

Schoen, R./Astone, N.M./Kim, Y.J./Nathanson, C.A./Fields, J.M. (1999): Do fertility intentions affect fertility behavior? In: Journal of Marriage and the Family, 61, 790-799.

Schröder, J. (2005): Der Zusammenhang zwischen Erwerbstätigkeit und Fertilität. Ein Überblick über den Forschungsstand. Working Paper 89 des Mannheimer Zentrums für Europäische Sozialforschung. In: http://www.mzes.uni-mannheim.de/publications/wp/wp-89.pdf.

Schröder, J./Brüderl, J. (2008): Der Effekt der Erwerbstätigkeit von Frauen auf die Fertilität: Kausalität oder Selbstselektion? In: Zeitschrift für Soziologie, 37, 117-136.

Schröder, T. (2007): Geplante Kinderlosigkeit? Ein lebensverlaufstheoretisches Entscheidungsmodell. In: Konietzka, D./Kreyenfeld, M. (Hrsg.): Ein Leben ohne Kinder. Kinderlosigkeit in Deutschland. Wiesbaden: VS Verlag für Sozialwissenschaften, 365-399.

Schultz, T.P. (1990): Testing the neoclassical model of family labor supply and fertility. In: The Journal of Human Resources, 25, 599-534.

Schumacher, J./Stöbel-Richter, Y./Brähler, E. (2002): Erinnertes Erziehungsverhalten der Eltern und eigener Kinderwunsch. Gibt es hier Zusammenhänge? In: Psychotherapie, Psychosomatik, medizinische Psychologie, 52, 314-322.

Schwarz, K. (1989): Die Bildungsabschlüsse der Frauen und ihre Bedeutung für den Arbeitsmarkt, die Eheschließung und die Familienbildung. In: Zeitschrift für Bevölkerungswissenschaft, 15, 361-382.

Schwarz, K. (1999): Bedeutung der Berufsbildungsabschlüsse für Verheiratung und Kinderzahl der Frauen und Männer in den alten Bundesländern. In: Zeitschrift für Bevölkerungswissenschaften, 25, 213-220.

Schwarz, K. (2001): Bericht 2000 über die demographische Lage in Deutschland. In: Zeitschrift für Bevölkerungswissenschaft, 26, 3-54.

Smith-Lovin, L./Tickamyer, A.R. (1978): Models of fertility and women's work. Comment. In: American Sociological Review, 47, 561-566.

Sobel, M.E./Arminger, G. (1992): Modeling household fertility decisions. A nonlinear simultaneous probit model. In: Journal of the American Statistical Association, 87, 38-47.

Sørenson, A.M. (1989): Husbands' and wives' characteristics and fertility decisions. A diagonal mobility model. In: Demography, 26, 125-135.

Spieß, E./von Rosenstiel, L./Stengel, M./Nerdinger, F.W. (1984): Wertwandel und generatives Verhalten. Ergebnisse einer Längsschnittstudie an jungen Ehepaaren. In: Zeitschrift für Bevölkerungswissenschaft, 10, 153-168.

Stengel, M./von Rosenstiel, L./Oppitz, G./Spieß, E. (1983): Motivationale Determinanten des Kinderwunsches. Eine empirische Analyse an jungen Ehepaaren. In: Zeitschrift für experimentelle und angewandte Psychologie, 30, 153-173.

Stöbel-Richter, Y. (2000): Kinderwunsch als Intention. Zur Relevanz persönlicher und gesellschaftlicher Kinderwunschmotive als Prädiktoren des aktuellen Kinderwunsches. Berlin: Colloquium Psychoanalyse.

Stöbel-Richter, Y./Brähler, E. (2000): Persönliche Kinderwunschmotive und Einstellungen zum Kinderwunsch in Ost- und Westdeutschland. Ergebnisse einer Repräsentativbefragung. In: Brähler, E./Felder, H./Strauß, B. (Hrsg.): Jahrbuch der medizinischen Psychologie. Göttingen: Hogrefe, 72-78.

Strehmel, P. (1993): Arbeitslosigkeit und Kinderwunsch. In: Pro Familia Magazin, 2, 8-9.

Strohmeier, K.P. (1985): Familienentwicklung in Nordrhein-Westfalen. Generatives Verhalten im sozialen und regionalen Kontext. Düsseldorf: Ministerpräsident des Landes NRW.

Strohmeier, K.P. (2005): Familienleben und Familienpolitik in Europa und die Männer. Was lehrt uns der internationale Vergleich? In: Heßling, A. (Hrsg.): Männer leben. Familienplanung und Lebensläufe von Männern. Kontinuität und Wandel. Köln: Bundeszentrale für gesundheitliche Aufklärung, 24-41.

Terhune, K.W. (1974): Explorations in fertility values. Buffalo: Calspan Corporation.

Terza, J.V. (1985): A tobit-type estimator for the censored poisson regression model. In: Economics Letters, 18, 361-365.

Thomson, E. (1983): Individual and couple utility of children. In: Demography, 20, 507-518.

Thomson, E. (1997): Couple childbearing desires, intensions, and births. In: Demography, 34, 343-354.

Thomson, E./Hoem, J. (1998): Couple childbearing plans and births in Sweden. In: Demography, 35, 315-322.

Thomson, E./Williams, R. (1982): Beyond wives' family sociology. A method for analyzing couple data. In: Journal of Marriage and the Family, 44, 999-1008.

Thomson, E./Williams, R. (1984): A note on correlated measurement error in wife-husband data. In: Journal of Marriage and the Family, 46, 643-649.

Thomson, E./McDonald, E./Bumpass, L.L. (1988): Couple (dis)agreement and baby boom fertility. Madison: Center for Demography and Ecology.

Thomson, E./McDonald, E./Bumpass, L.L. (1990): Fertility desires and fertility. Hers, his, and theirs. In: Demography, 27, 579-588.

Tölke, A. (2004): Die Bedeutung der Herkunftsfamilie, Berufsbiographie und Partnerschaften für den Übergang zur Ehe und Vaterschaft. Working Paper 7 des Max-Planck-Instituts für demographische Forschung. In: http://www.demogr.mpg.de/papers/working/wp-2004-007.pdf.

Tölke, A./Diewald, M. (2002): Berufsbiographische Unsicherheiten und der Übergang zur Elternschaft bei Männern. In: Bien, W./Marbach, J.H. (Hrsg.): Partnerschaft und Familiengründung. Ergebnisse der dritten Welle des Familiensurvey. Opladen: Leske + Budrich, 349-384.

Tölke, A./Diewald, M. (2003): Insecurities in employment and occupational careers and their impact on the transition to fatherhood in Western Germany. In: Demographic Research, 9, 41-67.

Townes, B.D./Beach, L.R./Campbell, F.L./Martin, D.C. (1977): Birth planning values and decisions. The prediction of fertility. In: Journal of Applied Social Psychology, 7, 73-88.

Townes, B.D./Beach, L.R./Campbell, F.L./Wood, R.L. (1980): Family building. A social psychological study of fertility decisions. In: Population and Environment, 3, 210-220.

Trappe, H. (1995): Emanzipation oder Zwang? Frauen in der DDR zwischen Beruf, Familie und Sozialpolitik. Berlin: Akademie.

Trzcinski, E./Holst, E. (2003): Hohe Lebenszufriedenheit teilzeitbeschäftigter Mütter. Wochenbericht 35 des Deutschen Instituts für Wirtschaftsforschung. In: http://www.diw.de/deutsch/wb_35/03_hohe_lebenszufriedenheit_teilzeitbeschaeftigter_muetter/31111.html.

Turchi, B.A. (1981): A comprehensive micro theory of fertility. In: Molt, W./Hartmann, H.A./Stringer, P. (Hrsg.): Advances in economic psychology. Heidelberg: Meyn, 197-210.

Undry, J.R. (1983): Do couples make fertility plans one birth at a time? In: Demography, 20, 117-128.

van der Lippe, T. (2001): The effect of the individual and institutional constraints on hours of paid work of women. In: van der Lippe, T./van Dijk, L. (Hrsg.): Women's employment in a comparative perspective. New York: Aldine de Gruyter, 221-243.

van Loon, F./Pauwels, K. (1983): Arbeitslosigkeit und Kinderwunsch. In: Zeitschrift für Bevölkerungswissenschaft, 9, 377-386.

van Peer, C. (2002): Desired and achieved fertility. In: Klijzing, E./Corijn, M. (Hrsg.): Dynamics of fertility and partnership formation in Europe. Insights and lessons from comparative research. New York: United Nations, 117-141.

von Rosenstiel, L./Spiess, E./Stengel, M./Nerdinger, F.W. (1984): Lust auf Kinder? Höchstens 1. In: Psychologie Heute, 11, 20-31.

von Rosenstiel, L./Nerdinger, F.W./Oppitz, G./Spieß, E./Stengel, M. (1986): Einführung in die Bevölkerungspsychologie. Darmstadt: Wissenschaftliche Buchgesellschaft.

Vaskovics, L.A. (1994): Kinderwunsch und Elternschaft. Zum Theoriemodell einer soziologischen Untersuchung. In: Meyer, S./Schulze, E. (Hrsg.): Soziale Lage und soziale Beziehungen. Beiträge aus der Soziologie der Bevölkerung und angrenzender Disziplinen. Boppard am Rhein: Boldt, 81-96.

Vaskovics, L.A./Buba, H./Rupp, M. (1990): Optionen der Elternschaft und der Lebensgestaltung in nichtehelichen Lebensgemeinschaften. Ergebnisse der ersten Datenerhebungswelle. Bamberg: Sozialwissenschaftliche Forschungsstelle der Universität Bamberg.

Vikat, A./Thomson, E./Hoem, J.M. (1999): Stepfamily fertility in contemporary Sweden. The impact of childbearing before the current union. In: Population Studies, 53, 211-225.

Wagner, G./Schupp, J./Rendtel, U. (1994): Das Sozio-ökonomische Panel (SOEP). Methoden der Datenproduktion und -aufbereitung im Längsschnitt. In: Hauser, R./ Wagner, G. (Hrsg.): Mikroanalytische Grundlagen der Gesellschaftspolitik 2. Berlin: Akademie, 70-112.

Waite, L.J./Stolzenberg, R.M. (1976): Intended childbearing and labor force participation of young women. Insights from nonrecursive models. In: American Sociological Review, 41, 235-252.

Waldfogel, J./Higuchi, Y./Abe, M. (1999): Family leave policies and women's retention after childbirth. Evidence from the United States, Britain, and Japan. In: Journal of Population Economics, 12, 523-545.

Wang, W./Famoye, F. (1997): Modeling household fertility decisions with generalized Poisson regression. In: Journal of Population Economics, 10, 273-283.

Westoff, C.F. (1990): Reproductive intentions and fertility rates. In: International Family Planning Perspectives, 16, 84-89.

Westoff, C.F./Potter, R.G./Sagi, P.C./Mishler, E.G. (1961): Family Growth in Metropolitan America. Princeton: Princeton University Press.

Westoff, C.F./Potter, R.G./Sagi, P.C. (1963): The third child. A study in the prediction of fertility. Princeton: Princeton University Press.

Wiesmann, U./Hannich, H.-J. (2005): Der Kinderwunsch im sozialstrukturellen Kontext. In: Bundesgesundheitsblatt - Gesundheitsforschung - Gesundheitsschutz, 48, 789-795.

Willen, H./Montgomery, H. (1996): The impact of wish for children and having children on attainment and importance of life values. In: Journal of Comparative Family Studies, 27, 499-518.

Williams, R. (1986): Indianapolis revisited. A new look at social and psychological factors affecting fertility. Dissertationsschrift. Ann Arbor: University Microfilms International.

Willis, R.J. (1973): A new approach to the economic theory of fertility behavior. In: Journal of Political Economy, 81, 14-64.

Winkelmann, R./Zimmermann, K.F. (1994): Count data models for demographic data. In: Mathematical Population Studies, 4, 205-221.

Winkelmann, R./Zimmermann, K.F. (1995): Recent developments in count data modeling. Theory and application. In: Journal of Economic Surveys, 9, 1-24.

Wright, R.E./Ermisch, J.F./Hinde, P.R./Joshi, H.E. (1988): The 3rd birth in Great-Britain.
In: Journal of Biosocial Science, 20, 489-496.

Yang, P.Q. (1993): The differential effects of husbands' and wives' statuses on marital
fertility. In: Population and Environment, 15, 43-58.